U0858253

诗词小札
蒋述卓／著
中国青年出版社

蒋述卓，广西桂林灌阳人。1977年恢复高考后首届大学生，1988年毕业于华东师范大学中文系中国文学批评史专业，获文学博士学位。现为暨南大学党委书记、中文系教授、文艺学专业博士生导师。享受国务院政府特殊津贴专家。国家重点学科文艺学学科带头人，国家级精品课程《中国传统文化概论》主持人。教育部中文学科教学指导委员会副主任、中国文艺理论学会副会长、中国中外文艺理论学会副会长、中国古代文学理论学会副会长、广东省文艺批评家协会主席、广东省作家协会副主席、广东作家书画院副院长、中国作家协会会员等。出版《宗教艺术论》、《二十世纪中国古代文论学术研究史》等学术专著14种，发表学术论文及文艺评论180余篇。曾获首届全国青年优秀社会科学成果奖二等奖、教育部第四届人文社会科学成果奖二等奖、广东省首届优秀社会科学成果奖二等奖以及“广东省第二届优秀中青年社会科学家”称号。

目 录

前言

在悠久灿烂的中国文化历史长廊中，诗词具有独特的艺术魅力，人民大众对优秀诗词也有着特别的钟爱，俗语道，“熟读唐诗三百首，不会作诗也会吟”，充分说明了人民大众从来就有读诗诵诗作诗的文化习俗与传统。中华古典诗词是我国宝贵的文化资源，它在21世纪我国人民实现伟大的文化复兴、建设社会主义核心价值体系的进程中依然发挥着重要的价值导向作用。做好中华古典诗词欣赏的普及工作，让其深邃的思想、优美的言辞和隽永的美学意味进一步得到人民大众的认可并融入到文化血脉当中去，是我们知识分子应予高度重视并积极实践的。因此，当《羊城晚报·花地》编辑部邀请我主持《诗词小札》这一栏目时，虽然我担负着繁重的高校管理工作，并还有一些教学科研任务，但想到做好这项工作的意义，我便欣然接受了。

在写作这些诗词欣赏的文章时，我首先想到的是要去揭示诗词所体现的中华文化内涵和文化精神，比如诗词中所体现的人文关怀、生命意识、历史意识、爱国爱家爱亲人挚友的仁爱胸襟、亲近自然与自然合一的和谐

观念以及宗教的终极思考和超越情怀，等等。其次，我很注意去挖掘诗词中文学意象所表现出来的文化与美学意义，并揭示它们与中国人的思维方式、文化心理结构之间的内在关系，同时还注意去追寻这些文学意象的传承关系，力图使读者能感性地触摸到文化传统的血脉起伏。当然，作为赏析性的文字，我努力尝试着用美文去写，让读者在赏心悦目的文字旅行中得到美的熏陶和享受。对于诗词中所表现出的艺术特点也尽量去作简要精当的描述，让读者能体会到艺术创作的美学奥秘。作为e时代的赏析者，我还努力站在现代社会的角度，对古典诗词进行现代意义的阐释，使古诗新读能读出点现代性的思考来。为了表示中华诗词传统的源远流长以及在中国现代诗歌中的传承，我还选择了一些现当代诗歌来作赏析，虽然其中的一些诗受西方的影响很大，但依稀中我们还是可以看出它们的里面有着中华传统文化的因素在流动，有的作者还努力尝试着在中西文学精神的结合中去探索中国新诗的发展道路。

至于所选的篇目为什么有的较为大众熟悉，有的还被选入中学的语文教材之中，而大部分则比较陌生，这完全出于我的个人喜好。重读经典的诗能读出与人不同的意味，自然需要比人有不同的体悟，而对尚陌生的诗加以推介也多少要有点走险和独具只眼的功力。我并不企望我所做的工作被后人视为是什么经典，我只是将它当做我能享受愉快、寄托心情、安放精神的田园。所以，当我在工作之余，伏案于青灯之下，一笔笔写出（不是

用电脑打出）这一篇篇短文时，我的心里充满了安宁、阳光和快乐。写作这些文字历时两年有余，这期间我经历过人生的重大磨砺和考验，遭遇了从未感受过的世道险恶和人心叵测，内中的几许篇章曾寄放过我的情思，也给予我莫大的人生启示与精神慰藉，让我在“也无风雨也无晴”的诗词吟诵中心境豁然开朗，从而迈过坎坷，迎来生命中又一程艳丽的阳光。

感谢《羊城晚报·花地》编辑部给我提供了这样一个学习并与读者交流的机会。起初，我还是感到压力很大的，因为每周要发一篇文章，还要求持续一年以上，我很担心能否有足够的时间来完成，好在该栏目很快获得读者的认同和喜爱，有的读者还写信到编辑部给予鼓励并提出建议，这更促使我非得下功夫将其写好不可。在这本小书即将出版之际，我衷心感谢《羊城晚报》的何龙先生、黄咏梅女士，有他们当初的选择才有我可以展示这些文字的可能。还有《花地》的责编芮灿庭先生，我的每篇文字都经过他的核对、修改，有时为了一个典故、一句原文和个别的笔误，他还仔细地去查对版本和工具书，其认真负责的态度令我汗颜。漫画家邝飚先生为我的每篇短文都配上了精美的图画，使之在发表时增色不少，更易为群众接受与喜爱。还有热心的读者，广州市番禺区的何永沂先生与深圳市的宁源声先生，他们都来信向我指出过其中一篇文章的某点错误，这些都令我感动。因此，这些文章得以完成，完全是读者、编辑以及亲人关爱和支持的结果。还要提到的是，这些文章

的形成，也与我在大学时候就受到刘逸生先生《唐诗小札》的影响相关。记得那时每逢傍晚我经常与三两学友漫步于校园外的草坡之上，口里背的是唐诗，手里拿的就是刘先生的书。

《诗词小札》栏目开办以来，不少读者写信到《花地》编辑部要求尽快结集出版，许多好友也催促我尽早送书给他们一睹为快，广东的几家出版社也都向我发出了出书的邀请。在一次广东省作家协会的聚会上，作家伊始则极力向我推荐中国青年出版社的资深编辑骆军先生。于是，我利用赴京开会的机会拜会了骆军先生，两相攀谈，一见如故。当我从中青社专门招待作者的茶室里出来的时候，我已决定将此书交给中青社去出版了。

做这样看似普及但却并非简单的工作，它得调动起你全部的学识和素养，这在我确实还是一种尝试，然而，“智者千虑，必有一失”，其间可能还存在着诸多不足，就如易中天、于丹们所做的文化普及工作虽然深得观众与读者喜爱，但也难免有这样那样的纰漏与错误一样。但文化普及工作做总比不做好，我努力了，也尽力了，至于它是否令人满意，那就只有交给读者去评议了。

蒋述卓

2007年仲秋于暨南园心远斋

含蓄深情 朦胧意象

——读《诗经·秦风·蒹葭》

蒹葭苍苍，白露为霜。所谓伊人，在水一方。溯洄从之，道阻且长。溯游从之，宛在水中央。

蒹葭萋萋，白露未晞。所谓伊人，在水之湄。溯洄从之，道阻且跻。溯游从之，宛在水中坻。

蒹葭采采，白露未已。所谓伊人，在水之涘。溯洄从之，道阻且右。溯游从之，宛在水中沚。

此诗选自《诗经·秦风》。《诗经》根据音乐的不同，分为风、雅、颂三个部分。“风”则为流传于民间的民歌，由采风得来。

《蒹葭》一诗，描写秋天的一个霜露未干的早晨，主人公到初生而茂密的芦苇的河边去追寻“伊人”（意中人）的情景。在此诗中，主人公上下求索，往河的上游走，沿河的下游行，虽然不畏道路崎岖险碍，又远又长，但就是见不到他的意中人。“伊人”说是在水一方，但追寻她时，她总是仿佛在远离岸边的水中央的小洲上。诗通过描写青青的芦苇、笼罩于芦苇之上的白露和河边的霜气，创造了一种凄清的氛围，非常得体地烘托了主人公对意中人可望而不可求的无限怅惘之情。诗分三段，反复咏唱，更是将这种爱慕深情和惋惜之感弥散开去。联想到《诗经》的开篇《关雎》里主人公求窈窕淑女不得时辗转反侧，睡梦中也念念不忘的情感，甚感古代民歌中男女间爱情的一往情深。

《蒹葭》一诗含蓄朦胧，意味深长，给读者留下了大量的想象空间。它创造的“蒹葭”和“伊人”意象，为后人提供了一种文学图式和母题。“秋水伊人”不仅成为文学典故，而且常被后人翻新运用。曹植所作的《洛神赋》正是这种对梦中情人可望不可即故事的翻版。后人还有词云：“衣带渐宽终不悔，为伊消得人憔悴。”由贺绿汀作词作曲的电影插曲《秋水伊人》到现在也还被人念及并传唱。

想当年《蒹葭》一诗正是在民间传唱的流行歌曲，就如现在传唱于民间的爱情流行曲一样。不过，现在的爱情流行曲情景交融与含蓄的不多，有的歌曲更多的是直白的情欲表露，或者是像“爱你就像老鼠爱大米”式的功利。

怀人思归 一往情深

—— 读《诗经·周南·卷耳》

采采卷耳，不盈顷筐。嗟我怀人，置彼周行。

陟彼崔嵬，我马虺隤。我姑酌彼金罍，维以不永怀。

陟彼高冈，我马玄黄。我姑酌彼兕觥，维以不永伤。

陟彼砠矣，我马瘏矣。我仆痡矣，云何吁矣。

《卷耳》是《诗经·国风》的第三篇，是一篇抒写怀人场景与情感的名作。它采用赋的手法，以朴素的白描表达方式表达了妻子与行役的丈夫相互思念的深厚情感。全诗分四章，分别表现出妻子对丈夫的思念以及妻子想象丈夫归程的艰难情状与不可排除的愁思，深情脉脉，婉转动人。

首章从妇人的采摘入手，委婉地表达出思妇怀人的内心苦楚。在绿茵遍野的周原上，一位妇女在采摘苍耳，但她采啊采啊，却总是装不满挎着的那个前低后高的斜口的筐。因为她总是一边采一边向大路上看，期待着她远征的丈夫会突然出现。看啊看啊，奇迹并没有出现，她长吁短叹，愁思难当，干脆将采摘的筐弃置在大道旁，在那儿发呆瞎想了。诗以采摘不盈筐和筐最后被置于大道旁的妇人劳作来衬写怀人的焦虑和痛苦，这种侧写的技法含蓄婉转，给读者留下了非常大的想象空间。

第二、三、四章则切换成了远征的男子在旅途上的艰辛和思归心切的忧伤。诗以征夫的口气进行叙写，极大地凸现了现场感。诗写山高多石而且峻险，写马疲惫不堪甚至因病而不能再行走（“虺隤”和“玄黄”都是疲劳而病的意思，“瘏”的意思不仅是病，而且不能再前进了），也写了仆人因疲劳而病不能再跟随前行（“痡”即此义），这些都从侧面衬托了征途的艰难和征人思归的伤怀。在这种归程受阻、归期难计的情况下，征夫只有借酒浇愁，聊以安慰他心中的离思和悲伤了。而“云何吁矣”是征夫不由自主发自内心深处的感叹，意思是“你看，这是多么的忧愁啊”！这恰到好处地反映出了他心中的那种无奈与无助。马病了，仆人也病了，山那么高，路还那么长，他不借酒浇愁，不向天长叹又能怎么样呢？

饶有意味的是诗的结构与布局。粗看起来，首章和后三章在口吻上好像连接不起来，而后三章更是与诗题“卷耳”不太相关，于是有学者如日本的青木正儿和中国的《诗经》研究专家孙作云就提出过怀疑，认为《卷耳》一诗可能是由两首残诗拼合起来的。我认为这对《卷耳》的艺术佳趣是一种误解。作为一篇怀人的名作，它的妙处就在于将男女主人公的互思融合到了一起，形成彼此的呼应，增加了思归伤怀的艺术效果。首先，从代言（即诗人借妇女的身份与口气去代其发言）的表达方式上去看，首章是思妇的“嗟我怀人”，思妇将筐放置在大道上而开始产生痴想，那后三章应是思妇对征夫的想象，她想象着她的丈夫正带着他的马和仆人在往家赶，只是因为马困山险路长，她的丈夫一时还不能归来，也和她一样心中充满忧伤。其次，从“国风”作为民歌的形式上看，当时的复沓咏唱应是一种艺术习惯，照此推想，首章其实也可以理解为是一种合唱或重唱，它在诗篇的最后仍是可以重复唱的，只是作为文字的记录它不再出现了。这样，二、三、四章想象征夫的场景和征夫也伤怀感叹的情感就与思妇的采摘总没有采满的情感自然地融到一起去了。再次，从诗本身的内容上看，虽然从第二章起换成了征夫的口吻，但它是以己方对彼方的推想，突出的是写对方路途的遥远和艰辛，是为了进一步地增加思妇与征夫之间的空间距离，但在心理的想象空间中，思妇与征夫互相思念对方的那种真挚专一的感情却是相通的，而这恰恰是思妇以心理的距离去弥补空间的距离，以征夫的思念之苦进一步烘托思妇的心中落寞，所以她采啊采啊，那浅浅的筐却总不能装满，她的心思早就飞向身处远方的丈夫身上去了。因此，将后三章看做是思妇对其丈夫的揣想是合理的，也是更具艺术韵味的谋篇布局。

理学家朱熹曾把这篇诗硬归于所谓“后妃之志”，说它是后妃表达贞静专一之志达到了极点，这完全是一种曲解和误导。亲心相通最能体现中国传统文化的人伦情味，《卷耳》一诗的男女主人公是可以带仆人的一般平民，它反映出来的是当时最普通的劳作生活和最普遍的亲情恋情，这种感情的守望以及从己方揣想所思念的对方的表达方式形成了中国文学的抒情传统，并对后世文学艺术产生着深远的影响。如李白诗有“当君怀归日，是妾断肠时”，杜甫的诗“今夜鄜州月，闺中只独看。遥怜小儿女，未解忆长安。香雾云鬟湿，清辉玉臂寒。何时倚虚幌，双照泪痕干”，他运用了妻子在月下思念着丈夫的推想以及他揣想小儿女太小还不懂得何为思念的技法，可以说是对这种抒情方式的进一步弘扬。

热烈的气氛 美好的祝愿

—— 读《诗经·周南·桃夭》

桃之夭夭，灼灼其华。之子于归，宜其室家。
桃之夭夭，有蕡其实。之子于归，宜其家室。
桃之夭夭，其叶蓁蓁。之子于归，宜其家人。

《桃夭》在《诗经》三百零五篇中列为第六篇，它以热烈的气氛表达了对青年女子新婚的祝贺，反映了当时人们对婚姻与家庭生活的重视。

从诗的内容上看，《桃夭》三章反复咏唱的形式就是当时人们对新婚的贺辞。作为贺辞，它有两大非常明显的特点：一是它以桃花的灿烂绚丽创造了一种热闹而浓烈的喜庆气氛，也暗喻了新娘子青春活泼的美丽容貌。二是它表达了人们对新娘子出嫁以后能为夫家带来好运的祝愿。

"桃之夭夭，灼灼其华"既是起兴又是比喻。红艳茂盛、灿烂夺目的桃花，既代表着令人舒适、兴奋和愉悦的自然环境，又以春天的繁华对婚礼的热烈气氛作了烘托，同时它还以桃花的艳丽喻示着新娘子的妩媚娇美和风姿绰约。写景喻人，情景交融，两相得宜，十分精到。诗篇之所以选择盛开的桃花来作为背景，正在于桃花不仅是春天的象征，也是美好、幸福、安乐与吉祥的象征，更是美人与爱情的象征。据史料载，夏、商、周三代时就分别以苇茭、螺首、桃梗来作为门饰，用以辟邪，也有人用桃木的根皮、花来医治虫害及邪病，故在当时人们的文化观念中，桃花的盛开蕴含有吉祥如意、祈福驱邪的意义，桃花开放之时也就被视为爱情与婚姻的绝好时令。有趣的是，此诗篇写桃，三节之中又各有变化，分别代表着三个不同的时段：花、果、叶，这又是什么意思呢？这里面其实蕴含着对新娘出嫁时容颜照人、结婚后子女硕大强壮，并能给家庭带来绿阴绵绵、兴旺发达的美好祝愿。

“之子于归，宜其室家”同样是祝愿的赞辞，意思是“这个美丽的姑娘要出嫁了，她一定会建立一个和睦的家庭”！宜，善与和顺的意思，表达的是希望新娘子不仅要有美好的容貌，更希望她能与配偶和谐，与家庭和善共处，使家人得到安宁与幸福。按照中国的家庭伦理传统，女子加入夫家，就等于融进了另一个家庭，她必须与夫家善处，要有持家的德行，不到万不得已时是不能分家的。人们对新娘子的祝愿正是从美善结合的伦理角度去要求的。

读《桃夭》之诗，掩卷而思，我们眼前仿佛出现了先秦时期人们在春天里举行婚嫁大庆的热烈场景：在大片桃林和茂盛桃花的映衬下，人们唱着赞歌，簇拥着娇艳动人的新娘子前往夫家。那个时候的人们为什么如此重视婚庆呢？《毛诗序》曾对《桃夭》诗进行解释，说这是“男女以正，婚姻以时，国无鳏民也”，这很符合当时的社会生活实际。春秋战国时期，人口稀少，要保证国家的安全并促使其发展首先得促使人口的发展，同时家庭也需要大量的劳动力以支撑其稳定并保证其发展，人们重视婚配也正是重视国家的安定，使国无鳏民也正是当时人文关怀与国家发展的目标。家庭作为社会的细胞，是社会安定和睦的基础，婚配是否适宜是否和顺也会与国家的利益息息相关。故《诗经》三百多篇，开头第一篇《关雎》就讲青年男子追慕一个美丽的姑娘，并希望与她结为百年之好。第四篇《樛木》祝贺新郎成婚，第五篇《螽斯》则祝人多子多孙。

《桃夭》诗的艺术魅力不仅体现在起兴与比喻的有机融合，还体现在意象和内涵的完美融合，更为重要的还在于它所形成的文学意象对以后的文学艺术产生了深远影响。如后人用“艳若桃花”来形容美人，用“桃花缘”、“桃花运”作为爱情的隐秘象征，陶潜用“桃花源”来寄托他对安宁自足社会的乌托邦理想，崔护用“去年今日此门中，人面桃花相映红。人面不知何处去，桃花依旧笑春风”的诗句表达了对美好爱情的企慕、失落和伤感，孔尚任创作的戏剧《桃花扇》，不仅以扇面桃花象征了李香君的青春美艳，更以她血溅扇面的情节歌颂了一场壮烈凄美的爱情。

永久的承诺 不变的情怀

—— 读《诗经·邶风·击鼓》

击鼓其镗，踊跃用兵。土国城漕，我独南行。
从孙子仲，平陈与宋。不我以归，忧心有忡。
爰居爰处？爰丧其马？于以求之？于林之下。
死生契阔，与子成说。执子之手，与子偕老。
于嗟阔兮，不我活兮。于嗟洵兮，不我信兮。

春秋时期诸侯之间争战称雄，为了统治者的利益人民长期在外出征劳役，苦不堪言。此诗采用了直接铺叙的手法，直陈士兵内心对战争的怨愤，并表达出对家中妻子的眷念，其间所透露出来的爱情誓言和战士思归的强烈情绪既反映了民间爱情力量的伟大，也反射出了战争的残酷和统治者的不得人心。

全诗共五章，前三章写战争的状况并带出士兵对战争的嗟怨。后两章写战士对昔日夫妻爱情约定的追忆，以此衬托出思归厌战的强烈愿望。

第一章描写士兵出征的气氛。出征之时，鼓声激越，士兵手持兵器处于一种兴奋的状态，诗人用象声词“镗”来摹写鼓声，加强了战争的现场感，用“踊跃”写出了士兵在战争初期的饱满情绪。但正是在这种征战的集体之中，“我独南行”却表现出了其中一名战士对战争的不解和不得不出征的无奈：其他的人都还在国都或者在漕邑（卫国的城邑）修筑城池，为什么就只有我不得不往南行走去打仗呢？此章开始对出征的描写表面上看来颇有强悍之势，似乎也反映出了一种集体的征战行为，但“我独南行”很快就化解了这种气势和气氛，表现出了一种不和谐音，这不和谐音在后面几章又不断被强化，最后成为了此诗的主调：厌战与思归。第二章写士兵随从卫国的将领孙子仲前去调解陈国与宋国的不和，实际上是孙子仲南征去救陈，继而平息了陈宋之间的争乱，但为了稳定局面，卫国士兵在南边久守关隘，不得归家，因而引起士兵内心的躁动不安。“忧心有忡”点出士兵的情绪，这与首章的“踊跃用兵”形成极大的反差。第三章继续写兵心涣散纪律松懈的状况，进一步反映出兵士不愿久留厌恶战争的内心情绪。他们抱怨居住的营区环境，久不归家而无心戍边甚至连战马也丢失了，花了好大工夫在丛林深处才将马找回。这种细节描写从侧面衬托出军心的松弛，为后面怨愤情绪的爆发作了极好的铺垫。

第四章起诗人没有继续写战争与兵营的状况，而是宕开一笔去写士兵对过去爱情誓言的追忆而带出对家人的强烈思念。“死生契阔，与子成说。执子之手，与子偕老。”是战士回忆起他当年与妻子定下的盟约：生生死死都永不分离（“契”，“合”之意；“阔”，“离”之意，二者连用，偏于“契”的意思，表示永不分离），这是我与你定下的誓言（“成说”是定约立誓之意）。我牵过了你的手就将与你白头偕老。这种追忆在此时出现是非常合情合理的，兵心的涣散与动摇就来自于对家人的思念和对和平宁静生活的向往，而对爱情誓言的追念则显得更有冲击力。试想，一对处于生命最蓬勃时期的年轻夫妇被生生分开而长久不得团聚，遥遥无期的战争肯定会遭人诅咒。正是在第四章的基础上，作者推出第五章的感叹和怨恨：可叹这该死的战争，让我俩相隔这么遥远，而不让我们重新相聚（“活”，聚会之意）！可恨这该死的统治者，让我们别离这么长久（“洵”，久远之意），不让我们信守昔日的誓言！两个“于嗟”连用，如泣如诉，进一步强化了士兵的内心嗟怨。因此，在诗的艺术结构上，五章环环相扣，衔接绵密，恰切地烘托出了士兵的悲愤之情。

此诗的厌战思归情绪在《诗经》中表现得十分突出，自然给人深刻印象，但更为值得重视的是，此诗反映出来的爱情盟誓，已经成为了千百年来人们爱情约定的套语，这永久的承诺和不变的情怀成为了恋人与夫妻间追求与信守的理想境界，它深深植根于中国人的婚姻观念中，并化为中国人的文化行为和价值取向，这在今日流行一时的歌曲《牵手》和《最浪漫的事》里，我们还可寻找到它的踪迹。“得成比目何辞死，愿作鸳鸯不羡仙”，平凡的夫妻过着平凡平静的日子就这样一起慢慢变老，那种境界真的值得去追求与向往。拥有物质财富哪怕是昂贵的金银财宝与拥有爱情是根本不同的。拥有财宝可以是“不在天长地久，只要曾经拥有”，但拥有爱情是珍藏起一颗真挚的心，是相爱的人曾经手牵过手，那就应该心心相印，珍惜爱情的过去与未来，共同度过美好的一生。

叹鸿雁悲鸣 哀民生多艰

—— 读《诗经·小雅·鸿雁》

鸿雁于飞，肃肃其羽。之子于征，劬劳于野。爰及矜人，哀此鳏寡。

鸿雁于飞，集于中泽。之子于垣，百堵皆作。虽则劬劳，其究安宅？

鸿雁于飞，哀鸣嗷嗷。维此哲人，谓我劬劳。维彼愚人，谓我宣骄。

这是一篇以鸿雁哀飞为比言说流民的辛劳苦楚，并诉说无人理解他们命运的悲歌。全诗共三章，每章都以鸿雁起兴，并借以比喻流民自身，反映他们或在野外劳动或被迫集中筑墙等苦役的情景，表达了他们心中的愤慨和悲怨。

《诗经》中的起兴，有的只是托物而起兴，与诗歌所要表达的内容并无直接内在的联系，有的则全篇多章都使用同一个兴句，并不与各章的内容紧密相连，而《鸿雁》的各章起兴与所说的内容都有十分紧密的联系，兴的当中含有比喻，比的当中包有起兴，蕴藏着丰富而深刻的意义。如首章以鸿雁肃肃高飞（肃肃：鸟飞动扇动翅膀的声音）为兴，表达流民远征野外奔波劳作的辛苦，鸟的使劲扇动翅膀与流民的奔走不停构成内在的比喻关系；第二章以鸿雁集中停息于大泽之中为兴并作比，象征流民被集中到一起为统治者筑城墙服苦役；第三章以鸿雁的哀鸣起兴，又比喻流民的哀怨之音，自然地与结尾发出的愤慨之声融合到了一起。全诗结构紧凑，比喻形象而贴切，具有感人的艺术力量。

作为一篇表达流民心声的诗歌，此诗不仅反映出了当时“饥者歌其食，劳者歌其事”的诗歌创作传统，而且体现出了充分的人文关怀。如首章里不禁感叹离家远行在野外劳动的流民，而且还哀怜那些鳏夫寡妇。中国人文传统里早就具备“老吾老以及人之老，幼吾幼以及人之幼”的尊老爱幼传统，而“哀鳏寡”成为周代人文精神的重要人伦内容，《尚书》中的《洪范》、《康诰》、《无逸》等篇中都说到不要虐待或侮辱鳏寡孤独者。后来孔子又继续作了发挥，说：“大道之行，不独亲其亲，不独子其子。”孟子亦说：“老而无妻者曰鳏，老而无夫者曰寡，老而无子者曰独，幼而无父者曰孤，此四者，天下之穷民而无告者也。文王发政施政，必先斯四者。”《诗经》中《唐风·杕杜》、《王风·葛藟》都抒发了流亡他乡的孤独者得不到他人救援亲近的悲叹。《小雅》中的《常棣》通过比兴表达了对兄弟手足之情的赞颂，《小雅·蓼莪》又表达了对“哀哀父母，生我劬劳”的追念。这一切都说明《诗经》所反映出来的人伦关爱精神是很值得继承与发扬的。联想到当今社会中，作为儿女的有的不赡养父母，不尽孝敬义务，狠心者还弑父杀母，兄弟朋友间不讲情谊，不讲信用，这与传统的人文关爱精神相距何止十万八千里！

《诗经》中的悲悯情怀是十分浓厚的，这种悲悯不仅表现在对弱势者的人性关爱，而且还表现在它的“怨刺”精神中。孔子说诗“可以怨”，这种怨不仅仅是抒发个人的恩怨，而往往传达出一种民情民意，并使其传递到上层，让王者可以从中“察观”而改进他的政策，其中重视对民歌即“风”的收集与整理就是改进政制的重要举措，到汉代还专设“乐府”的机构去收集民间歌谣以观民情。《鸿雁》一诗中也透露出这种怨刺，如第二章中流民对他们辛辛苦苦地筑了许多的墙，建了许多的宅，但却无处安居发出了强烈的控诉；第三章又对那些无法理解流民痛苦反而说流民的哀号是矫情和牢骚的人进行了鞭挞，直指他们为愚笨之人。这种怨愤与不平充分反映出了流民对生存境遇遭受不公对待的控告之声，这一声声呐喊对上层社会是一种强烈的反抗。

《鸿雁》一诗的主题历来存在争议，由于它放置在《小雅》内，后来的《诗经》解释者就将其归于赞颂统治者安抚流民的诗篇，如《毛诗序》说这首诗是赞美周宣王的，之所以作此诗是由于“万民离散，不安其居，而能劳来还定安集之，至于矜寡，无不得其所焉”，这种看法实际上是强解其意而去美化上层统治者的。实际上，《诗经》中的“风”、“雅”、“颂”的归类是经过孔子及其门人整理过的，从《鸿雁》所反映出来的内容与情感看，说它是流民们的心声之作是完全合乎实际的。

宴饮雅集 和穆典雅

—— 读《诗经·小雅·鹿鸣》

呦呦鹿鸣，食野之苹。我有嘉宾，鼓瑟吹笙。吹笙鼓簧，承筐是将。人之好我，示我周行。

呦呦鹿鸣，食野之蒿。我有嘉宾，德音孔昭。视民不恌，君子是则是效。我有旨酒，嘉宾式燕以敖。

呦呦鹿鸣，食野之芩。我有嘉宾，鼓瑟鼓琴。鼓瑟鼓琴，和乐且湛。我有旨酒，以燕乐嘉宾之心。

这是一篇在宴会上和乐而唱的诗歌，欢欣愉悦，典雅和谐，表现出了周代宴乐的隆重礼仪，群臣聚会的政治向心力和人际关系的和睦。

诗的三章都以鹿欢快的鸣叫声起兴，表现出一种和悦欣喜的氛围：在原野上一群鹿在低头吃着野草，不时以呦呦之声互相招呼着，这是一种热烈而又宽松的环境。诗以群集的鹿鸣为起兴，既为全诗创造一种和悦的基调，同时又象征着贵族士大夫之间可以利用宴饮的时机互相对话，形成政治观念上的沟通和相互理解。《诗经》中的“雅”有“大雅”与“小雅”之分，宫廷的宴会上唱《大雅》，普通宴会上唱《小雅》。《鹿鸣》属《小雅》，故可视为贵族士大夫之间的群集宴饮。周代的宴饮其中既有礼仪，同时又带有政治上融通上下关系凝聚人心的作用，故在此诗中，我们看到主人将筐中的礼品送给与会的嘉宾，而宾客也相应地做出回报，告诉他从政的大道理（周行，即大道，引申为大道理、正道），主人招待嘉宾，还要以燕乐来获取嘉宾的欢心。孔子说，诗“可以群”，“迩之事父，远之事君”。《鹿鸣》一诗正典型地代表了诗所可发挥的团结人心、凝聚集体力量并辅佐君王的作用。

从此诗当中，我们还可看到周代礼乐所能发挥的功能：在娱乐之中完成对人格的培养。孔子说：“兴于诗，立于礼，成于乐。”他认为“不学诗，无以言”，如果在政治和外交上不能灵活与熟练地运用《诗》则不能体会出学诗的妙处。学礼是培育人可以立业的基本素质，而学乐并在行为举止当中体现出典雅则可以使一个君子的人格得以完善。在周代诗礼乐是三者并用不可分割的，此诗最鲜明地体现出了这一点。此诗和乐而唱，体现了一定的礼数，更值得重视的是它还赞颂君子的人格，说参加宴会的嘉宾有着良好的品德声誉，举止文雅而不轻浮，成为君子仿效的榜样。因此，“鼓瑟吹笙”、“鼓瑟鼓琴”不仅是创造一种欢乐的气氛，同时也通过音乐去熏染人格和培养性情。“君子”一般指贵族士大夫，孔子对“君子”的定义是“文质彬彬”，既有道德又有学问，举止得体，言行如一。他说的“成于乐”是将乐当作人格完成的最高境界来追求的，所以在《左传》里我们常常看到一些不懂诗或不懂乐的人会遭到人们的轻视和嘲弄。而季札是个懂音乐的人，能从音乐当中听出民间的情绪和治国的道理来。

还应该注意的是，此诗还大力渲染了宴乐的调和作用和宴会的交流沟通作用，它们共同创造了宴飨的丰盛、主客的契合和人伦的和谐。“我有旨酒，嘉宾式燕以敖”是说宾主通过宴会在酒酣耳热之时关系融洽到共游的境地。“鼓瑟鼓琴，和乐且湛”是说音乐悠扬醇厚和谐感人，能让人产生久久的回味。“我有旨酒，以燕乐嘉宾之心”则指主人以酒宴与音乐取悦于嘉宾，进而与客人获得心灵上的沟通。“和”既是音乐的本质又是音乐的作用，《尚书·尧典》说“八音克谐，无相夺伦”，就指八音的相成相济构成和谐统一的乐曲。孔子曾认为先王之所以创造音乐就是以它来和天下的。班固编纂的《白虎通·德论》卷二记载了孔子的一段话可作参考：“子曰：乐在宗庙之中，上下同听之，则莫不和敬。族长乡里之中，长幼同听之，则莫不和顺。在闺门之内，父子兄弟同听之，则莫不和亲。故乐者所以崇和顺，比物饰节。”这里的“和”已经上升到道德的层面，乐与仁与爱会通统一，大乐还与天地同和，艺术境界与道德境界相融相契，中国艺术理论中的“艺道合一”论由此成为中国艺术精神中的一项重要内容。

骚音铮铮 民族之魂

—— 读屈原《橘颂》

后皇嘉树，橘徕服兮。受命不迁，生南国兮。深固难徙，更壹志兮。绿叶素荣，纷其可喜兮。曾枝剡棘，圆果抟兮。青黄杂糅，文章烂兮。精色内白，类任道兮。纷缊宜修，姱而不丑兮。嗟尔幼志，有以异兮。独立不迁，岂不可喜兮？深固难徙，廓其无求兮。苏世独立，横而不流兮。闭心自慎，终不失过兮。秉德无私，参天地兮。愿岁并谢，与长友兮。淑离不淫，梗其有理兮。年岁虽少，可师长兮。行比伯夷，置以为像兮。

屈原是战国后期楚辞的代表作家，是我国历史上第一位爱国主义的大诗人。他创作的《离骚》长诗堪称中国文学史上第一首文人长诗，其诗总结了他前半生的人生奋斗经历，表现了他人生轨迹中心灵的创伤与哀痛，也宣告了他今后矢志不渝的人生道路选择。它想象丰富，用词讲究，气势磅礴，刘勰《文心雕龙》称赞它是“气往轹古，辞来切今，惊采绝艳，难与并能矣”。《橘颂》是屈原作品《九章》中之一首，为他早年时的创作，表现出诗人早年的志向和性格取向。《九章》的感情脉络与价值取向与《离骚》可互为呼应，被人视为“小《离骚》”。

诗大致包含着三层的含义。第一层从开头至“纷缊宜修，姱而不丑兮”，主要描述橘树俊秀动人的外表与内心洁净的统一以及“深固难徙”的秉性。橘树之所以被誉为“嘉树”，一是它只能生于南土才能结出果实的习性，“橘生淮南则为橘，生于淮北则为枳”；二是有生机勃勃的绿叶，有保护自己不受侵犯而长出“剡棘”的层层繁枝，还奉献出外表色彩斑斓内部又精白洁净的圆果。第二层从“嗟尔幼志，有以异兮”到“秉德无私，参天地兮”，主要是歌颂橘树从幼时的“独立不迁”的志向到长成后“横而不流”的气节，着重在称颂橘树的内在品质和崇高精神。第三层则从“愿岁并谢，与长友兮”到结尾，主要表达诗人要以橘为友为师的愿望，借橘而磨砺自己的志节。

整首诗诗人都是在以拟人化的手法塑造橘树的形象，同时又将自己带入咏物之中，使橘与我合而为一。看似写橘，实则又是诗人自身精神的绝好写照，是诗人将自己的志趣和内在品质投射到橘的身上。后来的屈原钟爱楚国，对祖国有一种深深的眷念，在君王听信谗言之时，他被疏远甚至流放，仍然无怨无悔地爱国忠君，九死而不悔，这正是他自幼就养成了“深固难徙”的本性；他后来追求正直，不与社会的坏风气同流合污，保持着“众人皆醉我独醒”的头脑，这正是他自幼就树立了“独立不迁”“横而不流”的人格；他志行高洁，好修不懈，常以美好的香草装饰自己的衣服并作佩饰，又不断地以君子的美德自励，这正是他自幼就向往“纷缊宜修，姱而不丑兮”与“秉德无私”的品行。屈原之所以将橘树称颂得如此高尚美好，是因为他自己具有崇高品行的向往和独立坚韧的人格追求，故司马迁称赞屈原道“其志洁，故其称物芳”。

《橘颂》被后人称为是千古咏物诗之始祖，正是因为屈原开创了借物咏人咏志的文学传统。诗人不仅仅是歌颂了橘树的外观美好和内在精神，更重要的在他沟通了物我，将自己与橘树融为了一体。诗的结尾他不仅要与橘树长相为友，在严寒冰冻之时依然不改操守，而且还将橘树的品行推及到与古代志士伯夷的气节相比照，充分表达了诗人要以橘为榜样、以古代志士高尚情操为楷模的坚定志向。古人说，看人看少。通过《橘颂》我们了解了屈原的早年追求，对屈原就倍加敬仰和尊重了。

大业未成　求贤若渴

—— 读曹操《短歌行》

对酒当歌，人生几何？譬如朝露，去日苦多。慨当以慷，忧思难忘。何以解忧？惟有杜康。青青子衿，悠悠我心。但为君故，沉吟至今。呦呦鹿鸣，食野之苹。我有嘉宾，鼓瑟吹笙。明明如月，何日可掇？忧从中来，不可断绝。越陌度阡，枉用相存。契阔谈宴，心念旧恩。月明星稀，乌鹊南飞。绕树三匝，何枝可依？山不厌高，海不厌深。周公吐哺，天下归心。

曹操是东汉时期杰出的政治家、军事家，又是建安文学的卓越代表。他外定武功，内修文学；出身寒微，又有非凡的才能与胆识；他大胆改革，唯才是举，在诸强纷争的动乱局面中迅速统一了北方，壮大了自己的力量。此篇《短歌行》应是他在南征刘表之前于宴会上慷慨而歌，表达他大业未成、求贤若渴的心情与政治抱负。

细读此诗，其感情脉络大致可按每八句一分呈现出四层的含义。

前八句诗人借感叹人生短暂而表达心中的忧虑，这种忧虑并非消沉悲观的忧虑，而是一种“慨当以慷”的壮思与积极进取的忧思，因为战乱频仍，人民颠沛流离，社会未平定，统一的大业尚未完成，想有所作为的曹操自然会感叹时间的紧迫与人生的短暂。另外，诗起头的人生感叹也是东汉时期的一种时代情绪，当时群雄互争，丧乱迭起，人们甚感性命朝不保夕，故常有“人生如寄”、“去日苦多”之感。

第二个八句诗人借用《诗经》当中的成句，表达他思念贤才的悠长心意。诗人承接了春秋战国时期赋诗言志表达政治与外交意义的诗用传统，此处借用《诗经》当中《子衿》和《鹿鸣》的句子，就是用来表达对贤人志士的思念，意思是那些有才能有学问的贤人啊，我为你们而思念而沉吟，如果你们到来，我会像欢迎嘉宾一样为你们鼓瑟吹笙。

第三个八句进一步强化诗人求贤若渴的隐忧。诗人将贤才比做明月难以招揽。“掇”有采摘、获取的意义，有的版本又作“辍”，为“停止”的意思，是说我求贤的思念如明月运行而永不停止。但我以为用“掇”比“辍”更好，更能表达诗人贤才难求的渴望。“越陌度阡，枉用相存。契阔谈宴，心念旧恩”，是诗人的想象或者幻觉，他觉得这些贤才真的越过田间的道路前来探望他了，并能在一处宴饮和促膝谈心，这往日的情谊是无论如何也忘不了的呀！

结尾的八句诗人不仅直接地呼唤那些还在犹豫着何处落脚的贤才快快归来，而且还自比周公，袒露出自己要像周公那样具备虚心纳士的胸怀。诗人将乌鹊绕树而飞而不知择何枝而栖比喻成当时贤才在三国鼎立之时无所适从的状况，进而表露出自己将具有“山不厌高，海不厌深”招纳贤才的胸怀，还有像周公那样礼贤下士的谦慎态度。周公听说有贤人来投靠，吃饭时就将饭吐出来而去迎接，吃一顿饭竟然停了三次。

全诗的中心词应是两个字“忧”和“求”。诗人为帐下没有更多的英雄与智慧之士而“忧思难忘”，同时又不断反复地表达求贤纳士的愿望，并表明自己海纳百川的胸怀。诗人引《诗》明志也好，描写自己与贤士欢谈的幻觉也好，或者以乌鹊择良枝而栖来呼唤人才也好，其主旨都是为了求得人才。《诗经》中有诗句云：“知我者谓我心忧，不知我者谓我何求。”曹孟德此诗不仅充分表达了他的心中之忧，也充分抒发了他求贤纳士的心情和胸臆，表露了他“天下归心”宏图大愿。此诗既充满深沉的忧叹，又贯串着慷慨激昂的建功立业激情，其虚心求贤待士的感情悠长回荡，读之令人感动。曹操作为一代枭雄，其胆识、胸襟、气度与诗才都是当时的人中豪杰。历史上的曹操与小说《三国演义》中的曹操是有形象错位的。举一例子，如文士陈琳，有急才，早年曾为袁绍写过讨伐曹操的檄文，辱骂过曹操，后来袁绍被打败，陈琳投靠曹操，手下劝曹杀了他，但曹只对他说：“你过去写檄文，骂骂我也就罢了，为什么还骂我祖上呢？”过后还重用了陈琳。这雅量与小说里描写曹操“宁可我负天下人，不可天下人负我”的性格与胸怀大相径庭。

旷妇闺思 倾情倾声

—— 读曹丕《燕歌行》其一

秋风萧瑟天气凉，草木摇落露为霜，群燕辞归鹄南翔。念君客游多思肠，慊慊思归恋故乡，君为淹留寄他方？贱妾茕茕守空房，忧来思君不敢忘，不觉泪下沾衣裳。援琴鸣弦发清商，短歌微吟不能长。明月皎皎照我床，星汉西流夜未央。牵牛织女遥相望，尔独何辜限河梁。

曹丕作的《燕歌行》有两首，这是第一首，也是传诵最多的一首，而另一首也写同类题材则较少人注意。《燕歌行》属于乐府的题目，反映的是燕地（春秋战国时诸侯国名，大约相当于今北京、河北北部和辽西南一带地区）的民间民俗生活。三曹父子善于向乐府民歌学习，故多借乐府旧题来写自己的感受。魏国当时要统一北方，燕地的征战戍边、夫妻不能团聚亦是常事，曹丕此诗正是以细腻的感情、缠绵委婉的语调表现了旷妇闺思的幽怨哀婉之意。

此诗的结构是按景—情—景—情这样的视觉与心理相互交错、由外及内又由内向外的情感线索来构造的，其中又穿插着由内及外的人物外部行动来展开叙写女主人公心理的细节，其结构可以说是有着精心安排的。

诗前三句为写景，以天气的转凉、草木的衰败、候鸟的迁徙极力烘托出一种萧瑟凋零的环境，为女主人公的思念丈夫归来铺垫下悲凉哀伤的基调。“群燕辞归鹄南翔”，其中的“鹄”有的版本又作“雁”，二者都说的是鸟类，“鹄”是指天鹅，也属候鸟类。“念君客游多思肠”三句则有三层含义，层层递进，使思念之情变得愈来愈浓重。“多思肠”又作“思断肠”，这是引出思妇思夫的情状；“慊慊思归恋故乡”则是从自身转到对对方的想象，说你大概也很不开心，想着快快回家恋着故乡吧。这种宕开一笔的写法亦成为日后怀人诗歌中的常见手法，亦可以是一种衬写法，如王维诗句“遥知兄弟登高处，遍插茱萸少一人”，诗人借想象兄弟登高时也想着我没有在身边，就更衬托出“倍思亲”的深厚。“君为淹留寄他方？”则是思妇的嗔怪与责问：你既然也思归，但为什么迟迟不归，长久淹留他乡呢？由写思妇对丈夫的思念牵挂，到想象丈夫也眷念故乡，再到对丈夫不归原因的追问与责怪，诗意层层推进，淋漓尽致地刻画出主人公的思念之切与哀怨之深。“贱妾茕茕守空房”三句再回到自身孤独状况的叙写，“茕茕”、“空”、“泪下”突显出旷妇对生命孤独、生存虚无的无奈情状，凄婉动情，颇富艺术的感染力。“援琴鸣弦发清商，短歌微吟不能长”则以思妇借弹琴而遣思愁的外部行动，进一步抒写思妇的怨恨惆怅。她弹琴发出的是以悲婉凄清为主的清商之调，唱出的也是表现急促哀怨的歌声，曲为心声，歌自中发，心有所伤，故难成动听高越的长歌。“明月皎皎照我床”四句，主人公再由情至景，将“明月”、“星汉”之景与思念之情融通一片，表达出对苦难命运的抗议。主人公说：明月似乎也知道我的苦处，将月光投射我床前来与我相伴，但这漫漫长夜我忧伤难寝又怎么度过？天上的牵牛织女星啊，你们又犯了什么罪过要判你们隔河相望呢？主人公由己推及“明月”、“星汉”，又以牵牛织女两星比喻自己与丈夫的分离，由恨自己的丈夫不归发展到恨老天的无情，真切地抒发出了自己不幸命运的悲凉之感。尤其是最后两句，问天恨天之时，凄苦哀怨之情达到高潮，旨趣也越出了个人的哀怨，而包含着更为深刻的社会意义。

曹丕此诗的贡献不仅在于它开创了七言闺怨诗的先河，更重要的还在于它将汉乐府代抒闺怨的传统加以文人化的改造。他作为男性作者以思妇的身份与口吻代替思妇去抒发心中的哀怨，是否会遮蔽女性言说的真实呢？我以为这要从历史的角度去看待这个问题。在女性尚无言说权利的时代里，文人乃至达官贵人代她们抒发感情，在一定程度上也是需要有同情和平民意识的。曹丕此诗敢于代思妇怨天并揭露当时社会的苦难，并以逼真的描写反映出了当时妇女们的真实心态，其价值是完全可以肯定的。值得注意的是，这种代言体的诗歌表现形式对后世产生着深远的影响，南朝以及唐代的闺怨诗、宫怨诗都承接着这种表现形式而将其发扬光大。如李白的《长干行》、金昌绪的《春怨》等都是典型的代言体诗歌。

游侠雄姿　视死如归

—— 读曹植《白马篇》

白马饰金羁，连翩西北驰。借问谁家子，幽并游侠儿。少小去乡邑，扬声沙漠垂。宿昔秉良弓，楛矢何参差。控弦破左的，右发摧月支。仰手接飞猱，俯身散马蹄。狡捷过猴猿，勇剽若豹螭。边城多警急，胡虏数迁移。羽檄从北来，厉马登高堤。长驱蹈匈奴，左顾陵鲜卑。弃身锋刃端，性命安可怀？父母且不顾，何言子与妻？名编壮士籍，不得中顾私。捐躯赴国难，视死忽如归。

三曹（曹操、曹丕、曹植）是建安文学中的杰出代表，三人的诗歌各有其风格。曹操作为父亲，长期征战，创业打拼，故诗多表现高亢的情怀；曹丕作为太子，中规中矩，其诗公子气文人气多，故诗多哀婉绮秀；曹植则因无法继承王位，故多想赴抗敌前线建功立业，其《求自试表》说他过去跟从过曹操“南极赤岸，东临沧海，西望玉门，北出玄塞”，平素就有为国效力的壮志豪情，其诗多表现积极进取志在报国的内容，风格仿其父为“雅好慷慨”又“骨气奇高”。

此诗以生动的笔墨刻画了从小技艺高强而又能在国家

危机时为国赴难视死如归的白马战士，诗人借对他的歌颂来表达自己的报国愿望和慷慨赴死的爱国激情。其思想境界高迈超群，语言豪放雄势，是曹植诗中的精品。

诗起句雄奇，气若凌云：是谁骑着套着金色笼头的白马，像鸟一样轻捷地向西北方向飞驰而去？原来是生长在幽并地区的少年游侠儿。在描写技法上是先见马后才介绍人，写马的飞驰也是在写骑士的矫健，以马的雄骏衬托骑士的英武。白马在古人眼中常是骁勇善战又忠诚，能负重又敢于牺牲的动物，它最善解人意而且还爱憎分明，《三国演义》、《西游记》中都有对马以及白马的精彩描写，民间亦将少女眼中的理想爱人称为“白马王子”，并有多种传说称颂白马。此处的“幽并”指幽州和并州，相当于战国时所称的燕赵二地，自古燕赵多慷慨悲歌之士，战国时赵文王时期，就养有剑士侠客三千余人。“游侠儿”指那些尚武讲义气、讲诚信能急人所难救人于危的人，但在曹植笔下则是列为了壮士名册的爱国勇士，而不再是战国时为诸侯门下所豢养而且还游来游去的侠客。

“少小去乡邑，扬声沙漠垂”之后的十二句，是补叙这些游侠儿的精绝武艺。先说他们自幼离开乡邑，长期守卫边疆御敌杀敌，名声在沙漠边陲播扬。次说他们早晚都离不开弓箭，而且还背负着长短不齐的用楛木做的利箭。接下来诗人用对偶的句子来写他骑马射箭的高超武艺，说他无论从任何一种方位（左、右、上、下）都能射中靶标。从诗语气的贯通来看，“的”、“月支”、“飞猱”、“马蹄”都是指的箭靶。最后诗人又用两个比喻“过猴猿”、“若豹螭”来形容他的灵巧敏捷和勇猛剽悍。

从“边城多警急”起，诗人又接续至开头，既照应

“连翩西北驰”的边陲战事之急，又开始描写这些战士们的应召和御敌行动。“厉马登高堤”是指他们闻命而策马登上高地瞭望敌情，随时准备应战的姿态，“长驱蹈匈奴，左顾陵鲜卑”，是指他们既能长驱直入将匈奴逐出疆界，又能回过头来冲击入侵的鲜卑人。这些虽是概写，但勇士们一接命令就立即行动御敌于国门之外的英姿却得到了充分的体现。

“弃身锋刃端，性命安可怀”之后的八句则用直接描写他们的心声来揭示他们的思想境界。他们投身于战争，面对利刃是根本不将性命挂在心上的。父母都顾不上了，哪还能谈得上结婚生子呢？国难当头，私事都置于一边，为国捐躯生死早已置之度外。诗人写他们的武艺高超是为了写他们的为国效力，写他们为国赴难又揭示他们视死如归的内心世界，就极其鲜活又完整地塑造了一个有血有肉的英武战士。其实，这一个的背后站着的也是一群，诗至结尾处，我们看到的不仅是一个白马战士，而是一群如群山高耸、如长城雄峙的御敌勇士。

曹植其实比曹丕更有出众的才华，他的诗歌词采华美，具有蓬勃的朝气，后人说他“如三河少年，风流自赏”。他的《洛神赋》更是显得才情并茂，俊逸倜傥。就是这首《白马篇》，也对后来的诗人产生着深远的影响。如李白就有《侠客行》的古体五言诗，其中也有着曹植的影响在，如《侠客行》中写侠客佩吴钩骑白马并有超人的武艺，“银鞍照白马，飒沓如流星。十步杀一人，千里不留行”，“三杯吐然诺，五岳倒为轻”，“纵死侠骨香，不惭世上英”。李白所歌并不在记录侠客的武艺与功绩，也不过如曹植一样借侠客的故事委婉地表达他的政治抱负。

境界高远 知音难再

——读嵇康《兄秀才公穆人军赠诗》第十四首

息徒兰圃，秣马华山。流磻平皋，垂纶长川。目送归鸿，手挥五弦。俯仰自得，游心太玄。嘉彼钓叟，得鱼忘筌。郢人逝矣，谁可尽言?

嵇康是魏晋时期著名诗派“竹林七贤”之一。此诗是他为其兄嵇喜从军而作的组诗中的一首。诗并非实写，而是想象嵇喜行军途中休息时领略弋钓之趣时的场景：士兵在长满兰草的野地里休息，马匹散布在开满野花的山坡上吃草，而嵇喜等军官们则在射鸟垂钓。作者议论到此种情景正符合他心中的玄道：“目送归鸿，手挥五弦。俯仰自得，游心太玄。”诗人写嵇喜的情景是虚，实则是借此情景的描写来表达他心中所向往的人生境界。此诗之中，真正显现的不是嵇喜等人的形象，而是诗人嵇康的形象，我们仿佛见到一个高洁孤傲的诗人，手弹五弦却目光炯炯，归鸿远去，其心却在宇宙间俯仰自得，在哲学之道中自由翱翔。

嵇康是一个硬骨头的人，正始时期他抨击司马氏提倡“名教”的虚伪，并公然蔑视礼法，与世俗不同流合污，具有桀骜不驯的反抗性格（后人颜延之曾说他是“龙性谁能驯”）。他的旧友山涛被司马氏任为吏部郎，欲举荐嵇康代其原职，嵇康愤然写下著名的《与山巨源绝交书》，通过“七不堪”、“二甚不可”的理由，表明自己崇尚老庄、蔑视礼法、不与司马氏集团合作的态度，引起司马昭的震怒，为后来引来杀身之祸埋下了种子。以后嵇康因吕安案被打入死狱，临刑时，嵇康镇定自若，要了一张五弦琴，弹奏了一曲悲壮的《广陵散》，悲号一声“广陵散从此绝矣！”而慨然就刑，谱写了一曲宁死不屈的生命绝唱。在嵇康的这首诗里，我们已经可以触摸到他的心声，感受到他的高远追求和人生价值取向。像嵇康这样的人物，游心于大道，坚持坚定的理想，固守高尚的人格，不与黑暗势力同流合污，其慨叹“郢人逝矣，谁可尽言？”在当时也是很自然的事情。

在当今面临各种物欲引诱和心绪浮躁的时代，我们做人做事也应立意高远、超脱功利才是，故“目送归鸿，手挥五弦。俯仰自得，游心太玄”也应当成为我们开拓胸襟、坚定远大理想的人生向往。

生存时的无奈 乱世中的挣扎

—— 读阮籍《咏怀诗》其八

灼灼西隤日，余光照我衣。回风吹四壁，寒鸟相因依。周周尚衔羽，蛩蛩亦念饥。如何当路子，磬折忘所归？岂为夸誉名，憔悴使心悲。宁与燕雀翔，不随黄鹄飞。黄鹄游四海，中路将安归？

处于正始时期的阮籍是最倒霉的，生活上他虽也能与嵇康、刘伶等“竹林七贤”为友，常聚于竹林之下畅饮泄怀，但也实属不可为而为之的故意行为。政治上他则处于进退维谷的境地，政局的险恶迫使他采取谨慎避祸、明哲保身的态度，或闭门读书，或登山临水，口不臧否人物，只用青白眼接待来客，实在是生存得极其痛苦。他所作的《咏怀诗》八十二首，就逼真生动地反映出他的生存境遇和内心的紧张、焦虑、恐惧以及不得不收敛自己以求全身的心理取向。

此处所选的是《咏怀诗》的第八首，诗人将自然环境和个人所处的政治环境紧密联系在一起，用动物的意象表达出他自己所遭受到的政治压迫和不得不作出的生存选择。

诗的前六句是借摇摇欲坠的夕阳之景表达出一种寒

气逼人的政治环境。这种环境是很奇特的，西边的坠日看起来仍是灼热的，但余光照着却使人感觉不到温暖。回顾四周的环境，寒风回旋，使得鸟儿们也不得不相亲相依，保存生命。“周周尚衔羽，蛩蛩亦念饥”仍是以鸟兽的行为说明它们互相依赖而得以生存的谋略。周周，一种传说中的鸟，因为脑袋大又重而尾屈翘，到河中饮水时会栽到水里去，于是它们就互相帮助，一个饮水时另一个就衔住它的羽毛，然后互相调换。蛩蛩是传说中的兽，其形状如马，前足高像鹿，后足像兔，前足高不便于吃草，但奔走起来却很快。另有一种动物名蟨，前足低矮像鼠，后足像兔，便于吃草却不便于奔跑。这两种动物互相帮助，互相依赖，吃草时蟨为蛩帮忙，一旦有难时蛩则背起蟨奔逃。古人称这两种相互依存的动物为比肩兽。蛩与蟨虽是传说中的怪兽，但根据现在考古研究，疑是两种类型的恐龙。这种环境描写的确是在影射当时的政治环境。正始时期，名义上虽为曹魏政权，但大权已逐渐被司马懿篡夺；到正始十年曹爽被司马懿所杀时，司马氏干脆独掌朝政。诗人影射的是曹魏皇室的这颗太阳已经下坠，它已无力照顾到倾向于它的臣子们了，臣子们正如旋风中的寒鸟惊兽，只能各自为自己谋虑求得性命安全。

“如何当路子，磬折忘所归”八句，诗人为那些拼命追求名位只知进而不知退的人感到惋惜，同时又向世人表明自己当量力而行，选择下位而栖不愿高飞。“当路子”是指那些居于权势高位和要路津的人；“磬折忘所归”是指那些位居高位要路的人谦恭从事，腰弯得像磬一样，竟然还一路高歌猛进而不知道其归宿何在。诗人用“如何”、“岂为”来反问，表达了他对那些为名为权有进无退憔悴辛劳而到最后一无所获徒然生悲的人感到叹惜。阮籍则与这些人的选择完全不一样，他借燕雀与黄鹄的对比表达了自己的愿望：宁可与燕雀为伍卑栖低处，也不随黄鹄向高处远飞。黄鹄长袖善舞且有背景或哥们支持，有能力遨游四海，而像我等老实之人如果随他们跑的话，能力有限，恐怕跑到半路想返回来也没办法了。

从此诗中，我们可以看到阮籍思想中所受老庄的影响。比如“燕雀”之语借用的是“燕雀安知鸿鹄之志”的典故，诗人以“燕雀”自比是自我矮化的一种手段，实际上也是保存自己的一种生存技巧。庄子就认为如果一棵树长得太直太有用，就会很快被人砍伐掉，而那些被视为无用之才的树木反而得以延长生命。曹爽辅政时本来要招阮籍为参军，阮籍以病为由谢拒而归于田里，不久曹爽果然被司马氏所杀，而阮籍则保存了性命。可见阮籍的诗歌当中，表现了庄子的齐物论思想。同时，阮籍诗歌又受到玄学的影响，他的《咏怀诗》虽是政治诗，但却不是直接表露他的政治见解，而往往通过比兴、象征、寄托来寄寓情怀，尤其是他所创造的各种鸟兽与植物的意象，更是间接地表达了他那种隐晦、含蓄的思想和精神。此诗中所用的鸟兽意象正表现出诗人生存时的无奈与乱世中的挣扎，也曲折地表露出了他对政治的预见和恐惧。

阮籍所处的时代毕竟是一个政治不清明、思想极其压抑的时代，他的那种如履薄冰的生存态度是由“一生不自保，何况恋妻子”的生存环境所决定的，但是他对生存之路的选择也不能说完全没有借鉴意义。如今的社会价值观念多元化，人与人之间的能力与能量也不同，量力而为也不失为一种好的选择。名利是悬在头上的两把利剑，玩得不好轻则“憔悴使心悲”，重则魂逝命不归。当路子们更是不得不警醒的呀！

寒士心声 独特魅力

—— 读左思《咏史诗》其二

郁郁涧底松，离离山上苗。以彼径寸茎，荫此百尺条。世胄蹑高位，英俊沉下僚。地势使之然，由来非一朝。金张借旧业，七叶珥汉貂。冯公岂不伟，白首不见招。

左思是西晋太康时期的诗人，他出身寒门但人格卓尔不群，诗歌多有遒劲挺拔之风。所作《三都赋》曾惊动京城，一时洛阳为之纸贵，是一个极有坚韧意志又极具才华和独立人格的诗人。他创作的《咏史诗》八首表面上是咏史，实际上与阮籍的《咏怀诗》一样，也是吟咏怀抱，并借咏史讽刺当时门阀制度的不公。此处所选的《咏史诗》第二首正是这种借古讽今又表达愤懑之情的代表作。

此诗首先借自然现象的叙写描述了一种奇怪的现象，实际上则是为了引出后面所要抨击的社会当中的不公正现象，这种比兴的手法用得非常巧妙，也非常贴切。谷底的松树，长得高大且郁郁葱葱，然而长在山顶上的初生草木枝不繁叶不茂，因为地势高的原因，它们却以一寸左右直径的树干和下垂的枝条，遮挡住了谷底已有百尺之高的松树的阳光。在这里，“松”喻指那些位居卑下的寒门人士，他们在门阀制度的遏制下，很少有出人头地的机会。“苗”则喻指那些抢占了高位的士族子弟，他们没什么才能，却因祖上的功业占尽要职。诗人写自然现象的不公道实则是为了写社会现象的不公道，故在第五、六句就直接切入他要抨击的对象，点出当时门阀制度导致的不公和黑白颠倒。而七、八句又进而深挖一层，揭示出这种不公正所形成的社会原因。此处的“地势使之然”既照应到了前四句所写的自然现象，同时又是对社会不公现象的控诉，可谓一语双关。“由来非一朝”则从历史的角度揭示了这种不公的形成并非短暂，而是有来由的，诗人将矛头直接指向了曹魏时期所形成的“九品中正”制度。曹魏时期所制定的“九品中正”制本来是用来规范选人的制度的，但在统治者分配权力的过程中，逐渐被演化为一种门阀体制，到西晋时不仅人才寥若晨星不可选，选人也沦为了一种表面的形式，选为上品者非公侯子孙莫为，就逐渐形成了“上品无寒门，下品无世族”的现象，这才是出身寒门且有才华而不能进入高位的左思们大感不平而要愤然控诉与批判的。“世胄蹑高位，英俊沉下僚”的呼喊之中浸透着他们的血与泪，也充分表达出这批寒士们的悲酸心声和压抑的心情。值得注意的是，诗人从自然现象写到社会现象，从具象写到抽象，二者的过渡与衔接十分自然，这一方面归于他高超的艺术手法（用比喻和双关语的照应），另一方面也归于他对这种不公现象的长期观察与思考，所以左思的诗之思并非他一人之思，而是代表着一代寒士们长久积郁心中而不得不吐露出来的心声。

诗的最后四句则是借史讽时而发感慨了。“金张借旧业，七叶珥汉貂”是指汉宣帝时的金日磾和张安世两大家族，因为是权门贵族，他们的后人七世之内都可以世袭祖上的官职。“珥汉貂”是代指高官，因为汉代侍中、中常侍等高官在冠上插貂尾作为装饰，此处是以汉貂这种身份的符号代指高位，是一种更形象的说法。金日磾家族就是七世之内都做内侍的高职的。“冯公”则是汉文帝时人，曾有见解地指正当时朝政的过失，但年近七旬仍然还做着郎官的小职。“不见招”指不为皇帝招揽重用。诗人借汉代的金张两家凭煊赫权势而世袭高官厚禄和冯唐有英才伟见却到白首仍不受重用的强烈对比，既表达了诗人对由来已久的权豪门第占尽高位的不满，同时也是借史实来讽喻他所处时代门阀制度的腐朽不堪。

此诗用典用喻非常贴切，用语精当而切中要害，如一个“荫”字将世族子弟凭借权势高位霸占资源阻挡寒门人士进步的事实用明喻充分地显示了出来；一个“沉”字将寒门人士因无辉煌门第被打压在下层的沉痛心情揭示无遗。此诗的结构也十分精妙，从“松”与“苗”的对比推出“世胄”与“英俊”的对比，最后又引出史实中“金张”与“冯公”的对比，三层对比意义环环相扣，集中地突显了诗人所要抨击的对象，从而形成了独特的艺术魅力，给读者留下了深刻的印象。

左思的咏史之作继承了前人咏史的传统，同时又开创了将咏史与个人怀抱抒发紧密结合在一起的新路，其创造的艺术形象成为中国文学中的经典之作，后人所谓“冯唐易老，李广难封”的说法也多少受到左思所创造的艺术形象的影响。

深林寻隐士　山水有清音

—— 读左思《招隐诗》其一

杖策招隐士，荒途横古今。岩穴无结构，丘中有鸣琴。白云停阴冈，丹葩曜阳林。石泉漱琼瑶，纤鳞或浮沉。非必丝与竹，山水有清音。何事待啸歌？灌木自悲吟。秋菊兼糇粮，幽兰间重襟。踌躇足力烦，聊欲投吾簪。

左思年轻时是一个很有上进心的人，他博览群书，文才极好，但容貌丑陋，口才也不行，加之出身寒门，仕进一直不得意。虽然他的妹妹左芬曾被纳入宫中成为贵嫔，但不久又受冷落，他还是无法得到重用，故在《咏史诗》中他早就透露出一种隐退的思想，如《咏史诗》其五中有“被褐出阊阖，高步追许由。振衣千仞冈，濯足万里流”，其八中有“饮河期满腹，贵足不愿余。巢林栖一枝，可为达士模”，此四句诗的意思不过如今天所说“虽有金山银山，不过一日三餐”的知足寡欲的意思。此首《招隐诗》正是他在仕途难通之后表达的一种入山寻访隐士，愿与隐士同居山林的愿望。

诗的前八句写他入山寻访隐士所见的山中景色，渲染的是山中的荒、幽、清、爽和自由的氛围。“杖策”说明山之陡之高，需要借助树枝做杖往上爬。“招隐士”不是招揽隐士，而是寻访隐士。当时标明“招隐”为题的诗歌已成为一种时代风气，玄学清谈之中以隐士为荣，皇室也将隐居之人当做高士来供奉，以隐为荣，以退为进，也就成为当时不少玄学名士以假隐抬高自己的一种生活追求。后来唐代某些文人所走的“终南捷径”，多少也与魏晋名士的这种假隐相似。左思也难以免俗，但山中寻隐之作主要借以表达心中那种不愿与污秽社会同流合污的高洁愿望。“岩穴无结构，丘中有鸣琴”是说山中见不到房舍建筑，隐士不知居于何处，但丘壑之中却飘来悠扬的琴声。这琴声可作两解，一指隐士所弹奏的琴声，二也可指山水自然所奏出的天籁之声，也就是后面所指的山水清音之声类似于琴声。总之，隐士所处的环境太荒古清幽了，它不仅仅是路径闭塞，好像亘古以来无人通过，而且白云停在高高的北面的山岗上，红花绽放在南面的山林中，石上清泉飞溅如天池琼瑶之液般白净晶莹，潭中的小鱼在悠闲地自由自在地游戏。

从“非必丝与竹，山水有清音”开始，诗人则转入自抒怀抱。“非必丝与竹，山水有清音。何事待啸歌？灌木自悲吟”四句是继承老庄的说法，意指山中水石风木自成天籁之乐。魏晋时期，玄学哲学提倡“贵自然”的思想，《世说新语》中就有“丝不如竹，竹不如肉，渐近自然”的说法，意思是说弹拨的乐器不如口吹的竹箫，而竹箫又不及人声之歌啸，因为后者更近自然而非借助人工制造的工具。左思则更进一步表达，其实人也何必借助啸歌才会长抒怀抱，山林之中水声潺潺自成清爽之音，灌木在风吹之时也会代人悲歌低吟。据史载，左思其实是一位琴曲家，他所作的琴曲就名《招隐》，收在《神奇秘谱》中，他在琴曲解题时就引录了他的两首同名诗。我推想，他应是写《招隐诗》两首在前，觉得意犹未尽，又再做琴曲以表达其隐逸思想的。诗的最后四句诗人又推进一层，说他要像屈原《离骚》中所表达过的高洁愿望一样，以秋菊为食粮，佩幽兰于衣襟，不再踌躇犹豫，决意投弃冠簪放弃官职当隐士去了。

左思当然未去当隐士，但他的《招隐诗》所传达的思想却带有着魏晋时代的普遍症候。当时的名士不管真隐也好，假隐也好，都存在着一种不愿与统治者合作的态度，他们宁可与僧人们或者道士们为伍，谈玄论佛说道，有的名士的行为甚至深受左思诗歌的影响，为其诗感动作出风流自赏的雅行。《世说新语·任诞》篇载，王子猷在山阴居住，一夜大雪飘飞，睡不着起来酌酒赏雪，四望皎然一片，心中不免有所失落，吟咏起左思的《招隐诗》来，突然想起远在剡溪的朋友戴安道，便立即决定夜乘小船去访朋友，天明时已到戴安道家门口，却不上岸，又令船工返回。人问其故，他说乘兴而来，尽兴而归，就不必要再见人了。另外，左思之诗又清楚地呈现出了魏晋人重清重自然的审美趣味，将玄谈与游山玩水结合起来，视山水自然为自我生命的一部分，也将隐逸山林当做人生的另一种价值追求。“非必丝与竹，山水有清音”的美学趣味因此而成为中国美学传统中的重要元素，影响千秋万世。君不见，峨眉山的美景之中还有以“清音阁”命名的，秉承的正是左思的诗意。

匡扶国室　悲壮曲长

—— 读刘琨《扶风歌》

朝发广莫门，暮宿丹水山。左手弯繁弱，右手挥龙渊。顾瞻望宫阙，俯仰御飞轩。据鞍长叹息，泪下如流泉。系马长松下，发鞍高岳头。烈烈悲风起，泠泠涧水流。挥手长相谢，哽咽不能言。浮云为我结，归鸟为我旋。去家日已远，安知存与亡？慷慨穷林中，抱膝独摧藏。麋鹿游我前，猿猴戏我侧。资粮既乏尽，薇蕨安可食？揽辔命徒侣，吟啸绝岩中。君子道微矣，夫子故有穷。惟昔李骞期，寄在匈奴庭。忠信反获罪，汉武不见明。我欲竟此曲，此曲悲且长。弃置勿重陈，重陈令心伤。

刘琨，字越石，西晋时期的名将。史中记载他青年时代就具有远大抱负，曾与他的好友后来也是抗敌名将的祖逖共被同寝，半夜一听到鸡鸣即披衣起床，舞剑苦练（此即“闻鸡起舞”成语之来源）。他在听说祖逖被任用之后很着急，在与亲人通信里说道：“吾枕戈待旦，志枭逆虏，常恐祖生先吾着鞭。”晋怀帝永嘉元年（公元307年）他被起用为荆州刺史，招募兵士千余人，从洛阳前往晋阳前线。《扶风歌》正是描写他率兵前往晋阳途中的艰辛历程，同时抒发了他胸中所积的忠愤之情。《扶风歌》属乐府旧诗题，刘琨以旧杂新以旧创新，其创作手法与格调都直接继承建安文学而来。

诗首句写率兵启程，用的就是乐府诗常用的句式“朝发”、“暮宿”，是一种夸张的写法，诗人之所以这么写，一是合乎艺术的处理，二是为了说明行军的急迫，三也是为了呈现出诗人急于为国赴难的心情，这与他“枕戈待旦”的急切心理是很吻合的。三、四句表现出诗人背负宝剑挥舞名弓前往杀敌前线的英武气概。第五至第八句写诗人的恋乡情结，这既为后面所写的艰难困苦旅程作出铺垫，同时又是为国家遭历战乱，平安繁华的生活已成为过去感到痛惜。诗人出征离开都城，从高处看洛阳的宫阙高低起伏，宛如正在奔驰的车辆。想到这一去安定的生活将一去不返，禁不住会泪如泉流。这四句的眷念之情与前四句的慷慨英姿形成对照和互衬，真实地反映出英雄将个人利益与国家利益紧密结合在一起而促成了登程救国的慷慨壮行。

九至十二句写军旅途中的小憩，但此时所见的环境已与京城大为不同，长松之下、高岭之上，只有秋风猎猎狂吹和山涧泠泠流水孤鸣。第十三句到第十八句，诗人则转为军旅行程中悲凉心情的描写。其中“浮云为我结，归鸟为我旋”更是采用一种将自我的心情投射于物身上的移情手法来烘托出悲情氛围。第十九句至二十四句重点写途中受困与野兽为伍还饥饿难捱的愁苦情形。这些描写都呼应了前面的“泪下如流泉”与“哽咽不能言”，说明前面所言非虚。

从“揽辔命徒侣”始至结尾，诗人除了自我安慰以振奋精神外，还表达了心中的忧虑和忠愤。面临困境，诗人并不气馁，他以孔子在陈被困粮绝道微之时还以“君子固穷”安慰自己为榜样，精神上获得极大的支持和宽慰。苦与累这都不怕，诗人唯一怕的是像李陵一样，因为行军延误了军期，虽然忠心耿耿，但因情势所逼不得不降敌，虽降敌后也常怀归国之志，但终得不到汉武帝的理解，全家照样受到了朝廷的惩罚。

这诗中饱含着一种激越的赴国救危之情，也透露出一种乱世危难之时英雄忠国但也难以自保的忧患。诗人在《重赠卢谌》的结尾里说“何意百年钢，化为绕指柔”，在经历过多次的挫折之后，英雄也从坚刚变为柔弱了。诗人的忧患在后来晋室南渡之后还变成了现实。刘琨诗中的忧患在历史中还不断重演，在当代现实中也并非就完全消失，忠耿之士受冤，有时为顾全大局不得不做出牺牲但又得不到众人的理解是常会出现的事情。读刘琨此诗，知音之遇者恐不在少数。

山林隐遁　遗世傲俗

—— 读郭璞《游仙诗》第一首

京华游侠窟，山林隐遁栖。朱门何足荣？未若托蓬莱。临源挹清波，陵冈掇丹荑。灵溪可潜盘，安事登云梯？漆园有傲吏，莱氏有逸妻。进则保龙见，退为触藩羝。高蹈风尘外，长揖谢夷齐。

魏晋时期，与隐逸山林紧密结合在一起的是带有浓厚道教色彩的神仙思想。神仙思想最早萌生于战国时期，其中又尤以楚、齐二地神仙思想最为浓厚。神仙思想的核心是追求长生，至秦汉逐渐发展成道教。而到魏晋时期，道教与魏晋玄学的贵无、重自然的哲学思想相契合，则促成了游仙诗的出现。它们之间的相互联通点就在于求静和养生，魏晋士人的处世之道也在隐逸、求静、养生诸方面体现出来。郭璞的游仙诗在阮籍、嵇康等人创作的游仙诗的基础上进一步发展，一写就是十九首，不仅是当时创作游仙诗最多的作家，而且超越了一般游仙诗只言说玄理或只追求成仙从而显得平淡寡味的写作模式，成为当时超群挺拔的中兴之作。

郭璞这首游仙诗的特点就在于它通过写追求游仙而将自己的高蹈之志和傲视世俗的胸怀显露出来，尤其是借古人的典故表达出了他的人生态度，其内心深处并非求仙，而是愤世激情的迸发和对生命价值的诉求。

诗的前四句通过对比表达出诗人的价值取向。“京华”中游侠的豪富与山林中清静的隐士相对照，朱门的繁华和蓬莱之境的清虚玄妙相对照，反问之中充分表明了诗人的价值追求。京华的游侠虽有他们勇与义的一面，但也常被古人看做是贵族子弟放浪行迹、挥霍生命的群体。相比之下，山林的隐居者则寄情山水、清静超脱。“朱门何足荣”正是对过着豪华奢侈生活的否定，“未若托蓬莱”则是对隐居与超脱世俗生活的肯定。蓬莱是传说中的神仙们居住的海岛仙山，远离人间烟火，是求仙者的理想家园。

“临源挹清波”四句一方面描写了隐士清逸延年的生活，同时也通过这种生活否定了政治上青云直上飞黄腾达的追求。隐士们在水的源头处掬饮清波，又登上高高的山岗采食初生的灵芝。在这样具有灵气的山溪里生活自然就可潜隐盘桓了，又哪里用得着去追求政治上的青云之上呢？“登云梯”此处并非指成仙的登天之梯，而是指政治上可青云直上的仕进之路。因为此诗是求仙，如果理解为是此处可以潜隐，还怎么需要去登梯成仙呢，那就与诗的主旨相违了。

“漆园有傲吏，莱氏有逸妻”是借用古代贤哲的例子来表明自己傲视仕进决意隐遁的志向。漆园吏指庄子，楚威王听说庄子贤能，派使者带了重金去聘他为楚国的国相，庄子笑拒，对使者说：“你赶快走吧，别污染了我！做宰相自然尊贵，但实际上是像做祭祀用的牛，开始时显得肥壮体面，最后却是要被宰杀的。到那时你想倒回去做一头野猪也不可能了。”莱氏逸妻是指老莱子之妻有超逸之志。《列女传》载，老莱子隐居得好好的，突然楚王亲临其门请其出仕，他就答应了。其妻劝他说：“你今日受人官禄，明天就被人制约，怎么不会有祸患呢？我可不能为人所制。”老莱子就听从了妻子的话继续隐居下去。诗人实际上是对“傲吏”与“逸妻”抱欣赏态度的。“进则保龙见，退为触藩羝”用的都是《易经》中的解卦之语，意谓仕进固然可以如龙现身可以为君王所用，但一旦想退回来便如将角挂在篱笆上的羊一样陷入困境，进退失据。郭璞是懂道教方术之士，精通五行、卜筮、天文，故喜欢用《易经》来作预测。此诗中的这两句表明他的人生选择以及他忧生保身的思想，实际上也包含着他对动乱之世宁愿守静栖隐不为世俗羁绊的价值观。所以在诗的结句他自然将古代的伯夷、叔齐当做他的楷模，明白地袒露出他高蹈尘世之外的志向。

魏晋之时隐逸山林和求仙问道是一种普遍现象，但发展到后来隐逸却逐渐变味，有的人故作隐逸之态，借以抬高身价；有的人虽隐居山林但仍为朝中出力，被誉为“山中宰相”；更有甚者的是还出现了“小隐隐于林，大隐隐于市”的现象。真隐假隐混杂一起，使隐逸成为了被批判和讽刺的对象，至此隐逸就不再具有被正面肯定与追求的价值了。当今之世物质欲望对人具有绝对的吸引力，宣称做隐者稀见，想做隐者亦不可能，隐于市者倒是多见，跑官要官者屡禁不止，争攀云梯者层出不穷，因为命运不能自我把握，仕途利与不利者皆有转向求仙问神的了。这是我们不得不以史为鉴加以防止的。

平淡自然 寄托深远

——读陶渊明《饮酒》诗第五首

结庐在人境，而无车马喧。问君何能尔？心远地自偏。采菊东篱下，悠然见南山。山气日夕佳，飞鸟相与还。此中有真意，欲辨已忘言。

陶渊明的诗语言平淡，不尚用典，然而在平淡中却传达出他崇尚自然的真意，表达出物我两忘的艺术至境。诗虽冠以“饮酒”为名，却是借酒抒怀，寄托深远。在此诗中，诗人通过问答表明了自己的心地：为何身处红尘而可避尘扰，就在于其精神高远。南山之下，诗人悠闲漫步，信手采得几株菊花。落日暮气之中，平静地看归鸟还巢。一位躬耕园田、洁身自守、清静无为的诗人形象跃然纸上。

陶渊明出身庶族寒门，在东晋门阀政治的排挤下，只能做一些下品官。目睹当时战乱频仍、勾心斗角、相互排挤、阴谋篡权的黑暗现实，他只好全身而退，元兴三年（404年）只当了四个月的彭泽令就解绶去职。他那“不为五斗米折腰”的风格在当时人人求清名而实则个个要官职的时代，的确是高标绝俗。他的诗鄙弃世俗的虚伪欺诈，多抒写自己的实况，如与田父的交往，甚至还有被饥饿所迫而不得不向人乞贷的状况。他虽然穷困，但却从不低三下四，在他的诗中多以傲霜凌风的菊花、高翔绝俗的飞鸟为喻，表达他崇尚清流并付诸实践的品格。

陶渊明可谓是封建时代里最有定力的一位。他回归田园之后对自己的农耕生活充满热爱，对清静、淳朴的田园生活有一种发自内心的真感情，他不断地表达过“久在樊笼里，复得返自然”、“衣沾不足惜，但使愿无违”以及“吁嗟身后名，于我若浮烟”、“但使长如此，躬耕非所叹”的心声。在这首诗里，诗人最后点明，在这平静悠闲的大自然之内，在这充满感动的暮色之中，所要探求的世界真谛早就与自然合一，任何语言在此时都是多余的。陶诗以及抛弃官场束缚而醉心园亩的隐士形象就这样定格于中国文化的镜像之中。

既耕且读　吾爱吾庐

—— 读陶渊明《读山海经》第一首

孟夏草木长，绕屋树扶疏。众鸟欣有托，吾亦爱吾庐。既耕亦已种，时还读我书。穷巷隔深辙，颇回故人车。欢言酌春酒，摘我园中蔬。微雨从东来，好风与之俱。泛览周王传，流观山海图。俯仰终宇宙，不乐复何如。

陶渊明是中古时期最亲近自然并富有田园意识的诗人，也是说隐就隐的士大夫的典型。钟嵘评陶渊明为“隐逸诗人之宗”。陶诗不仅写出了隐居生活的乐趣，而且深刻地传达出一种对田园、自然、自由的赞美之情，从而对后世产生了深远的影响。陶诗看似平实朴素但却显得醇厚并富有深度，还能产生令人神往的魅力。此诗是他隐居时所写的《读山海经》组诗（十三首）中的第一首，写其隐居时耕作之余的读书之乐，其中透露出一种悠闲、安详和欢欣的心情。

诗前四句写诗人寓居的环境，也是写他读书的环境，其间饱含他对这种平和而充满生机、安静且安稳生活的由衷赞赏。诗人隐居的草庐在初夏时节里草木茂盛，绿阴环绕，众多的鸟托身在周边的树上自得其乐地过着安定的生活，而诗人也像这些鸟一样因为有了一个托身而居的草庐而无限喜悦。陶渊明诗中写了许多的飞鸟形象，一是羁鸟，二是归鸟。《归田园居》中有“羁鸟恋旧林，池鱼思故渊”，而如今的他已摆脱官场的束缚，终于如被解除了羁缚的鸟一样有了可托的树林并过着自由的生活，故他要借“众鸟欣有托”来表达自己的欢欣。《饮酒》第五首中写道“山气日夕佳，飞鸟相与还”，这是归鸟。诗人以归鸟比喻自己终于从仕进场中退出回到自己心爱的草庐，这庐就是他精神家园的象征，故他将归鸟有所托与隐退之士有所居的草庐联系起来，表达他心中对过上了无拘无束生活的喜悦。

接下来的四句写他耕种之余的读书生活和所处环境的安宁。《归田园居》诗里写到他“开荒南野际，守拙归田园”，“晨兴理荒秽，带月荷锄归”，说明他确实靠农耕而自食其力。而《读山海经》诗里则增加了他在耕种之余的读书生活场景的描写，显得十分优雅而清闲。这种耕读生活成为陶诗之后历代文人所向往的清雅生活的理想，并且常常付诸实践。“穷巷隔深辙，颇回故人车”是说居住的村巷乃穷乡僻壤之地，车路都不通，故人来访不得不驾车掉头回去。诗人所说并非是哭穷，而是对此种与外界隔绝的清静生活的欣赏。其《饮酒》诗第五的开头亦说道：“结庐在人境，而无车马喧”，诗人对没有朋友频频造访和车马声干扰的草庐环境是极其满意的。

“欢言酌春酒”四句进一步描写诗人过着的轻松自由欢悦的退隐生活。诗人为享受自己的劳动成果而感到欢快。吃着田园中自己栽的蔬菜做成的简易的饭食，品尝着自己酿造的米酒，看着庐外从东边飘来的细雨，清风吹拂，浑身轻快。

诗的最后四句则是切题之论，同时也是正面描写他的读书生活。“周王传”即《穆天子传》，记载周穆王驾驭八骏遨游四海的神话故事，郭璞为其作注释。“山海图”指《山海经图》，是依据《山海经》的神话传说绘制的图，相当于我们今天的动漫故事。可见诗人所读的并非儒家的什么经典，而是曾被当做荒诞不经的神话传说。“泛览”与“流观”说明诗人并非正襟危坐研读诗书，而是闲适地将读书当做一种乐趣、一种精神享受。而正是在这种俯首读书仰天思考当中，诗人的心灵接通了宇宙，从而悟得了许多的道理，这不快乐还干什么呢？这也是诗人写《读山海经》诗十三首的动机所在。《读山海经》十三首除这一首是总说读书的环境和心情之外，其余各首都吟咏《山海经》中所载的人物或事物，如有咏夸父、咏精卫填海等，其间亦说出一番独到之见，亦可视为是通宇宙之理。

诗人此诗不仅仅是将耕读生活诗意化，更重要的在于它表达出了一种对退隐生活的由衷赞赏和对精神生活的执意追求。陶渊明退隐之后能与当地的农民结交成朋友，“过门更相呼，有酒斟酌之”，“相顾无杂言，但道桑麻长”，但他又不同于一般的农夫，他还有他的读书生活，有他的精神思索，正是在仰观俯察之中，诗人思接古今万物，追问宇宙玄哲奥秘。这种仰观俯察的体物方式沿袭着先秦以来先民们的思维方式与习惯，在魏晋而达到高峰。王羲之《兰亭集序》中有“仰观宇宙之大，俯察品类之盛，所以游目骋怀，足以极视听之娱，信可乐也”。他借兰亭雅集抒发了人生短暂和对生命热爱的感慨。嵇康诗有

“目送归鸿，手挥五弦。俯仰自得，游心太玄”，表达了一种高远的精神境界。陶渊明在俯仰之间可穷追宇宙万物之理，并以此为最大快乐，足见两晋人士着眼的并不仅仅是自己生存的环境，更多的是从生活体验中探究自然之理和宇宙之理，从而达到一种超逸玄远的理想之境。

喜登孤屿　蕴含真情

—— 读谢灵运《登江中孤屿》

江南倦历览，江北旷周旋。怀新道转迥，寻异景不延。乱流趋孤屿，孤屿媚中川。云日相辉映，空水共澄鲜。表灵物莫赏，蕴真谁为传？想象昆山姿，缅邈区中缘。始信安期术，得尽养生年。

晋宋之际，山水之赏逐渐成为一种风气。由于晋宋易代，政局混乱，处于官场中的士大夫多数陷入动荡的局面中，有的不得不借隐遁山林躲避政治风险，也有的借游历山水隐藏起自己的政治抱负，并通过观山赏景之举来发泄对现实的愤愤不平，谢灵运正是这样的一位官吏。作为士族出身的他受到宋初刘裕政权的打压，怀着郁闷的心情出任了永嘉（今浙江温州）太守。在任上，他肆意游遨山水，并发明了专门登山的木屐，上山时前齿短后齿长，下山时则前齿长后齿短，有时还故意前呼后拥，弄出很大的动静来，以宣泄他对社会现实的不满。不到一年，永嘉诸景都已游遍，此诗正是记述他在永嘉太守任上的第二年继续寻找新景的作品。

诗的前四句写他倦游江南江北之后不断寻找奇异景色的经历，道出了他登上江心孤屿的动机。“倦历览”是说他已对永嘉江南岸的景色产生了审美疲劳，“旷周旋”是指他一段时间以来对江北岸之景也不过是在应付而已。正因为“倦”，才有他的“怀新”与“寻异”。“怀新道转迥，寻异景不延”是说他极想寻找到新奇的山水景观，而且不惧道路的迂回曲折，只恐为此花费的时间太长，大有时不我待之感。这里的“景”字不做景物的“景”来解，而应当作“光景”即时光的“景”来解。由此可见，诗人正是在探寻新奇山水美景的过程中产生了新的审美感受与生命体验，兴奋之余才创作出此诗的。

“乱流趋孤屿”四句，则是写孤屿之景给他带来的惊喜以及孤屿水天一色的空澄景象。“乱流趋孤屿”不是指江心的水纷乱奔向孤屿，而是指诗人截流横渡快速驶向孤屿。此句有的本子又作“乱流趋正绝”，但根据五臣所注《文选》本应采用此句。一个“趋”字呈现出诗人不顾江水湍急而疾速登屿探胜的急迫，而一个“媚”字又将孤屿人格化，写出了孤屿的秀美魅力和诗人的喜悦心情。“媚”字既可理解为孤屿为取媚于永嘉江流而屹立江心，也可理解为孤屿为江景增添了妩媚之色，或与江流共同构成了妩媚之景。更为关键的是，诗人用美人才具有的行为赋予孤屿，更是将诗人的深情注入景物之中，深刻地表达了他与景物融为一体的“体物”之意。“云日相辉映，空水共澄鲜”是被历代所传诵的名句，它极其生动地描绘了登上孤屿之后所见景色的明媚清秀。你看，白色的云朵与金色的阳光还有青碧的江水交相辉映，一切显得是那么澄澈空明又鲜亮清新。诗人的求异感终于在此得到了满足。

“表灵物莫赏”六句是说理与联想，由此抒发了诗人养生延年的欲望和对现实的不平之意。“表灵”是指此孤屿乃天地精华灵气的体现，“物莫赏”指的是此岛屿的幽秘胜景难为一般尘缘中的人所欣赏；“真”指仙气或超逸之气，亦指自然的神趣，与谢灵运同时期的山水画家宗炳曾说“山水质而有趣灵”，大约也相当于谢灵运所说的“真”吧。此两句的意思是，孤屿呈现的灵异之气都不为一般人赏识，它所蕴藏的神趣又有谁能传达出来呢？诗人由江心之屿又联想到仙人所居住的昆仑山，它的仙姿逸骨就更是远离尘缘遥远难及了。诗人最后发出感慨：由此事我终于相信传说中的仙人安期生的长生之道了，学到它就可以颐养天年，超越这令人气恼苦闷的时代而遗世独立。诗人写孤屿为什么要扯上神仙呢？其实诗人是以孤屿的孤高与奇逸超群来象征他自己的傲世独立，并借以发泄受挤压的幽愤，拉上神仙也是为了表达厌世的情绪，是对现实的嘲讽。

谢灵运的山水诗在用语上追求清新鲜丽，且注重色彩的描写，尤其注意时间与季节的变换，如“池塘生春草，园柳变鸣禽”、“昏旦变气候，山水含清晖”、“林壑敛暝色，云霞收夕霏”、“晓霜枫叶丹，夕曛岚气阴”、“春晚绿野秀，岩高白云屯”等等。在结构上又多是先叙事继写景而后再说理，虽然说理时让人感到突兀并伤于刻意，但从整体而言还不至于破坏全诗的诗意。从山水诗的发展史看，谢诗已开始改变了玄言诗夹杂山水的局面，山水的神态面貌已在他的诗中占据了主导地位，表现了他细腻的观察和体验，他还能将感情和志趣灌注山水的描写之中，对于推动山水诗的快速形成有着独特的贡献。

悲歌争命运　宽解心底愁

——读鲍照《拟行路难》第四首

泻水置平地，各自东西南北流。人生亦有命，安能行叹复坐愁？酌酒以自宽，举杯断绝歌路难。心非木石岂无感？吞声踯躅不敢言。

鲍照是刘宋时期一位极有才能也极有抱负的人士，但因为出身寒微，受到豪门士族的压抑，只能是有志难伸，有才难展。临川王刘义庆因鲍照有诗才而赏识他，升他做了国侍郎，文帝时升迁为中书舍人。临海王镇坐荆州之时，他任前军参军，故世称“鲍参军”。《拟行路难》是鲍照创作的组诗，一共十八首，其中歌咏人世间的种种苦闷与忧患，包括时光的易逝、人生富贵的无常、人生命运的不齐与人心的难测易改以及通过闺怨来表达人生难舍的各种惆怅等等，诗中寄寓着他满腔的悲愁苦闷和怨愤不平，反映出寒士备遭压抑的强烈心声。“行路难”是乐府杂曲，本为汉代民间歌谣，晋人袁山松改变其音调，填入新词而广为流传。鲍照仿乐府古曲又创造了五七言夹杂的新句式，对当时七言诗体的发展起到了推进作用。

此诗为组诗中的第四首，全诗的情感线索是从叹愁、泻愁、宽愁到最后的不言愁而循序发展的，在总体上虽然是直抒胸臆，但感情的抒发却有着反复曲折的表达路径，读来有跌宕起伏之感。

诗开头两句以倾水于平地而水流的方向各不一致来比喻人生贵贱与遭际的各不相同。这虽然是从日常生活的现象观察而来，但究其本，却与当时玄学与佛学争论中的说法相通。《世说新语·文学》篇载刘尹曾以泻水于平地各自流漫来回答为什么人都承受天地的禀受而人性又有善恶不齐的问题，这在玄学清谈中一时谓为绝答，表现出高度的智慧。而当时的思想家范缜在其著名的文章《神灭论》里，为驳斥佛学神不灭论以及有关命运的有关问题时，又提出了一个著名的“飘茵堕溷”的比喻，他认为人生的命运为什么有区别，就如一棵树上的花同开在一枝，随风而堕，花飘落在茵席上就有了富贵的好运，而坠落在粪坑里则有了低贱的命运。诗人一起首就提出命运问题，是因为他深受门第的阻碍，因为出生于贫寒家庭，虽有才智也无法进入上层社会。故虽是以日常生活现象为喻起兴，但却含有他长久的人生遭际的体验。

第三、四句承接前面的说“命”而来，但却以反问的方式表达了他对这种不公正现象的反叛与抗争。既然人生有命，各相殊异，但为什么就不可改变呢？难道就只有认命而长吁短叹并愁苦终生了吗？人不应该服从于命，应可以通过自己的努力去改写命运，这正是出身不由己道路可选择的一种呼喊。鲍照自己也是积极抗争命运的。《南史·鲍照传》中记载，鲍照曾拜谒临川王刘义庆，知道他赏识有才之士并正在网罗人才为自己服务，就想向他献诗言志，有人以鲍照地位卑下为由要阻止他献诗，鲍照勃然大怒，说：“大丈夫岂能藏着掖着自己的才智，是兰是艾让人辨不清楚，从而终日碌碌无为呢？”于是大胆献诗，终于因展示其才能得以冒头。从此诗不能叹愁怨愁的描述当中我们可看到鲍照在宣泄这种为出身所困的闷愁。

五、六句是写自我的宽慰，但酒亦不能宽愁，举杯之时高歌《行路难》时也因愁闷塞胸而无法再唱下去了。这就更反映出要有志之士认命是难的，以酒浇愁也是无用的，这种出自心底的痛苦又是谁能了解的呢？“举杯断绝歌路难”的行动描写就充分表露了诗人内心无法自宽的愁苦。

七、八句继续着泻愁的路子写下去，再次表达他对不公正现实的愤怒。为什么不能自宽，正是人不是没有生命感觉的树木与石头，他有生命就有感情，就有悲愤，就要呼喊。“心非木石岂无感？”浸透着诗人的悲辛酸苦，是一种久积心底悲愤与不平之气的爆发与发泄。但在诗的结尾他却强将怒火压下去，轻轻地道出一句“踯躅不敢言”，要言愁而不敢言愁，这说明当时的社会政治是多么压抑。声将发又吞了回去，而且还要考虑再三最后还不敢言，说明诗人的愁并非小愁与个人之愁，而是带有普遍意义的社会之愁，它牵涉到的是整个门阀政治制度。

有道是不平则鸣，鲍照满腔的不平之气自然会化作对社会不公正现象的控诉，他的愁不是强说之愁，而是有愁而无处发泄。当他最后道出“吞声踯躅不敢言”的时候，我们还真为他未来的命运捏一把汗哩。他的勇气以及将这种勇气化为诗句的行为对后世产生着深远的影响。李白在遭受谗毁而被挤出长安时，也仿鲍照写作了三首《行路难》，其中有“停杯投箸不能食，拔剑四顾心茫然”的行动描写以及“大道如青天，我独不得出”的呼喊，也饱含着不可压抑的愤激之情，层层叠叠的感情变化也如鲍照一样展示出诗人强烈的苦闷和倔强的性格。

圆美清丽　韵调悠扬

—— 读谢朓《晚登三山还望京邑》

灞涘望长安，河阳视京县。白日丽飞甍，参差皆可见。余霞散成绮，澄江静如练。喧鸟覆春洲，杂英满芳甸。去矣方滞淫，怀哉罢欢宴。佳期怅何许，泪下如流霰。有情知望乡，谁能鬒不变？

谢朓，字玄晖，是东晋名门望族谢安兄长谢据的玄孙，与谢灵运同族，故后世称谢灵运为大谢，谢朓为小谢。曾担任过宣城太守，世称谢宣城。他继谢灵运之后进一步推进了山水诗的发展，主要表现在他的诗工于起句，篇中多含警句，诗的风格比谢灵运更为视界开阔，气象宏远，清新明快。

此诗作于诗人离开京城建康（今南京）外任宣城太守途中，写他在傍晚时登上位于建康城西南长江南岸的三山，想到自己即将赴外地做官而对京城与长江的美景产生无限的怀念，并抒发了他的乡国愁思。

诗的起句诗人并不直接写自己登山回望建康城，而是借古人的典故来比喻自己离京的心情和忧虑，也间接地交待了自己离京的原因。“灞涘望长安”是引用建安时期王粲的《七哀诗》中的诗句：“南登霸陵岸，回首望长安”。“涘”是岸的意思。王粲是离开长安赴荆州避长安之乱时作的《七哀诗》，当时董卓被杀，李傕、郭汜大乱长安。而谢朓离开建康城前，建康也处于皇帝频繁更替的动荡不安之中，谢朓外任也有避政治之乱的含意，但诗人对此不好明说，只得借王粲之句来表达自己的忧患。“河阳视京县”用的是西晋诗人潘岳任河阳（在今天的河南省境内）县令时所作《河阳县诗》的句子：“引领望京室，南路在伐柯”。京县指当时的京城洛阳，潘岳在河阳为县令，怀才不遇，伸长脖子眺望京城，希望得到京城的青睐回京做大事。诗人用潘岳的诗句含蓄地点出自己也希望有朝一日再回京城施展才华。诗人正是怀着这种心情回望建康城，才有后面对京城景色的留恋和欲去还留的惆怅。

“白日丽飞甍”以下六句诗写京城、长江、江上芳洲及郊野之景。“飞甍”是以凌空展翅欲飞的屋檐代指京城的建筑，诗人说它们在明丽夕阳的映照下，错落有致，透露出繁华。“丽”字本来是形容词，用在此处则作动词用，指将京城宫殿楼阙映照得明丽辉煌。“余霞散成绮，澄江静如练”是写晚霞中的大江之景。绮是锦缎，练是白绸，诗人用这两个比喻不仅恰切地描绘出了天上晚霞和晚霞中大江的绚烂，而且还以动静结合的手法写出了景色给人的安静感，诗人在这种景色的慰抚下心情亦变得平静下来。“散成绮”中“散”为“铺开”，是动，但绮则是静的锦缎列布于天空之上；“静如练”中“静”为安静地长卧，是静，但“练”既可让人感觉到静，但亦让人感觉到它在动，澄清的江水在夕阳映照下静静地流动，波光粼粼，仿佛一条明净的白绸在缓缓拂动。“喧鸟覆春洲，杂英满芳甸”二句既是写实景，同时也通过写夕阳中归巢鸣叫的鸟和遍布郊野的各种花卉写出了别情与愁绪。鸟都有家归，而诗人却不得不外放，诗人借归鸟而引出离愁；杂花盛开，仿佛在为诗人送行，无情之物却满载有情之思，故唐人白居易后来有诗句写到原上之草“萋萋满别情”。谢朓诗句虽然没有明确点出花草与离情的关系，但此处的鸟与花则都是寄托着诗人的感情的。

“去矣方滞淫”后六句是抒情，它是承接上面景色描写之后感情的自然流动。正是因为京城如此繁华才使得诗人依恋，大江如此安静而给诗人宣慰，鸟儿花儿也如此多情而令诗人伤感，所以才唤起诗人恋恋不舍的感慨。说是要离去了诗人又在三山之上停留回望，正是因为想念啊诗人才停止了送别的宴席。诗人恰切地使用了两个虚词“矣”与“哉”，充分表达了他去乡思国的感叹。在前面写景的满与实之后，突然用虚词来表达出感情的起伏，这也充分反映了他的诗在语言表达上的圆美流转。诗的最后四句继续将感情推至深处，它不仅写诗人自己想到归期难计而潸然泪下，而且将这种离情推及到所有人，而使望乡之情具有了普遍性的意义。面对沉重的家国之思，又有谁能保证他的头发不变白呢？诗人的一腔愁绪，通过这最后的一问而使全诗布满苍凉悲凄之意，也使全诗具有了深永的感伤情怀。

六朝之时的文学虽多有艳丽之感，但由于政局更迭频繁，仕宦之人多有朝不保夕的生命忧虑意识，面对江南的春景又恰逢离别之时免不了会感叹人生的无常和无奈，这种离别愁绪的物化手法逐渐积淀成中国文化中的文化意象。六朝时江淹所写的《别赋》就是一个典型的文本，它多借景来衬写离情别绪，其中有“春草碧色，春水绿波。送君南浦，伤之如何！”读之令人黯然伤情。谢朓此诗读后又何尝不令人伤感销魂呢？

借典喻世　苍凉沉雄

—— 读庾信《拟咏怀》第十一首

摇落秋为气，凄凉多怨情。啼枯湘水竹，哭坏杞梁城。天亡遭愤战，日蹙值愁兵。直虹朝映垒，长星夜落营。楚歌饶恨曲，南风多死声。眼前一杯酒，谁论身后名！

庾信，字子山，早年随父亲庾肩吾及徐摛、徐陵父子出入梁萧纲的宫廷，写作诗赋多轻艳靡丽，为宫体诗代表作家。42岁时奉命出使西魏，西魏慕其文名，扣不放归。魏军南侵，江陵陷落而梁亡，他遂成无家可归之人。历任西魏和北周，先后担任骠骑大将军、开府仪同三司等职，故世称“庾开府”。由南入北之后的作品由于特殊的人生经历而大异于早期之作，常有乡关之思，风格刚健豪放、苍劲沉郁，表现出融南北诗风于一体的创造性成就。

《拟咏怀》为组诗共二十七首，为诗人羁留北周时的作品。诗题虽言“拟”，有仿效阮籍《咏怀诗》之意，但主旨并非专意拟古，实借写自己复杂的人生经历和感受而抒写他不得已而羁留北方的乡关之思。本诗为第十一首，诗人借悼念梁元帝的江陵之败和梁朝灭亡的悲剧，表现出一种痛定思痛的怀念故国之意。

此诗的突出特点在于用典贴切自然，并与景色相配合渲染出梁兵败城陷时昏暗无光的悲惨气氛。事与典合，景与情融，寄托了诗人愤恨难平的复杂心情。

"摇落秋为气，凄凉多怨情"是借宋玉《九辩》"悲哉秋之为气也！萧瑟兮草木摇落而变衰"之句来写景，并以秋风萧瑟、草木摇落的凄凉之景引出对往事的追忆。诗一起首就奠定了全诗的悲怨基调，后面的用典也就大多与悲怨愤恨及其死亡相关。"啼枯湘水竹，哭坏杞梁城"一是用舜死时两个妃子为其而哭，泪洒竹上尽成斑点的典故，二是用春秋时齐国大夫杞梁为齐国伐莒，死于莒国城下，其妻号哭过于哀痛，而导致杞的城墙为之崩塌。作者用此两典，暗示梁元帝的失败和江陵城的陷落。"啼枯"与"哭坏"直接照应了"凄凉多怨情"中的悲怨。

"天亡遭愤战"六句借典故转入对梁灭亡的反思，言说梁灭亡前乃有不少败亡的征兆，说明国亡兵败乃是天意所致，其深层则含有谴责之意。"天亡遭愤战"引项羽之典。项羽兵败时对乌江亭长说："此天要亡我，我又何必渡江呢？"然后自刎而亡。"遭愤战"是指遭遇使人怨愤的战争。"日蹙值愁兵"指梁的国土一天比一天在缩减，将士为之而愁也没有什么用处了。"直虹朝映垒，长星夜落营。"借天文之象暗喻梁早已显出败亡的迹象。《晋书·天文志》载："虹头尾至地，流血之象。"长虹映照军营战垒是兵败的征兆，而长星流落营中又为主将陨落的先兆。"楚歌饶恨曲，南风多死声。"仍是用典。"楚歌"句用项羽兵困垓下，夜闻汉军四面楚歌之典，寓含梁朝江陵兵败多有怨恨之意；"南风"句则引《左传·襄公十八年》晋人对阵楚师则歌南风，多有死声，预言楚必然无功而返，而暗指梁元帝必败。以上六句都是引典而暗寓江陵败局乃天意难违。

“眼前一杯酒，谁论身后名！”则有两解，一是谴责梁朝的君臣只顾眼前的享乐，将士养尊处优，不思战争，皇帝也淫逸骄奢，不虑身后的骂名；第二解则可理解为作者的愤激之言，说的是梁亡乃必然之事，我也就借酒浇愁，不管他身后的荣誉与名声了。庾信羁留北方而不能南归，预想自己肯定会被人诟病，但想到梁的腐败无能与不可挽救，也就顾不得论身后之名而借酒浇愁了。实际上这是庾信的愤激之言，梁必败早就有预兆，我等又何德何能能挽狂澜于既倒呢？那就暂且以杯中酒而自我安慰吧！

庾信的《拟咏怀》二十七首虽是仿阮籍《咏怀诗》而来，但比较起来，阮籍的《咏怀诗》乃是如履薄冰，小心翼翼，而庾信的《拟咏怀》则是直抒胸臆，毫不顾忌。诗人不仅对梁的骄奢淫逸有所谴责，而且还大胆地抒发自己的愤懑之意，表达自己的恨心不歇和忧患之旨。如第七首借汉朝王昭君和亲的故事表达了心念南方而报国之心不改的愿望。第十八首则感叹被羁异国无法为国建功的忧愁。庾信的乡关之思与雄健的豪气对后世产生了深远的影响，唐代大诗人李白与杜甫都对庾信表达了钦佩之意。李白说“清新庾开府，俊逸鲍参军”，表达了对庾信诗风的崇敬。杜甫说“庾信文章老更成，凌云健笔意纵横”，又说“庾信平生最萧瑟，暮年诗赋动江关”，充分表达了对庾信坎坷生平的理解以及艺术成就的高度评价。庾信诗赋的爱国主义情怀积淀在中国的文化传统中久久而不可磨灭，为我们当代人建设社会主义核心价值体系提供了优秀的文化资源。

动静交错 幽景独显

—— 读王籍《入若耶溪》

艅艎何泛泛，空水共悠悠。阴霞生远岫，阳景逐回流。蝉噪林逾静，鸟鸣山更幽。此地动归念，长年悲倦游。

王籍，字文海，琅邪临沂（今山东临沂县）人。好学而有才气，但却屡不得志。在齐和梁时都做过官，作诗追慕谢灵运，有清新之感和警句之作。此诗写泛舟若耶溪的所见，并寓含长久羁留他乡而有思归之念。若耶溪，在今浙江绍兴东南部，发源于若耶山（今称化山），是一处两岸群山相夹、竹木丰茂的幽静之地。

“艅艎”是大船的意思。“泛泛”指船向前行随波荡漾之状，既写出了江水的宽阔，同时也表明诗人是去游赏山水，有任意飘荡的含义。一个“何”字更是将诗人江上泛舟的快意和对开阔江面的赞赏透露了出来，可见诗人此时的心情是非常轻松的。“空水共悠悠”描写的是晴朗明净的天空与清澈见底的江水相互映衬，共同处在一种非常和谐的画面之中。与此相应，诗人悠闲自得的心情与对大自然产生的空明感也同时表现出来，为后面的倦游思归做好了铺垫。这两句诗还使我们联想到与王籍同时代的诗人吴均所作的《与宋元思书》中对浙江山水的描写：“风烟俱净，天山共色。从流飘荡，任意东西。”两者相互参照而读，秀丽幽清的浙南山水的无穷魅力与诗人任运自得的人生态度都给我们留下了深刻印象。

“阴霞生远岫”说的是向北面眺望远处的峰峦间升起片片云霞，写的是远景；“阳景逐回流”是诗人的南面所见，日影仿佛也在追逐着岸边倒流的水潮共同随着大船在逆流而行。这里写的是近景。诗人入若耶溪沿溪上行，大船行进时岸边的水自然会倒流。诗人将远处的山景与近处的水景结合起来写，既表现出山水景色的层次感，同时又写出了阴霞的青色和日光照射水上的金色的明暗对比，从而增加了诗的画意。“生”字与“逐”字又化静景为动景，写出了山水的生命韵律。

“蝉噪林逾静，鸟鸣山更幽”则是以动写静，以蝉的鼓噪声和鸟的鸣叫声来反衬山林的幽静。诗人将山林的幽静置于蝉、鸟的喧动之中，动中见静，在静的呈现中又使山林充满了生气，从而使大自然变得更为幽美可亲。这种以有声来写无声，以喧闹来写寂静的艺术手法，在王籍那里得以创新，亦可见出当时山水诗的发展已趋成熟。这种体现出艺术辩证法的手法对唐以后的诗歌影响至为深远，许多诗词大家都遵从这一艺术规律创造出更为动人的诗句。如杜甫有“春山无伴独相求，伐木丁丁山更幽”，常建写山寺禅院之幽静有“万籁此皆寂，惟闻钟磬音”。王维写山涧之静则有“月出惊山鸟，时鸣春涧中”。这些都是以声音来衬托静的，往往能获得独具魅力的艺术效果。宋代诗人王安石也想反其意而出奇趣，写出“茅檐相对坐终日，一鸟不鸣山更幽”，但终让人感到有黔驴技穷的感觉。山本来就幽静，一鸟都不鸣自然就幽，又哪来山更幽呢？点铁要想成金反而显得铁的笨重，其实这是对着艺术辩证法较劲，并不能达到奇的效应。

诗的最后两句是诗人因景而生出的归意。“倦游”并非指游览，而是指常年在外做官的宦游。这种因游览山水自然景色而最后点出归隐的感情结构模式，自谢灵运以来几成南朝诗歌的创作套式，这一方面是王籍沿袭了这种套式，另一方面也因为时代的动乱、官场的险恶难测，在游览放松之后自然会产生这种归隐的念头。这种思潮还体现在一些文人的书信当中，如吴均《与宋元思书》在大篇幅地描写自富阳至桐庐沿途的山水景色之后，他也要特地加上“鸢飞戾天者望峰息心，经纶世务者窥谷忘反”。“鸢飞戾天者”指那些追逐权位者，“望峰息心”是说他们见到山峰秀丽而消除了逐名追利之心，“窥谷忘反”是说他们窥见山谷异景流连忘返而动了归隐之念了。

清新雄健　冠古启新

—— 读杜审言《和晋陵陆丞早春游望》

独有宦游人，偏惊物候新。云霞出海曙，梅柳渡江春。淑气催黄鸟，晴光转绿蘋。忽闻歌古调，归思欲沾巾。

杜审言为初唐时著名的诗人，早年与李峤、崔融、苏味道并称“文章四友”，晚年和沈佺期、宋之问相唱和，是唐代“近体诗”即律诗的奠基人之一。

从这首诗里我们大致可感受到唐代“近体诗”的风貌。诗句格律表现得极为严整，艺术构思也非常严密深湛，其起、承、转、合自然流动，诗句之间相互映衬，相互呼应，呈现出无懈可击的形式美。

就写景而言，此诗继承了南北朝时期描写自然山水景物诗歌清新自然的一面，如从“淑气催黄鸟，晴光转绿蘋”中，我们可以联想到谢灵运诗中的“池塘生春草，园柳变鸣禽”，但是就气势而看，杜审言诗的写景如“云霞出海曙，梅柳渡江春”，显得开阔雄健，气度非凡。谢灵运诗也有像“白云抱幽石，绿蘋媚清涟”那样不琢而工的句子，但气势上显然比不上杜审言诗句的大气宏视。这也是杜审言诗被人称为“初唐五言律第一”的原因。唐代大诗人杜甫在诗法和气度上显然也受其祖父杜审言的影响，如“星垂平野阔，月涌大江流”、“吴楚东南坼，乾坤日夜浮”等句，其笔力也毫不逊色其祖父。真可谓青出于蓝而胜于蓝。

就诗的主题而言，此诗写宦游，写归思，既继承了魏晋南北朝诗歌留赠送别诗写孤游、写友情、写辞乡的传统，但又不像魏晋南北朝诗那样显得伤感惆怅。如南朝诗人何逊有“客心已百念，孤游重千里”、“一朝事千里，流涕向三春”、“以我辞乡泪，沾君送别衣”，似乎都显得沉重悲凄。而唐代的宦游诗却显得开朗爽气得多，如杜审言的这首诗，早春的景色明媚而富有生气，显然冲淡了乡思；又如王勃的送别诗《杜少府之任蜀州》，虽说共是宦游之人，但却透露出积极进取之意：“海内存知己，天涯若比邻。无为在歧路，儿女共沾巾。”他甚至还规劝朋友不要学那些儿女情长之人在分手时哭得泪湿衣巾。更有像李白那样的爽朗之人，虽然也感到友人从此一去，如孤蓬一样万里漂泊，但“挥手自兹去，萧萧斑马鸣”（《送友人》），也极其富有果敢雄决之意。因此，杜审言的诗在唐代的宦游诗中也是独具一格的，它开启了唐代以景物写宦游写归思而透露出气象不凡的新格局。

隐者之唱　智者之思

—— 读王维《酬张少府》

晚年惟好静，万事不关心。自顾无长策，空知返旧林。松风吹解带，山月照弹琴。君问穷通理，渔歌入浦深。

王维是唐代诗人中受到佛教影响至深的诗人，他崇佛礼佛，与佛教僧人多有来往，平生结交的僧友仅诗文中述及的就近二十人，他还将自己的字取为“摩诘”，表示对佛教的顶礼膜拜。王维向往陶渊明的田园生活，一边当着小官，一边在终南山下购置了名诗人宋之问的旧庄园辋川别业隐居。晚年更是参透世事，匿迹山中，在别业的田园中度日。

此诗刻画的就是他晚年的隐居生活，并抒发了他对人生世事的理解。

诗的前四句说的是他的现实状态以及他对这种状态的原因解释。晚年好静，在于他能做到心无挂碍，空诸一切。王维早年亦出入王侯府第，后来还靠拢过贤相张九龄，希望在政治上有所作为。但官场的磨砺逐渐磨去他的进取之心，到近四十岁时，他就到终南山过着亦官亦隐的日子了。故在第三、四句，他解释自己好静亦出于无奈的选择：自我剖析，当官并无多少出色的谋略，了解了空无之理就如倦鸟知归返回旧时的林子吧。“旧林”之喻，因袭的是陶渊明《归田园居》中的意象，陶诗中有“羁鸟恋旧林，池鱼思故渊”之句，说的是当官之人如同被缚住的鸟儿，它眷恋的还是那自由自在的树林；又如池塘里被围住的鱼儿，思念的还是那无限广阔的河海深渊。王维用“旧林”一词也正表明他对官场的逃避和对隐居的向往。

第五、六句刻画的是诗人的自画像。诗人在山中的生活充满诗意，松风、山月无意与诗人相触却与诗人的身形融为一体。在王维的其他诗中，松、月的意象常作为任其自然和空寂一切的意象伴随着诗人的心境，表现出空寂、造化、无为而有为与任运自然的禅意。如“明月松间照，清泉石上流”，如“深林人不知，明月来相照”，还如“月出惊山鸟，时鸣春涧中”。

诗人的自在和与自然融为一体的心境与形象自然是为人羡慕的，故引出结尾的两句，诗人答复他人的询问：您若问我关于命运穷通的道理，我想，从那悠扬的渔歌声中，也许可以得到解答吧。此答案似答非答，不粘不脱，活脱是一则禅家公案，体现的正是禅家机锋。禅宗有类似公案如下：“问：‘如何是佛法大意？’云门曰：‘春来草自青。’”答案是留出来的空白，要读者自己去领悟。这正是诗禅相通的奥秘所在。穷通之理与渔歌自有其对应之处。在此我们联想到王维另外的诗句“行到水穷处，坐看云起时”，说的正是穷通之理：水穷之处并非绝路，在那里还有坐看云起的时候。王维就不像晋时的阮籍那样遇穷途而大哭而返，而是随遇而安静静地等待着另一种机会，欣赏另一种风景。这就是禅。禅的诗化就是化为可以启迪人的智慧的诗意，使你从最近的事物中领悟到更深的哲理，这正如德国哲学家海德格尔所言：“诗化，才把早被思过的东西重新带到思者的近处来审视。”

物感心合 体验寂静

—— 读刘方平《月夜》

更深月色半人家，北斗阑干南斗斜。今夜偏知春气暖，虫声新透绿窗纱。

这是唐代诗人刘方平的一首七言绝句。诗写月夜的景色，但着笔却在诗人对月夜的体察和感受。诗人夜深未眠，昂首仰望，只见月色映照的天幕之中星斗璀璨。天无语，但斗转星移却分明在昭示着时空的运转与宇宙的生生不息；诗人在屋内躺着，那唧唧的虫鸣声透过窗纱暗暗传来，却让他感知到了春天气候转暖的信息。

诗人正是从心灵深处去感应大自然的生命律动。他调动起全部的身心感受，仔细地体味着大自然的勃勃生机。此时的诗人已沉浸于这个初春的月夜，为皎洁的月色和璀璨的星斗所感动，为此起彼伏的虫鸣声所浸染，他醉了，化了，其心灵已与月色、虫声融为一体。这究竟是初起的虫声打动了他使他难以入睡，还是因为他感知到了气候节律的转换而出于本能的激动？或许这二者兼而有之哩。

在农业社会里人们对气候的转换是最敏感的。一声鸟叫，一阵雷鸣，一颗花蕾，一片雪花，都在体现着自然气候的变化。而人与大自然的一切有生命之物一样，都会敏锐地感知到这些变化。苏轼有诗云："竹外桃花三两枝，春江水暖鸭先知。"又有某尼诗云："尽日寻春不见春，芒鞋踏破陇头云。归来笑拈梅花嗅，春在枝头已十分。"节气的变化会带来生命的变化，甚至是关节性的变化。人生一世，草木一秋。草木、昆虫、鸟禽等对气候的感应也会传递给人类，让人类体会到生命的有限和宇宙的无涯。中国古代诗论常讲"物感"，说文学乃是"感物而动"的产物，钟嵘《诗品序》更是说："若乃春风春鸟，秋月秋蝉，夏云暑雨，冬月祈寒，斯四候之感诸诗者也。"

其实，诗人对虫声的感知也并非一种简单的被动的感化，而是一种主动的进入，是一种心灵与自然的融合，生命与生命的对接，故诗人写虫鸣，也进入到了一种"不知我之为草虫耶？草虫之为我耶"的状态。

感受寂静，是需要生命的投入才能感知到的。王维诗"雨中山果落，灯下草虫鸣"，这是他对大自然生命最细微的体验；而《寂静的春天》的作者蕾切尔·卡森从听不到青蛙声、鸟声中感受到了环境遭受空前污染的信息，首先提出了化学药剂对生态环境的严重破坏以及对人类生存致命危害的报告，这是一种宏大的生命倾听。在如今信息污染、噪声污染、空气污染的时代，要想寻找一片地方，仰望满天星斗的夜空，聆听沁人心脾的虫鸣，谈何容易！

你，我，还有他们，难道不想关闭电视与手机，拔下汽车钥匙，给自己留点空闲，感受感受寂静吗？

遐思飘逸　人月相得

—— 读李白《把酒问月》

青天有月来几时？我今停杯一问之。人攀明月不可得，月行却与人相随。皎如飞镜临丹阙，绿烟天尽清辉发。但见宵从海上来，宁知晓向云间没？白兔捣药秋复春，嫦娥孤栖与谁邻？今人不见古时月，今月曾经照古人。古人今人若流水，共看明月皆如此。唯愿当歌对酒时，月光长照金樽里。

诗、酒、月是李白人生中不可或缺的东西，甚至于是他的生命与灵魂。据有学者统计，李白诗1166首中，出现“月”字达523次，其频率远高于全唐诗的平均数。“明月”成为李白诗中最富诗意、最能体现他可爱性格和浪漫才情的艺术意象。

诗借酒兴而开始人与月的对话。首句一问劈空而来，直逼宇宙的起源和世界的生成奥秘，这确实是属于“天问”，是谁也无从回答的。而诗人偏要问，既是略带醉意，又显现出李白的童心与天真。问是质疑，有问才会有思索，故首句之问才带起诗后半段对月的哲理思考。

在李白眼中，月虽神秘奇妙但却与人相亲相近，故李白诗常有“邀月”、“对月”之举，他将“月”视为可以对话和倾诉的知己。诗用一“攀”一“随”的对比写出了人月的若离若即，同时将月拟人化，赋予它以生命与感情。诗人又通过对月色美的呈现形态、月循环运行不已的运行生态的猜测表达了他对月的生命的探寻。诗人还以人间的同情关心着那神话中的月中白兔和常年独处的嫦娥，至此，诗人与月亮以及月亮中的神物、仙女均已在感情上打成一片。

正是在这人月相通相近的基础上，诗人展开了对宇宙间的历史、人生哲理的探讨。李白的思考从明月长存和人生短暂的对比中，发出了“月常如斯，人若流水”的人生感慨。今月古月都是一月，今人古人却并非一人；人若流水随着时间的推移不断更换，古人今人共守的却是那同一轮明月。李白所思既是对无限与有限的形而上思考，又是对生命存在的现实探究。面对永恒人生无法超越，那就只能使有限变得更有价值，诗的最后两句则从浩瀚的天空和神秘莫测的明月中回到现实，转到手中的酒杯来，沿袭曹孟德“对酒当歌，人生几何”的人生感喟，期待着将自己短暂的生命欢乐与永恒的天地精魂——月色共同融化在可解忧的酒杯里。借酒问月，当歌对酒，不是为了消沉，而是要提气振神，在无限之中提升有限。这便是诗人与月相通相近相互对话后的人月相得。

诗人的把酒问月，遐思飘逸，醉意蒙胧之中透着清醒，诘问思索之中表现出通贯天地的才气。此诗虽然上承着张若虚《春江花月夜》里那种历史的感伤和生命哲学的探究形式，但他把酒问月的神态却比张若虚来得更为狂放，而且想象亦更带神话色彩。这种狂放飘逸的姿势又影响到后世的知识分子，像苏轼，不也是承接了这种姿势，在一首词中开篇就来了句“明月几时有？把酒问青天”吗？

孤舟老泪 忧世伤时

—— 读杜甫《秋兴》八首之第一首

玉露凋伤枫树林，巫山巫峡气萧森。江间波浪兼天涌，塞上风云接地阴。丛菊两开他日泪，孤舟一系故园心。寒衣处处催刀尺，白帝城高急暮砧。

诗一起首就将秋天色彩凋零、阴沉萧森的气象呈现在读者面前：如玉的白露使红色的枫林色彩变得暗淡起来，白露带来的凄清亦使青色的巫山峡谷显得更为萧森。秋在人类的生命节律中是转折的关节，秋之后是冬，是藏，是草木的凋零和生命的萎缩或死亡，故自古以来，人类的深层心理中就潜藏着一种对秋的悲悼与伤感。在古希腊有一种在秋天欢送丰收女神归去的仪式，人们在此时会喝得酩酊大醉，借此而忘却悲伤。中国的悲秋之进入文学自楚国的宋玉始，他在《九辩》中叹息“悲哉秋之为气也，萧瑟兮草木摇落而变衰”，开启了中国士大夫的悲秋情结和文学中的悲秋母题。杜甫悲秋自有其对命运艰辛的感叹，因为他自安史之乱以来，流落成都又滞居夔州，生活无凭依也罢，更重要的是一身报国之志难有用武之地，故他对秋之到来更感到烦忧不安。

但杜甫的伟大，就在于他悲秋不仅仅在伤己，而是以小观大，从夔州、巫峡而联想到了江间塞上、天地之间以及国家的安危：长江的波浪连着巫峡以外的天地，夔州的阴沉气势也类似北方边境的风云。此处的“塞上”既指夔州之山，亦可通指北方边境，故“塞上”拥有双重意义。诗人巧用词语的双义将悲秋伤己和伤时感怀巧妙地融合在一起，用国家的动荡不安进一步渲染了秋的苍凉之气。

写景之后诗人转写自身：他在夔州已见丛菊两度开放，昔日之泪的确令人感伤，自己就像一叶漂泊的孤舟，唯一牵系的就是思念故园的那颗孤独之心。此处的“故园”指长安，借指国家。杜甫的孤独在诗中常有描写，如“乾坤一腐儒”，“天地一沙鸥”，但他无论是身居何处，这种孤独却始终与牵挂国家命运连在一起，所以他的“孤舟”并非孟浩然思乡怀友的“月照一孤舟”，也不是柳宗元孤绝遗世的“孤舟”（柳诗有“孤舟蓑笠翁，独钓寒江雪”句），更不是韦应物无关世事、悠然漠然的“野舟”（韦诗有“野渡无人舟自横”句）。杜甫的孤独既是一种思接天地、念系国家的大孤独，又是将自己生命投入到天地、国家之中的大交流。他那种生命飘泊感与国家的动荡取得了共振。

结尾诗人借写孤独之心对捣衣之声的体验，进一步烘托了悲秋的感伤，仿佛记记砧声都敲打在诗人心上。那颗系念故园的孤独心伴着砧声和秋气悲凉地跃动着，显现出它的崇高和阔大。古人评杜诗的风格是“沉郁顿挫”，此诗可谓是典型。诗从巫峡秋景始，推及江间塞上，带出孤独之感，牵出长安之念，后又回到白帝暮砧声，感情之沉重，结构之跌宕，诗中尽显。

柴门透温暖 风雪见真情

—— 读刘长卿《逢雪宿芙蓉山主人》

日暮苍山远，天寒白屋贫。
柴门闻犬吠，风雪夜归人。

唐人刘长卿这首短诗以极凝练的笔墨勾画出了一幅颇具想象空间的寒山夜宿图。诗的每句都各成独立的画面，但四句之间又彼此勾连，按照时间的顺序次第展开，投宿旅客的所见所闻所感在短短的二十字当中全部呈现。

诗写投宿。投宿是旅客行程中常有的事，如果没有特别的事和特殊的感受，投宿不可能成为诗人的素材。诗人写投宿不是只写投宿时的状况，而是从投宿前的行程写起。因为只有经历过长途跋涉的艰辛劳顿，才会感到住宿时的温馨和幸福。因此，诗开笔就写诗人在黄昏时行走于山间的所见所感。因为日近黄昏，暮色苍茫，光线暗淡，且又逢冬天，故觉得山色变得模糊不清显得更远。而从旅客急于投宿的心情看，暮色来临又还不到店，在心理空间上也觉得山途遥远。一个“远”字将自然空间和心理空间巧妙地融合到了一块儿。诗人在山间眺望，远远地可以见到山中那白色的旅店，我们就根据诗题姑且叫它芙蓉山庄吧。但这山庄确是一小店，它无金色的屋顶，更无显目的朱墙，在寒冬之中以白色示人，称之为“贫”并不为过。当然，贫也并非只是靠颜色判定，下句的“柴门”就坐实了“贫”。从“闻犬吠”和“夜归人”两句我们可以猜想，投宿之人已行走多时，且又路逢风雪，黑夜来临时带着满身寒气和疲惫劳顿，然而未进客舍就远远听到狗的叫声，顿感柴门和犬吠的亲切和温暖，心里是多么欢欣和轻松。

全诗虽为写实，但实写中却又靠大量的虚来补充和延伸，诗句内贯串有投宿人的心理感受，并且浸透着投宿人对客舍主人的深深感激。“风雪夜归人”一句虽然没有直写旅客如何地欢欣和心存感激，但却可以唤起读者许多的人生经验去补充它。试想，在这风雪交加之夜，旅客又累又饿，终于抵达有犬吠人声灯影的客舍，那种轻松愉快与对客舍主人的感激是会自然浮升的。这就是诗人用画面留下的空白，这一画面的定格可以唤起读者无穷的联想，就如苏联一位画家所画的《归来》一样，瞬间的定格却包含着无限的深意。

此诗的妙处并非只是写了投宿，而是它可以概括人生的许多普适性的经验：人生如旅途，我们总是在急急地赶路。而在这赶路的行程中，又总会碰上一些意料不到的困难。此时此刻，那些在我们旅途中给予过我们温情、友谊，使我们精神得以宽慰、轻松的人或事，总会久久地定格于我们的记忆中，让我们心存感激。人生的长途旅行中又有谁不会逢雨逢雪逢风呢？

情似青山重　心如玉壶冰

——读王昌龄《芙蓉楼送辛渐》

寒雨连江夜入吴，平明送客楚山孤。
洛阳亲友如相问，一片冰心在玉壶。

这是一首送别诗。诗虽写送朋友离去的情景，但却借送人之际的情意表达了自己的怀抱，在唐代送别诗中别树一帜。

诗先借雨景的描写渲染了离别的气氛。点明雨是寒雨，不仅是写出弥漫于江面的烟雨使人产生冷气逼人的萧瑟之感，同时也是写友人离别之时诗人的心理感受。“连江”表明雨无边无际的笼罩，似乎这离愁别绪也如寒雨连江浸透了诗人的心头。此时的雨境与心境是相互契合的。离别之恨自《诗经》开始就有描写，六朝时江淹的《别赋》就对离愁作了淋漓尽致的描述，其开篇句“黯然销魂者，唯别而已矣”，更是一语中的，点出了离别的本质所在。在江淹看来，离别是会让人的灵魂也为之飞扬的，他曾用八字来形容离别的伤神，那就是“意夺神骇，心折骨惊”。王昌龄此诗虽不刻意去写离别的伤神情状，但却通过景色的描写烘托出离别的黯淡氛围和笼罩于诗人心头的孤寂之感。楚山孤，不仅仅写江对岸的山显得遥远孤寂，更重要的是诗人的感情投射于山之上，似乎他化身为山，孤零零地峙立在那里，将远远看着朋友渐渐远去的帆船。“楚山孤”一方面写出了诗人送友时涌上心头的孤寂之感，另一方面也衬托了诗人送友的深情厚意。这真是愁如烟雨漫江而来，意寄青山随船而去。这也让我们联想到李白《黄鹤楼送孟浩然之广陵》诗中的名句“孤帆远影碧空尽，唯见长江天际流”，李白是在黄鹤楼上目送远去的风帆，一直看到友人帆影渐渐消失在碧空的尽头，他是寄情于流逝的江水而表达对朋友的一片深情。而王昌龄却将离情寄寓于阔岸平野的青山之上，孤零零地伫立着，默然目送朋友船帆消逝。顺便说一句，此处的吴、楚是互文，因为芙蓉楼所在地润州（今江苏镇江）在春秋时属吴，战国时属楚，用“吴”、“楚”实指一地。这就像王昌龄《出塞》诗中“秦时明月汉时关”中的“秦”、“汉”一样，都是互文见义。

诗的后两句仍紧扣送友，写临别时对朋友的叮咛之辞，但诗人要朋友给洛阳亲友带去的不仅仅是平安的消息，而是他向亲友们传达他依旧具有坚贞操守并保持冰清玉洁的怀抱。这是非常难得而且富有深意的。据史载，当时的王昌龄曾多次被人谤议，又遭贬岭南，回到江宁任江宁丞，仍不被信任。正是在这种恶劣的环境中，他要借友人之口向亲友们表明他的心迹和志向，并相信亲友们一定会理解他信任他。这种品德如玉壶之冰，清明纯洁、晶莹透亮，这样的心地表白就是对亲友最大的告慰。

在当今物欲横流、诱惑无处不在的花花世界中，要像王昌龄那样做到“一片冰心在玉壶”是需要极大勇气的，这不仅仅要做到洁身自好，不与污浊风气同流合污，更重要的还要顶得住舆论的压力和别人的误解。当然，有理想和信念的支撑才会使玉壶冰心长葆。如今在社会上做事的人，能不让亲友们担忧就已是好事，反过来，倒是亲友们要时常叮咛，希望他们能记住并保持“一片冰心在玉壶”。有廉洁自律在才有玉壶冰心在，有玉壶冰心在才有长久的平安在。

山川依旧　历史无情

—— 读刘禹锡《西塞山怀古》

王濬楼船下益州，金陵王气黯然收。千寻铁锁沉江底，一片降幡出石头。人世几回伤往事，山形依旧枕寒流。今逢四海为家日，故垒萧萧芦荻秋。

这是一首怀古诗。古代诗人多为官员，赴官上任或访友公干，免不了都会去凭吊古迹。许多诗人都会借怀古而抒怀，或探历史兴亡之理，或抒怀才不遇之志，或借古讽今，刺当朝不当之事。古代的怀古诗与登临诗一样，都会借古迹、故事、人物和自然景物，寄托深意。

刘禹锡此诗是借历史事件来说历史兴亡之理的。

长庆四年（公元824年），刘禹锡由夔州刺史调任和州刺史，沿江东下而赴任，途经西塞山（位于今湖北黄石市东长江边）。想起历史上的晋吴之战时，此处曾是吴国设的险要关塞，但终被晋所破，直捣金陵，统一全国，不胜感慨，即景赋诗。

诗的前四句就是写晋吴大战与吴亡晋胜的。晋太康元年（280年），晋武帝派大将王濬率高大战船组成的舰队自蜀之益州顺江而下讨伐东吴，吴国君主孙皓凭长江天险，在西塞山附近的长江中暗置铁锥，再加以千寻铁链横锁江面，自以为固若金汤，战无不胜，但王濬用智谋取胜，先以数十只大筏拖走铁锥，又以火炬烧熔铁链，乘势破关，直取金陵，统一了全国。四句诗说此事显得十分紧凑，用一“下”一“收”，一“沉”一“出”，就将晋军的摧枯拉朽之势和吴国从傲气到不堪一击的历程勾勒得非常形象生动，旧日之事仿佛就在眼前。

后四句则借此事加以申发，谈诗人对历史的感慨。“人世几回伤往事”，“几回”之指就包括了六朝迭相灭亡的往事，极具概括性；“山形依旧枕寒流”，实则指西塞山依然枕着长江而卧，虚则指山川依旧、人事已非的历史兴亡交替。天地无情故山川无改，但人间世事已有沧桑之变，故伟人毛泽东在写人民解放军解放南京之时也用了“天若有情天亦老，人间正道是沧桑”的句子表达历史感慨。假设天有情天也会随时间流逝而老，但事实上天地山川并无时间的意识。“山形依旧”的对面就是人间社会的巨变。变与不变，都是从人的感情以及人与天地万物的相对关系去观察的。诗人在最后还写到，虽然身处于统一之世，但观看这些军事堡垒伴着瑟瑟秋风和萧萧作响的芦荻静躺于此，不免会生出一种历史的苍凉感和人生的沧桑感。

此诗的怀古好就好在它写出了山川无改而人世巨变的沧桑感，而人世的巨变中又写出了顺应历史的必然性。吴国虽有险峻的天险和强固的防御工事，并且有不可一世的王气傲气，但要继续割据一方对抗全国统一，逆历史潮流而动是终究要覆灭的，这就是历史的教训。刘禹锡在和州期间对金陵几度兴亡更替一直很感兴趣，写了《金陵五题》以及《金陵怀古》等诗，不断就金陵的兴废发表感慨，如“兴废由人事，山川空地形。”（《金陵怀古》）、“山围故国周遭在，潮打空城寂寞回。淮水东边旧时月，夜深还过女墙来。”（《石头城》）、“旧时王谢堂前燕，飞入寻常百姓家。”（《乌衣巷》）等等。缅怀古迹，古代诗人往往会生发出国家兴亡和历史无情的感慨，像苏东坡在黄冈“故垒西边，人道是三国周郎赤壁”的地方发出人生早生华发的感叹，又写下了《前赤壁赋》，借以言说变与不变的哲理。又像包佶，在《再过金陵》一诗里感叹“江山不管兴亡事，一任斜阳伴客愁”。

枯荷雨声 幽寂清美

——读李商隐《宿骆氏亭寄怀崔雍崔衮》

竹坞无尘水槛清，相思迢递隔重城。
秋阴不散霜飞晚，留得枯荷听雨声。

这是一首怀人诗。诗人与他的重表叔兼知遇者崔戎的两个儿子告别之后，于旅途中所见，感而寄怀。

说它是怀人诗，是因为它写了相思，并用幽静雅洁清寥的环境以及迷蒙弥漫的雨景衬托出了相思的绵长。诗人所宿的骆氏人家的园亭，竹木苍翠，湖水清澄，正是在这清幽雅洁的园亭中又逢阴霾天气，寂寥之中才更会想起远隔重城的朋友。听着雨声滴答打在残荷的叶面，心情又略有转换。诗人庆幸的是，朋友虽然离去，但万般无奈之中却有留下的枯荷，给人带来聆听枯荷秋雨的清韵，这不也是意外的收获吗？

但此诗又不仅仅限于怀人，因为它在写景时透露出的审美趣味使其超出了怀人之外，成为一首对生命之美高度赞赏的诗。

在中国古代，荷花是纯洁的象征，它出淤泥而不染，那亭亭玉立的花和张如蓬盖的叶，给人带来无限清凉和清纯的感觉。有莲可令园林山水增色不少，尤其是那夏日之莲，叶青翠欲滴，花粉艳如妆，自然是无穷美景。宋人杨万里曾生动描写道："接天莲叶无穷碧，映日荷花别样红。"而到秋雨来临，叶残枝败，留在湖面的枯荷就未免难以入目了。但李商隐却不一样，他写这枯荷雨声虽然是一种心境的转换，但却让我们听到了生命的顽强挺立和对生命执著的热爱。枯荷表现的是荷之残存生命的一刻，枯荷在秋气的严逼中傲然挺立，为生命的瞬间抗争着，仍以它瘦弱的身躯承接着雨滴，奏出生命的最后乐章。残荷雨声亦成为大千世界中多样美的一部分。李商隐处于晚唐时候，在他的诗中出现得较多的是黄昏的斜日、将凋谢的残花、渐落的晓星、冷灰残烛等特殊的意象，这是他的审美偏好，尤其是他的《花下醉》一诗，更表达了他抓住美好事物的最后留连时刻领略其风神的审美情趣："寻芳不觉醉流霞，倚树沉眠日已斜。客散酒醒深夜后，更持红烛赏残花。"这种雅致也只有李义山才会拥有。

正是这种对顽强生命力的礼赞和对即将消逝的美好事物的深刻留恋之情，才使得李商隐的诗得到某些读者的偏爱，也才留给宋元以后文人对冷、瘦、枯、寂、荒等境界的追求。如苏轼曾画有《枯树图》，在苍劲的枯墨中表现出不染尘缘、反抗俗世的决断以及对生命抗争意志的信仰；倪瓒也喜欢画寒村疏野，江雪荒寺；在《红楼梦》里，众人游大观园，贾宝玉嫌破荷叶可恨，嚷着要把池中的残荷拔去，林黛玉却说她虽不喜欢李义山的诗，却独独喜欢"留得枯荷听雨声"一句，表现出她与众人不同的特殊情趣。我还见过广东画家林丰俗画过的残荷意境，画题就是李义山的诗句。浓墨枯笔相间使用，残荷下垂而茎曲，配之以几株发黄的芦苇，真是绝了！如今，在繁华绮丽的都市中，也有不少人喜欢这种情调，甚至还建有“枯荷雨声”的网站，里面有网友拍摄的精美的残荷照片，真是美得令人心颤。

不信，你输入“枯荷雨声”搜搜看看。

关山闻笛 壮阔开朗

—— 读高适《塞上听吹笛》

雪净胡天牧马还，月明羌笛戍楼间。
借问梅花何处落，风吹一夜满关山。

盛唐之人颇有豪气，就是戍边打仗，在条件非常艰苦的边疆，亦能苦中作乐，充满豪情。高适的这首边塞诗就恰切地表达了唐代戍边将士士气高涨的风骨神气。

诗前两句写笛声飞起的环境与背景。雪净表明时间，是边地雪消草露、大地解冻的晚春时刻；胡天表示地点，指边疆胡地；“牧马还”则点出由于有戍边战士的守卫边地呈现一派宁和安详的气氛。正是在牧马晚归、明月高悬的背景中，不知在哪座戍楼内悄然响起羌笛。在这里，“牧马”和“月明”是羌笛飞起的动因：马归而兴起归家的念头，望月而思念起家园的温馨。

诗的后两句结句巧妙，一是将羌笛吹起的曲名《梅花落》拆开使用，加入疑问句“何处”二字，既点出了曲名《梅花落》（《梅花落》为乐府中的曲名），又转指笛声宛如飘落的梅花随风飘散弥满关山；二是运用了通感的手法，使《梅花落》的笛声由听觉转化为视觉，戍边战士由闻笛听曲而联想到故乡的梅花片片飘散，自然地烘托起全诗思乡的主题。“风吹一夜满关山”，既可指风吹笛声使其一夜之间飘散于关山，又可指战士想象中的故乡的梅花（边地是没有梅花的）一夜之间飘散于边地。从整首诗看，虽然含有思乡思归之意，但全诗的基调却感而不伤，乐观开朗。之所以能如此，一是诗前两句创造了一种澄明静谧壮阔的背景，二是诗后两句创造了一种苍茫而又高远的视界。与此诗同样基调的还有王之涣的《凉州词》：“黄河远上白云间，一片孤城万仞山。羌笛何须怨杨柳，春风不度玉门关。”羌笛虽然吹的是《折杨柳》那样容易引起人离愁别恨的曲调，但战士想到戍边的重任在肩，又觉得笛声何须去传达这种怨情呢？

笛声，在古典诗词中常被当做“悲情”使用。魏晋时期，嵇康被司马氏所杀，其好友向秀途经嵇康山阳旧居时，闻邻人吹笛，悲情自起，感而作《思旧赋》，表达对嵇康之死的惋惜与悲愤。闻笛而悲，或起慷慨之气，是古代诗文中常见的文学母题。杜甫《秋笛》诗中有“不见秋云动，悲风稍稍飞”句；《吹笛》诗中又有“吹笛秋山风月清，谁家巧作断肠声？”句，正是闻笛而悲怆。李白《春夜洛城闻笛》云：“谁家玉笛暗飞声，散入春风满洛城。此夜曲中闻折柳，何人不起故园情！”说的是闻笛思乡；又有诗《与史郎中钦听黄鹤楼上吹笛》云：“一为迁客去长沙，西望长安不见家。黄鹤楼中吹玉笛，江城五月落梅花。”说的是被贬的贾谊外放长沙之事，亦是借笛声而流露出生命的感伤。在古典诗词中，“笛”的文学意象除表达思乡思归的悲情之外，也有慷慨悲壮甚至悲愤的意义。我以为这与笛声有低沉和高亢嘹亮的自然属性是相关的。高适这首边塞诗中的笛声之所以感而不伤，也与它含有慷慨悲壮的意义分不开。

追至云深处 莫恐雨沾衣

—— 读张旭《山中留客》

山光物态弄春晖，莫为轻阴便拟归。
纵使晴明无雨色，入云深处亦沾衣。

这是唐人张旭的一首绝句。张旭既是擅长七绝的诗人，也是著名的书法家，精通楷法，以草书最为知名。其草书逸势奇险，连绵回绕，具有狂逸爽朗的新风格。怀素就继承和发展了他的草法。张旭之书与当时李白的诗歌、裴旻的剑舞号称为“三绝”。相传他往往在大醉之后呼喊狂走，然 后落笔，故称张颠。李欣曾有诗记张旭醉后狂书的状态：“张公性嗜酒，豁达无所营。皓首穷草隶，时称‘太湖精’。露顶据胡床，长叫三五声。兴来洒素壁，挥笔如流星。”正是这位豁达开朗、对自然与艺术都充满高端兴致的艺术家，才会为挽留客人写下这充满雅趣的诗篇。

诗的主题是要留客，并且要将客人留在春意盎然的山中，故诗的起句便以山中美景来打动客人。诗人并不着眼于山中的具体景色，而以总体的山光物态尽显春色的面貌去感染客人，一个“弄”字使呈被动欣赏的景色变为能主动创造的主体，将山中的满目生机和春光无限恰切地烘托出来，同时也留给了客人想象的空间：争奇斗妍的山花、欢唱不已的溪水，千回百啭的鸟啼、飘移不定的云雾——一切均在可以想象的山光物态之中，并使人依恋起那生机盎然的春晖来。正是春天景色的引人入胜，故第二句诗人就善意地规劝客人不要因为山中偶然飘起一片阴云就打算归去。前二句诗人以山中景色的美不胜收去挽留客人，但这仍然是不够的，诗人还得给客人们讲一点更深微的道理，故后两句就将诗的意义推向了更深的一层：客人啊，您只担心天阴而雨会淋湿了衣裳，但是天晴时分又会怎样呢？您既然来游山观景，就要登山临谷、探幽寻胜，要获得真正的寻访收获和审美享受，也得进入云之深处，而在那云之深处美色无穷的云雾不也会使您的衣服被水气沾湿吗？

张旭此诗语虽浅显，但包含的深意却是耐人寻味的，它充满着人生的无限体验，留给读者诸多的启示与想象。从“沾衣”我们联想到陶潜，他立下返耕园亩的愿望后，就着手去做，并且乐于去做，“种豆南山下，草盛豆苗稀”，但他早出晚归，沐风浴露，衣裳恐怕被打湿了几十回，可志向并不因此改变。故他在诗中表示道：“衣沾不足惜，但使愿无违。”我们的许多人恐怕缺少的就是这种志向。其实，做人做事，立志高远是最重要的。一旦有了远大志向就要有不怕困难的决心和信心，不要因为头上飘来几块阴云就轻言放弃，掉头而返。人生途中，有晴有阴，有风有雨，那是极正常的事情。没有坚忍不拔的毅力和克服千难万险的心理准备，没有“入云深处”的拿云志气、勇气和胆量，又何以领略到“无限风光在险峰”的人生胜景？旅游者入云愈深，所见愈多，沾衣恐怕也愈湿；人生拼搏中入“云”愈深，收获也会愈多，所遭遇的困难与艰辛也会愈重。天下又何来免费的午餐呢？张旭此诗不仅以山光物态去挽留客人，更以“入云深处”的想象胜景去吸引客人。人生道路上，“入云深处”的景色同样也会令人向往，激起人进取的欲望。宋人陆游曾有诗写游山所见：“山重水复疑无路，柳暗花明又一村。”人生路上的“入云深处”不也是充满诸多的山重水复与柳暗花明吗？但只要我们有不怕“沾衣”和不轻易放弃的追求，就会勇往直前，直至“云之深处”。古人道：“追至春深处，采得百花归。”正是一分艰辛一分收获，浅尝辄止则会万事无成。

苦闷之象征 自由之追寻

—— 读李贺《梦天》

老兔寒蟾泣天色，云楼半开壁斜白。玉轮轧露湿团光，鸾珮相逢桂香陌。黄尘清水三山下，更变千年如走马。遥望齐州九点烟，一泓海水杯中泻。

唐代诗人李贺历来被人称为“鬼才”。这不仅仅是指他的诗喜爱写神鬼幻境，如《秋来》、《苏小小墓》、《贝宫夫人》、《兰香神女庙》等，而且也指他的诗常有奇异的构思与想象，恢奇怪谲，神驰物外，意成而似鬼斧神工。《梦天》正是他描写梦境或许也纯是艺术幻想的一首名诗。

此诗看似写诗人梦里漫游天空所见的景色，实则寄寓着诗人强烈的个人伤感以及对世间人事的深沉感慨。这从他对天上仙境的描写以及他的天宇观的表白中可以看出来。

诗人梦中的月宫楼阁半开，月色惨淡，颜色灰暗凄白，连住在月中的兔与蟾蜍似乎也在为如此天色而哭泣，而且这兔也老了，蟾也呈冷意了。这种种描写都透露出诗人的幽怨情调，言下之意是这天上仙境虽然幽静，但高处不胜寒，此地的兔与蟾也会“泣”的。诗人梦入月宫自然会碰上仙女们，瞧，她们披着被露水濡湿了的月光出来了，玉佩的叮当声响在桂花飘香的月宫小路上。此处的“湿团光”呼应了前两句描写的天色，同时也渲染了一种凝重感：月光被打湿自然会显得暗淡凄清，恐怕仙女们出来衣裙也会显得沉重，脚步也会迟缓。本来月宫为神仙之地是令人快乐的所在，但由于诗人的心境常陷入苦闷之中，故投射于月宫也是一种郁郁寡欢的情调。

诗人又写到他在天上俯视人间的感受，其间透露出他的天宇观与时空观。自天上观之，海上三神山蓬莱、方丈、瀛洲时为黄尘，时为清水，千年之间如走马般变换；而中国大地上的九州不过像九点烟尘，大海只不过是倒泻在杯中的水而已。诗人认为人世沧桑，变幻莫测，世间的一切都是变数而不是常数，在神仙看来千年之变不过一瞬；九州虽大，沧海虽阔，但大小也只是相对的。诗人虽然写的是他到天上以后时空观的改变，但实际上是写他自身企图冲破世间的种种束缚，跳出恼人的牢笼桎梏，而去获得心灵上的自由。而时空的变形处理恰好表达了他从物理空间到心理空间的突破与追求，也表达了他对世俗局限的超越。诗人的言外之意是，从大处而观之，人又何必为暂时的受限而苦恼，为眼前的蝇头小利去钻营哩。

联想到李贺的身世际遇，的确感到此诗是有所感而发的。李贺是一名从小就聪慧过人的诗人，十五岁即有诗名，十八岁得到大诗人韩愈的夸奖。他本欲参加进士考试，却因为他父亲的名字为晋肃，“晋”与“进士”的“进”同音，按当时的要求要避父讳而被阻隔在应试队伍之外。他只在京城做了三年奉礼郎的小官，就郁郁不得志而返回故乡，在贫病交加中去世，年仅二十七岁。故李贺的《梦天》诗是在借天界的想象来排遣他的苦闷，寄寓他的伤感与哀痛，是在探究时空的转换中表达他要突破生存空间的强烈欲望。这是他在生命无奈之中的一首命运悲歌。《梦天》如屈原的《天问》一样，成为“天梦”，是意欲超越而又难以超越的生命追寻。

真挚邀请 清雅情趣

—— 读白居易《问刘十九》

绿蚁新醅酒，红泥小火炉。

晚来天欲雪，能饮一杯无？

白居易是唐代“新乐府”诗歌运动的领军人物，他主张“文章合为时而著，歌诗合为事而作”，其诗歌多关注世事民生，追求语言的平易化，又注重音韵的优美，故深为人民大众所喜爱。他的长诗《琵琶行》与《长恨歌》自然是千载之下仍为人吟咏不已的优秀佳作。然而，他所创作的一些短诗，因为它们的平易自然而精警凝练和隽永耐品，亦成为中国古典诗歌中的逸品。《问刘十九》就是这样一首充分体现诗人个性和其诗歌个性的逸品诗。

此诗刻画了一个简单但又十分感人的场面：诗人在一个冬天的傍晚，守着一个烧得通红的火炉，桌席上摆上了一缸刚刚新酿还浮着泡沫的绿颜色的酒（酒新酿时，未完全滤清，酒面上会浮起酒渣，颜色呈微绿色，形状细如蚂蚁，故称“绿蚁”）。眼看天色渐暗，一场暮雪即将飘飘扬扬飞将起来，诗人一时兴起，想到此等对酒赏雪的美景美味岂能独自享受，应该邀知己朋友来共享才是。说此场景十分感人，是因为诗的前三句都是写景，而且是一种十分简单朴素的景，但如果这些景没有最后一句充满深情的发问将其提升，就会变得单薄而了无深意。“能饮一杯无？”是发自诗人心底的一种浓得化不开的深情邀请。如果诗人与刘十九没有深厚的友谊，面对如此良辰美景，诗人为什么会首先想到邀请他呢？俗语有“酒逢知己千杯少”，又有朋友要“有难同当，有福同享”。这一声“能来喝一杯吗？”的邀请使情穿透前三句的景，让整个场景变得温暖而富有人情味起来。可以说这一深情的邀请与所透露出的真挚友谊就如同这新酿的酒一样令人神往令人心醉。

此诗还是一首富有生活情趣与丰富审美趣味的短诗。从此诗中，我们可以想象唐人对生活的极度热爱之情。唐人面对一缸新酿的酒也会那么兴奋；面对一场即将飞扬的、也不知见到过多少回的暮雪，也会那么呼朋唤友地急不可耐。唐人的生命中充满着多少的激情与温情，他们在享受日常生活美的每时每刻中融进了自己对美的渴望和赞赏。这就是唐人生命的亮丽与鲜活。这朴素而简单的酒席，这直白而无任何功利目的的邀请，跃动着唐人那种热爱生活、珍重友谊、珍爱美闪现的种种瞬间的博大之心。顺便提一下，白乐天酒量并不大，只是好喝那么一点点，喝一点还脸红，但他将浅酌当做人生一大快活事，有时在早上办公前也会来上一小杯（即唐人所说的“卯酒”）。这在他的诗《卯时酒》、《桥亭卯饮》、《醉吟》、《效陶潜体》里都有所记录。

其实，诗人的邀请完全是没有准备的，用禅宗的话说是毫无“机心”。或许，这种两人对饮的场面根本就没有实现，因为那时不像现在，给朋友发一短信、打一电话就能马上把朋友叫来的。但是，这发自诗人内心的邀请，与对饮酒赏雪场面的渴望，以及对这种渴望的文字记录却透露出诗人的清逸雅致。《世说新语·任诞篇》载王子猷在山阴，忽然想起远在剡溪的朋友戴安道，故冒着大雪，夜乘小船而去造访。等天明到达戴住的地方，却又不上门去而返回来了。人问其故，王回答说："我本乘兴而行，兴尽而返，何必见戴！"唐人白居易也像魏晋名士一样率性而可爱。他们尊重的是内心冲动的真我选择，注重的是那种脱离俗累的清趣与雅兴。想当今社会，人际关系又哪还有唐人之间的那么简单与朴素？看酒楼间的宴席，恐怕除家宴之外，推杯换盏之间不知充满多少机关与陷阱。风雪夜的朋友小酌、通红小火炉的温暖以及"酒逢知己千杯少"的畅饮与畅谈，已经成为当代人际交往中的奢望了。

美在新生　美在发现

—— 读韩愈《早春呈水部张十八员外》二首之一

天街小雨润如酥，草色遥看近却无。
最是一年春好处，绝胜烟柳满皇都。

韩愈的律诗和长篇五古有沉郁顿挫如杜甫处，也有以文为诗求奇崛险怪处，而他的一些小诗却多为富有奇趣的小品，虽造语平淡，但却能表现出他不同于常人的见识与眼光。

此诗写的是早春景色，呈给水部员外郎张籍的（张在兄弟中排行第十八，故称“张十八”）。诗重点描写的是草色，以草色来代写早春。这草色所在的背景不在原野，而在天街（皇城中的街道）之内。诗人是在早春的寒风细雨之中发现这草色之美的。纤纤细雨如酥油般滋润着大地，随着早春气候的逐渐回升，草芽儿一点一点地从土里拱出来，连成片，透过雨丝远远看去仿佛画家给天街抹上了一道隐隐若若的极淡极淡的青色之痕。可走近了瞧，这青色仿佛又从眼前逃走了。这真是大自然的奇妙啊！诗人用“草色遥看近却无”一句非常传神地写出了早春草色那似有若无但又极具魅力的特征。正是在遥看中，诗人有了诗的发现；又是在近观中，诗人得到思的启发。诗人从这草芽儿中发现了初生事物的欣欣生意和鲜活可爱，由此而产生了对它的由衷赞赏，说它代表着春天当中最好的景色，要远胜过那满城烟柳飘拂的暮春三月。

诗人的眼光无疑是独到的。他不仅在人们还未注意到的地方发现了草芽儿美丽动人的风景线以及从它们身上透露出来的活泼泼的生命力，而且在与暮春三月满城烟柳的对比之中，反衬出这草芽儿清淡的素净美、朦胧美与鲜活感。

韩愈对新生事物是很敏感的，他善于在别人容易忽视的事物身上发现它们独有的个性美。他另有诗《春雪》中写到“新年都未有芳华，二月初惊见草芽”，这种惊讶、欣喜之情的表达表明他似乎对草芽儿特别多情，这不是为了别的，就是草芽儿给人以新奇感、鲜嫩感，并给人以无穷生命力的启示，它带来春的消息会使从严冬走出来的人们感到特别的震颤和兴奋。

在社会历史发展的长河中，许许多多的新生事物在刚刚起步的时候都是悄无声息而不事声张的，因而也常常被人所忽略。许多美的事物或许就在它刚刚冒出来的时候，由于我们没有独到的眼光和见识将它们匆匆放过了。所以，美，就在善于发现。其实察人观物、观察社会中生活与文化现象的发展也是需要我们去独到发现的。我们千万不要漏过我们生命历程中一处又一处“最是一年春好处”的地方。

中年感慨 人生反省

—— 读孟浩然《与诸子登岘山》

人事有代谢，往来成古今。江山留胜迹，我辈复登临。水落鱼梁浅，天寒梦泽深。羊公碑尚在，读罢泪沾襟。

这是一首登临吊古诗。孟浩然是襄州襄阳（今湖北襄樊）人。岘山就在襄阳，因为晋代羊祜镇守荆襄时，政绩卓著，又常登游此山，置酒吟咏并大发人生感慨而悲伤掉泪，故山上立有一块纪念他的“堕泪碑”。羊祜的感慨代表了晋人对宇宙、人生与历史的看法，透露出他强烈的社会责任意识和人生哀乐感。羊祜登岘山对同游者的感叹如下：“自有宇宙，便有此山，由来贤达胜士登此远望，如我与卿者多矣，皆湮灭无闻，使人悲伤！”孟襄阳登临家乡的岘山自然也要接着羊祜的感慨而继续感慨下去。

诗的前四句就抒写他登临此山的感受。起笔而说人事，既是感慨时间，也是感慨历史，想当年孔夫子见流水而感慨“逝者如斯夫”，亦是充满着时不我待的忧患感的。登山尤其是登览古迹，便更能引起伤时哀人的无限感慨。想到四百年前的羊祜登过的山已成古迹，而我后辈之人又再次登临，依然还会成为湮灭无闻之人，禁不住悲从中来，升起“我夫如何”的悲叹。孟浩然年已四十，游京城应进士不第，只得重回襄阳。登岘山自然成为他发泄心头郁闷的契机。第五、六句是写景，但也并非完全写实，景当中依然寓含着他对人事的伤感和迷惘。冬天时分水落下去鱼梁洲自然显露出来，但辽阔的云梦泽依然深不可测，令人感到心寒神伤，不可把握。自己的前途何在，自己在历史中会留下点什么印迹，都沉重地压在心头，无以言说。这自然引出最后两句，诗人只得借读羊公“堕泪碑”上的文字来宣泄情感，陪羊祜再洒一次悲伤之泪。

刘勰《文心雕龙·神思篇》说：“登山则情满于山，观海则意溢于海。”古人之登临必有吟咏，吟咏间必有所寄托，充满感慨。初唐时的陈子昂，登幽州台而感慨：“前不见古人，后不见来者。念天地之悠悠，独怆然而涕下！”这种个人的感慨亦是与历史的大感慨融合在一起的。陈子昂在与契丹军队的对抗中欲建功立业，多次向上司进谏而不听，反被降职，故登台而唱出壮志难酬的忧愤、知遇难逢的孤独以及时不我待的焦虑。孟浩然人过中年，依然是一布衣，满腹经纶找不到奉献之道，故也要登临挥泪。不过，孟浩然没有陈子昂那么冲动，他习惯于含蓄的表达，正如他在登临洞庭湖而作诗赠给丞相张九龄一样，也是曲折地表达他的心声：“欲渡无舟楫，端居耻圣明。坐观钓鱼者，徒有羡鱼情。”其实，人到中年，对时间的焦灼感以及建功立业的紧迫感会十分强烈的，惟其如此，这中年的徘徊、反思与伤感才会更令人反省与深思。《世说新语》中载桓温北征，经过自己以前所种的柳树时，见其已有十围之粗，慨然曰：“木犹如此，人何以堪！”攀条执枝，泫然流泪。正是这种中年的感叹，凸显出了桓温对社会的责任感、奉献感以及魏晋人对短暂人生的高度重视。读孟浩然的诗，我们在体会他的身世感叹之余，恐怕也是要重视他那不甘沉沦的进取心、责任感和对自我人生的深入拷问的。因为在古代，士大夫的思维模式就是将由仕进而宦并进而治天下当做他们人生的首要责任，是每个人都应当去承担的。我辈今日登山，多是为了身体健康；观览古迹，也甚少忧患意识。又会有几人在登临复登临之际，想到古今之变、人事代谢与社会责任呢？

幽竹清朗　真情永在

—— 读钱起《暮春归故山草堂》

谷口春残黄鸟稀，辛夷花尽杏花飞。
始怜幽竹山窗下，不改清阴待我归。

钱起是“大历十才子”中居首位的优秀诗人，曾以参加进士考试的试帖诗《湘灵鼓瑟》闻名于世，其中的名句“曲终人不见，江上数峰青”更是广为后人传诵。

此诗记诗人在暮春时节返回故山草堂的所见所感。钱起的故山草堂在蓝田的谷口，故以“谷口”开篇点明故山草堂的所在。“春残”紧扣诗题“暮春”，也为下面的叙写打下铺垫。黄莺鸟声稀、辛夷花飞尽、杏花乱纷纷，虽都是在写春残景色，但又是在为后二句的出场作为陪衬。正是在暮春时节，鸟语已稀，花香将尽的时候，才会突然间感觉到幽竹以清阴迎我归来的可爱。这里诗人用了对比与拟人的两种手法来突出幽竹的使人怜爱。对比是以鸟声稀等春光将舍我而去的凋零景象与幽竹撑一伞绿葱葱的清阴来迎我而构成的，“稀”、“尽”、“飞”三字一串而下，写出了春将逝去的感伤，而“幽竹”、“清阴”与“待我”则写出了尚有幽清之境迎我的欣喜。拟人则是诗人赋予幽竹以人的品格和情感，“不改清阴”是说幽竹具备始终如一忠于朋友与主人的品性，“待我归”是说幽竹保持着一竿绿阴等待我归来的亲情，“不改”与“待我”四字让人顿感一股真气扑面而来。钱起正是以我的“怜”和竹的“待”将物我之情贯通起来，创造了一种物我相亲的画意诗境。

竹在中国文学中一直是被士大夫当做朋友来看待的。魏晋时期的名士造园而求清名，总要栽上翠竹来作为清逸的象征。《世说新语》载王子猷暂寄居别人的空宅里，也下令种竹，有人质问说：“你不过暂住而已，还那么劳神费心干什么？”王啸咏良久，直指竹曰：“何可一日无此君！”王子猷是将竹当做朋友来看的，故直呼竹为“君”。宋代大诗人苏轼也有诗说到：“宁可食无肉，不可居无竹。无肉令人瘦，无竹令人俗。”竹之所以有高洁、清逸、淡泊之名，是因为它有坚贞孤傲之意。早在南朝梁时，诗人江淹就有诗赞松竹的傲霜凌雪乃持凌云之志，其《效古》诗中道：“宁知霜雪后，独见松竹心。”以后松、竹、梅就逐渐成为不畏严寒、不为俗屈而保持贞刚之气的象征，被文人称为“岁寒三友”。《红楼梦》中清雅脱俗、孤标傲世的林妹妹在大观园里住的就是千百竿翠竹遮映的潇湘馆。此诗中钱起将竹拟人化、亲情化，亦是将竹视为知己朋友甚至家中亲人的。

不过，钱起诗中有“始怜”二字，表示是在观察后才有所认识，在比较之后才有所觉悟的。其实，幽竹作为真正的朋友总是默默地守候在我们身边，它没有浓艳的色彩，也没有往你耳边灌虚情假意迷魂汤的高调，但它却不管你是荣华富贵还是退守清贫，都以一身清阴等待着你，守护着你，为你忧而忧，为你乐而乐。正是这“不改清阴”真情永在的幽竹，才会成为人生的真正知己。在我们的人生过程中，考察朋友、结交知己又何尝不会有这番经历呢？

情韵悠长 境界优美

—— 读杜牧《寄扬州韩绰判官》

青山隐隐水迢迢，秋尽江南草未凋。
二十四桥明月夜，玉人何处教吹箫？

杜牧是晚唐的杰出诗人，诗学杜甫，被时人称为“小杜”。又因为诗歌风格特别，与李商隐齐名，二人时号“小李杜”，可见其占尽诗坛风头。

此诗当是杜牧被任为监察御史，由淮南节度使幕府回长安供职之后所作，并寄赠自己的朋友、时任扬州判官（唐时节度使、观察使的属官）韩绰的。对于扬州，杜牧的感情是复杂的。他早年仕途失意，曾十年浪迹江南，扬州是他待得最多的地方。他在那里游山玩水，出入寺院，自得其乐，“秋山春雨闲吟处，倚遍江南寺寺楼”（《念昔游》）。在那里他还进出秦楼楚馆，倚红偎翠，以酒为伴，过着放浪形骸的生活。扬州是他潦倒江湖而不堪回首的地方，但也是他享受生活、饱览江南名胜与美女的所在。这首诗既然是寄居扬州的朋友的，就离不开对那里的景、人、事的描写与追忆了。

诗的首句勾勒出扬州山水的旖旎风貌，同时又暗示着他与朋友尚隔着山遥水长的空间。第二句是诗人立足在长安来写江南的秋景，虽然秋天将逝，在北方草木早已萧条而在江南却依旧山青水绿。由想念江南的清丽山水，诗人自然转到他正怀想的朋友，后两句他以调侃的口吻猜想道：您应该不是在那有二十四位美人吹箫的桥边，正在教美人吹箫吧？

此诗的妙处首先在于它创造了一种优美的境界。逶迤的青山，连绵的绿水，构成了怀人的远景。而将二十四桥的优美传说与对朋友的想象连在一起，又拉出了一个特写，令人仿佛见到在青山绿水之间、明月辉映之下，宛如洁白玉润的朋友正在教那些绰约多姿的美人们在吹箫起舞，那呜咽悠扬的箫声正飘散在秋凉未寒的江南月夜，令人心荡神移。要说明的是，此处的“玉人”既可指吹箫的美人，也可指杜牧的朋友韩绰，因为杜牧诗中也常将理想中的男子形容成“玉人”。如《寄珉笛与宇文舍人》诗中有“寄与玉人天上去，桓将军见不教吹”。魏晋时期，风姿特秀的男子也用“玉”来形容，如山涛称嵇康“岩岩若孤松之独立，其醉也，傀俄若玉山之将崩”。我认为此处“玉人”指韩绰可能更符合杜牧诗的原意。而“二十四桥”，一说是扬州有二十四座桥，一说则专指古时传说的有二十四位美女吹箫于桥上的那一座桥。其次，诗又生动传神地表达了诗人与朋友之间的深情厚谊。“隐隐”、“迢迢”的叠字运用，不仅是写江南如画景色，同时也反映出诗人怀念江南与朋友的似水柔情；而与朋友在诗中调笑，亦可衬出两人之间的亲昵关系，或许这还是他们过去在扬州经历的重温哩。另外，此诗还隐晦地传达出杜牧对自己过去生活的自讽和感喟，使人读来更觉风味特殊。杜牧曾有诗说：“十年一觉扬州梦，赢得青楼薄幸名。”

（《遣怀》）就是对他扬州十年梦幻般生活的反省。但是，不管有反省也好，自讽也好，在杜牧身上，则可看出中晚唐诗风艳情化、柔弱化的趋势。

杜牧此诗明快自然而又俊爽清丽，虽涉艳情但又不轻薄，虚实相合且情韵悠长，内蕴多义而境界优美，读之令人回味不已。今人只要一提起扬州，就会想到杜牧，想到此诗。杜牧留给后人的印象不只是一个浪子回头的文人，更多的恐怕还是他那风流倜傥的才情与潇洒自如的真我形象。难怪今天的扬州人，还真的在瘦西湖重建了二十四桥和那吹箫的美人塑像，这都是小杜诗魅力四射的结果了。

流水无名 常年自清

—— 读储光羲《咏山泉》

山中有流水，借问不知名。映池为天色，飞空作雨声。转来深涧满，分出小池平。恬淡无人见，年年长自清。

储光羲属唐代山水田园诗派，与王维、裴迪常相往来唱和，喜作五言古诗，诗风淡朴自然。他晚年隐居终南山，受佛家思想影响渐浓。

此首五言诗借咏山泉而言说哲理，同时亦暗合佛理。诗以水性来比喻人的自性或佛性。山中之泉水，处处皆是，并无须给它取名，但流水虽无名，而水性固自在，就如世间之人性或佛性遍及众生之身，普通而平凡，故诗人特意称“不知名”。诗人虽用“借问”二字，但并非要去请教流水是否有名，其实诗人早有意图，不过以“借问”来遮掩而已。诗人力写山泉的清静无求而又能包容变化的特性。一眼山泉，它聚集成小池则倒映着天色，静静地袒露着它那包纳天上风云的阔大胸怀；当它奔流飞溅，则激情万丈，可作飞雨之声，充满着无穷的生命活力；它蜿蜒转入深涧之内时可使涧水充溢，永远也流不尽晒不干；而在它分伸出若干小支流时又可使每一个小池平而不亏。更为重要的是，它自守僻静之处，不为人知，不求名利，永葆着长年自清的本性。

唐代诗人受佛教的影响，常以诗言说佛理，并且常借用自然景物来比喻佛理，因为在禅宗看来“青青翠竹，尽是法身；郁郁黄花，无非般若”，故山水自然“无心而合道”，体现着深刻的禅意佛理。储光羲此诗正是取这种表达方式，它歌咏的是山泉的特性，亦是借喻人的清静自性。按佛理而言，人之自性藏于每个人心中并无彰显，是“不知名”的，关键在于你是否觉悟这自性，故禅宗主张要“发明本心”、“明心见性”。人之自性本来是清静的，就如山泉一样常年自清，正如禅宗六祖慧能的偈语所说：“佛性常清静，何处惹尘埃？”又有版本说此偈语为“本来无一物，何处惹尘埃？”我认为前面的说法更符合禅宗的原意。因为“本来无一物”尚带有玄学“本无”派的色彩，其实佛教是言“空”而不言“无”的。此外，人之自性如山泉，又是随缘变化的，大处可包涵大千世界，小处则融进每一处细枝末节。此诗诗骨禅心合二为一，既暗示了佛理，又给人以审美的愉悦，实为山水诗与佛理诗中的精品。

禅宗按中国儒家仁道文化“人之初性本善”来诠释与理解佛性，认为佛性即人之本性，是与生俱来并包藏在每个人心中的，故人人皆有佛性。但是，在我看来人是社会人不是自然人，在复杂万象的社会中，人性受到各种利与恶的诱惑又是会产生变化的。发现人的本心固然重要，但要保持住常年的清静之性，却是需要大勇气和大定力的。抵制“尘埃”的污染，提防利欲的陷阱，是每个想求得清静平安的人都应该做的。我们应仿效山泉的性格，将“小我”融入“大我”，既能使自己每一个细微的贡献为社会服务，又可在为社会服务的平凡行动中充实自己，完善自我，不求闻达，不计名利，默默奉献，就可持有自清的心地，并保持永远。

纯情至爱 知恩图报

—— 读孟郊《游子吟》

慈母手中线，游子身上衣。临行密密缝，意恐迟迟归。谁言寸草心，报得三春晖。

这是一首千百年来一直脍炙人口并能引起读者强烈共鸣、深得大众喜爱的唐诗。这不仅仅是因为此诗表达自然，便于吟诵，更在于它写出了世界上一种最伟大的情感——母爱，同时还反映了人类一种最基本的德行——感恩。

孟郊的诗风本是偏向于幽僻、怪奇、清冷、苦涩的，他的诗风与贾岛的奇僻幽峭相近，被后人称为“郊寒岛瘦”，而他的这首古体乐府诗却质朴自然，明白如话，几近于原生态的展示。此诗虽用语浅显，却因用情至深，能深深叩击读者心弦而引起共振；虽抓取的是平凡小事来描写，却能以小见大，寓含深刻哲理。要说孟郊诗思奇峭，此诗以平凡语写平凡事而能出不平凡之思，大约也可见出孟郊的“苦吟”之功吧。

此诗是诗人担任溧阳尉时所作，原诗诗题下还有诗人的自注“迎母溧上作”。孟郊前半生穷困潦倒，直到四十六岁才进士及第，五十岁才任溧阳尉。多年的游学在外，苦苦求进，不知有过多少次的母子离别，也品尝过不少人世间的世态炎凉，集多年的生活体验，孟郊写出了此诗，发自内心地歌颂母爱亲情。

诗抓取的是一个极为典型的细节来描写一个母亲的至情大爱，那就是为子缝衣。唐诗中写“捣衣”的诗较多，那多是写女子为戍边的丈夫准备寒衣的典型行为；为区别于捣衣，孟郊写母爱则选取的是缝衣的动作。“手中线”和“身上衣”，将母与子联系起来，写出了母子相依为命的骨肉之情；“密密缝”和“迟迟归”，又刻画出了慈母的一片深情和内心的矛盾：孩子还未出行，做母亲的就盼着他早日归来了，但谁又知道孩子会在何时归来呢？唯一的寄托就是将衣衫缝得更结实一点吧。正是从这充满慈爱仁怀的生活细节出发，诗人最后用恰切的比喻，道出了天下儿女们的心底语：要报恩，但儿女们的寸草之心又怎能报答得尽深厚博大的如春天阳光般的母爱呢？诗至此，全篇达到一种母子亲情的融合极点，这种纯情至爱是如此淳厚真挚，又是这般炽烈深长，能深深唤起天下儿女们的深切记忆和浓郁真情。

想当今独生子女社会，慈母怜子之事做得最多最细，但为子缝衣的细节是罕有了，多的是在双休日逼着尚处贪玩年岁的小孩去赶读各种各样的才艺班，或代为孩子去做一切他已经可以做的事，母爱是大了博了，但却唤不起孩子的亲近感和亲情感，有的甚至还引起孩子的反感和怨意。这真是需要父母们好好反思的。而在追求经济利益驱动一切高于一切的不良社会风气中，感恩之心也越来越少存于世人之间，这也是值得警惕的。像深圳歌手丛飞，曾经倾所有之力帮助过需要帮助的人，但在他患重病之时，那些得到过他帮助的人竟然连一点报恩的念头也没有，有的甚至还对他怀有抱怨之意，那真是有些儿“礼崩乐坏”啦！学会感激，常存感恩之心，人与人之间才能相互沟通，相互理解，社会也才能变得更和谐美好。这也是全社会需要认真反思并加以践行的。

孤高淡泊 绝俗清寂

—— 读柳宗元《渔翁》

渔翁夜傍西岩宿，晓汲清湘燃楚竹。烟销日出不见人，欸乃一声山水绿。回看天际下中流，岩上无心云相逐。

柳宗元此诗作于他被贬永州（今属湖南）时期。政治上的失意使他精神极为压抑，他便在山水中寻找寄托，亦在诗文中予以宣泄，借以抒发其苦恼郁闷和孤愤的心情。他著名的山水游记《永州八记》作于此时，《渔翁》、《江雪》等山水小诗也作于此时。

此诗刻画了一个在青山绿水之中独往独来、自歌自赏且颇具孤高意味的“渔翁”形象。清晨时刻，沉睡的群山在晨光中苏醒，清澈的江面薄雾飘荡，夜宿西岩的渔翁生起了炊烟。这是一幅非常淡雅的画面，而在这淡雅的背景中诗人又推出了一个特写的高洁的渔翁，看，他汲的是清湘，燃的是楚竹，一股超凡绝俗的气息便开始笼罩于全篇了。但是，等到炊烟以及江上的淡薄云烟一道散去，渔翁却不见了，空旷的江面上和静默的青山间只回荡着渔翁离去时的橹桨声和棹歌声。这就好像电影中的一个长镜头，渐渐推出的青山绿水的画面伴随着的是划船与棹歌的画外音。这又是一幅颇为清寥而又有几分神秘的场景：闻声睹烟而不见人，疑是高人；一声棹歌隐形而去，而山水顿时变得绿起来，这就更可视为高人了。其实，这山水之绿是因为烟散之后呈露出来而显得绿起来的，与棹歌声并无直接因果关系，但诗人这一巧妙的结句法却使诗句变得陌生化起来，令人产生了惊异感，诗意也陡然变得丰腴而深邃起来。此时，渔翁已划舟顺江而去，诗人最后又将镜头推到天边的岩石上，只见岩上白云缭绕，自由舒展地飘动着，一种闲适但又孤独的情趣在天地江流之间流淌，静静地渗透进读者的心田间。

此诗可谓是诗中有画，画中有诗，画中有乐，诗乐画融合所创造的淡雅、孤洁、清旷、寂寥、悠长的境界具有丰富的审美价值，读之感觉余味无穷。

中国古典文学传统中“渔父”的意象是非常具有深意的。最早在《楚辞》中，就有《渔父》一篇，虽记述的是有关屈原的传说，但却第一次推出了代表不满现实但又逃避现实、玩世不恭但又佯狂若愚的隐者与智者形象。与屈原的坚贞不屈和刚直不阿相比照，渔父是主张明哲保身、与世推移的，在全身的同时也放弃了理想与追求。柳宗元写渔翁虽有几分自况的意味，但他所创造的这一艺术形象对中国诗歌艺术王国却贡献良多。其《江雪》一诗中“独钓寒江雪”的渔翁形象可以与《渔翁》一诗中的形象合而观之，二者可相互补充。在经历过“安史之乱”以后，中唐社会的整个情绪变得逐渐消极起来，加之政治争斗的激烈，诗人们抒写隐逸的情怀多起来，并逐渐形成了一种创作倾向，除柳宗元的《渔翁》之外，像张志和写的令词《渔歌子》五首，问世后不仅和者甚众，流风还远及东瀛扶桑。

诗意浓郁 空灵清迥

—— 读张继《枫桥夜泊》

月落乌啼霜满天，江枫渔火对愁眠。
姑苏城外寒山寺，夜半钟声到客船。

这是一首流传甚广的唐诗，老幼皆耳熟能详。张继此诗之所以能流传开去，其一在于它描写了多个充满极富诗意美的意象，其二在于它创造了一种空灵清远的境界，其三在于它蕴含着深沉含蓄的情感。

诗前两句十四个字一下就推出了六个意象。落月虽点出的是时间，但创造的是一种氛围：光线的幽暗和静谧的环境；乌啼则进一步以动来烘托这种静，使夜半时分更显得凄清；霜满天又深入写夜半的寒意，同时也暗写了诗人的心理感受，仿佛满天霜华笼罩于夜泊的小舟。诗一开篇就将这种月落夜深、繁霜弥漫的幽寂清寒写了出来，为下句游子愁绪的拉出作了极好的铺垫。江枫的意象使人联想到秋的悲情，恰与“愁”相衬映；渔火星星点点，闪闪烁烁，仿佛旅人的思绪飘浮不定；愁眠则正面写客子的愁绪，用“对”字则有了主客交融的意义。羁旅之愁虽是无数诗人都写过的意象，但在面对如此引起人离情羁思的幽清环境中久久不眠，这种“愁”也是极富诗意的轻愁，能唤起人旅行经历的无数回忆。

诗后两句更用姑苏城、古刹、钟声和客船的意象来加深这种诗意美的抒写，使诗更具空灵的神韵。姑苏古城从吴越历史走来，已载有厚重的文化积淀。寒山古寺本名枫桥寺，建于梁代，因有名僧寒山居住过而改名，从此就变得更为著名。而夜半闻钟，既是写钟声记记敲打着诗人的无眠，加深着诗人的思考，同时也嵌入了诗人的宗教情思。佛教中有闻钟而开悟的说法，认为钟声之响，能唤起人对佛性空理的理解，能引人进入纯净怡悦和忘尘超俗的境地，因为佛经里说世界之空如光如影如响，是虚空不真的。张继写这佛门钟声，也是要给这长夜难眠的灵魂一些安慰和解脱，他或许是说：何必如此愁苦呢？又何苦如此为名利奔波呢？人生不过如行客，随客船漂移就是。钟声击破夜色，又唤醒迷途人，将客子深夜难眠的心灵引向了一种空远的境界。

张继此诗为不少读者喜爱，自然是喜欢他所创造的物景与意象，欣赏并理解诗中所透露出的含蓄情感，他所创造的文学意象还被当代流行歌曲作词家陈小奇的《涛声依旧》全盘接受并加以转换，融进到一种对昔日美好感情的怀念与追忆之中，并巧妙地表达出某种淡淡的失落与哀伤。有意思的是，陈小奇多夹进了一张“旧船票”，还要傻傻地询问能否登上旧日意中人的“客船”。这真是“此情可待成追忆，只是当时已惘然”。如今，寒山寺内游人如织，枫桥江畔画船勾连，人们游寺赏景之时更多的是欣赏张继诗留给后人的审美愉悦，而不再有什么愁啊苦啊的，就连寺内的钟声也变成了平安、健康的祈望。据说，日本游客很喜欢在新年之夜到寒山寺来听半夜钟声，他们把这钟声与祈祷世界和平联系在一起，这钟声的意义已远超出张继诗的范围。我倒是希望这和平钟声能永远敲响下去，成为一种更为美好更为高远的人类共同诉求。

心灵契合 浑然天成

—— 读无名氏《菩萨蛮·平林漠漠烟如织》

平林漠漠烟如织，寒山一带伤心碧。暝色入高楼，有人楼上愁。　　玉楼空伫立，宿鸟归飞急。何处是归程，长亭更短亭。

此词宋人将其归为李白所作，但比较同一曲调的敦煌曲子词，从语言、韵调和意境上看，都表现得相当成熟，当为晚唐以后无名文人所作更妥。而且在现存的古本李白集子里，也未见收录这一作品。

词写的是深秋暮色之景，但却渗透着词人浓浓的思归之情。词的起句就在暮色烟霭的描写中融进了词人的心情，营造了一种惆怅落寞的气氛，这种气氛笼罩着全篇，使整首词都浸染在一种愁情离绪当中。全词的结构也如同这如织的烟色，处处都传达出一种思归的愁绪，如令人伤心的寒山，漫入高楼的暝色，急飞归家的宿鸟，迎来送往的驿亭，相互交织又相互映衬着一个词“归愁”。从词人的视角上看，“有人楼上愁”是本词的中心。词先不讲高楼上的人，而先叙人从楼上望到的景色，以勾起人伤怀的暮景再带出伤景的人。下阕承上启下先写玉楼上的人，但后几句又都是写引发人产生“归程”之思的景物。全篇的结构呈网状，景情交织，句与句之间紧密相扣，各句间含义也相互交织，创造了一个浑然天成的意境。

词借暝色的描写表达了一种人与自然的生命呼应和心灵契合。按照人类学家、美学家卡西尔的说法，人与大自然之间相互存在着一种生命的节律感和认同感，一年四季，春之灿烂，夏之热烈，秋之肃杀，冬之收敛，都会使人产生相似的感应，而一天之中的黄昏，日之陨落，牛羊下山，人的情绪亦会呈低落状态。“暝色入高楼，有人楼上愁”正是这种生命感应的体现。一个“入”字表现了词人将大自然视作有生命感的主体，也恰切地表达了人的情感节律与自然节律的相互呼应。“宿鸟归飞急”，则是以动物的生命节律衬托出自然规律的不可抗拒，它表明大千世界，冥冥之中，人、动物、宇宙都在按同一种生命的秩序感在律动。“何处是归程，长亭更短亭”仍然是在以人创造的某种秩序感去强化这种灵魂无驻的伤痛感。古代驿路，十里置亭为长亭，五里置亭为短亭，亭虽为行人休息之地，但也是执手相看泪眼的饯别之处，漫无尽头的长亭短亭，正如人心灵无法安顿的羁程，山长水阔，迢递绵延。古人正是在这种面对黄昏的生命体验中表达着对大自然生命节律的感应、对人生命运的感叹以及对精神寄托的追求。可惜的是，在今日的都市中，忙忙碌碌的人们已失去了这种对自然节奏律的感应，“石屎森林”般的高楼大厦遮挡住了落日余霞，挤在汽车铁壳中急着归家的人们，在堵车的路上心如火燎，伤心倒不伤心，但心却有些麻木了，一句话：无所寄托，身心俱累。急着归家的人们又何尝不丧失了精神上的家呢？

梧桐夜雨 点滴入心

—— 读温庭筠《更漏子·玉炉香》

玉炉香，红蜡泪，偏照画堂秋思。眉翠薄，鬓云残，夜长衾枕寒。 梧桐树，三更雨，不道离情正苦。一叶叶，一声声，空阶滴到明。

温庭筠是晚唐著名的诗人和词人，本不属“花间派”范围，因词多描写闺阁情思并呈浓艳香软风格，被后人称为“花间词派”的鼻祖。

此词以孤寂凄凉的环境来写相思妇女的愁肠苦泪和对孤独的感受。词的上阕重在写相思之人，但词的开始却以写她所居住的环境来烘托相思人的离愁别恨。画堂之内，悄然无声，玉炉香转，时间在一点一点艰难地消磨着，在陷入相思苦的人眼中，红烛似乎也懂人意，在替人垂泪，秋日的斜阳无言地陪伴着相思人在发呆。当写到人时，词人则以写相思人的憔悴容颜来进一步刻画她所受到的折磨之苦。看，她眉间的翠色已淡了，也懒得再画，鬓发残乱了也顾不上去梳理，在漫漫长夜更漏徐行之中她拥着被子枕着孤寒而不能入睡。词的下阕则重在写人的心理感受，当然也是以环境来烘托的，并将相思苦情推向了高潮。三更夜雨，敲打着梧桐枯叶，更衬托出孤寂的苦味。这一夜相思人就听着雨声直到天明，无尽的雨声就如同无限的相思情滴滴入心，淌不尽的雨声就如同流不完的相思泪，令人肝肠俱断。

此词上阕突出的是感官享受，有玉、香、红、翠、画堂、鬓云等，偏在表面的描写，在意象上也是密不透风的，而下阕却重在写心理感受，是深入人的内心的，在意象上却是疏朗的。这种前密后疏的结构，正好符合相思人思绪的进程，因为相思之苦苦到无法言说时，就化抽象为具象，附着在无尽的雨声之中，化为长相思而刻骨铭心了。

此词牌名更漏子，是因温庭筠词中多咏更漏而得名的，而用此词牌名来写相思愁则非常恰切，因为只有孤寂无眠的人才会去注意时间，更漏如愁绪一般撕扯着人的相思心肠。温庭筠还在此词中将“梧桐夜雨”意象加以了定型化，使其成为引起人悲伤凄凉之感的代名词。唐代白居易之《长恨歌》写唐明皇与杨贵妃的悲剧，中间就用了“春风桃李花开日，秋雨梧桐叶落时”来作为环境衬托，而温庭筠则进一步增添了“梧桐夜雨”的感情积淀，使雨滴梧桐与离人的感情紧密融合到了一起。这种以雨写离情的写法也对以后词人产生着深远的影响，如李清照的“梧桐更兼细雨，到黄昏，点点滴滴。这次第，怎一个，愁字了得”！刘过的“一枕新凉眠客舍，听梧桐疏雨秋风颤”，蒋捷的“悲欢离合总无情，一任阶前，点滴到天明”。

“花间词派”的词之所以能留在文学史上，并不在它写了香艳，更重要的在于它写了人间最难抹去的一个“情”字。天不老，情难绝，更何况在男女授受不亲的封建社会中，词人大胆抒发男女的相思之情和恋情，更是需要一些勇气的。正是在抒写人情之美人性之美的意义上，温庭筠在词史上也是配得上始祖这个称号的。从今日的生活看，男女恋人尤其是夫妻之间如果迫于工作的压力或外在环境的因素而忘却了相思，相聚时无爱，离别时也无情，倒是不如多读读这样的词，以避免手拉手时出现“好像左手拉右手”的别扭与寡情了。

江南魅力 故园情怀

—— 读韦庄《菩萨蛮·人人尽说江南好》

人人尽说江南好，游人只合江南老。春水碧于天，画船听雨眠。　垆边人似月，皓腕凝霜雪。未老莫还乡，还乡须断肠。

韦庄生活在唐末与五代的动乱时期，此词以写江南的美好表达了词人对平安、宁静生活的向往以及对故乡的深情眷念。

词的起首就直切主题，以别人的口吻道出对江南的赞美，而作为游人的词人更进一步推进了这一认识：江南不仅可游可观，而且还应该在此居住终生。词人用一“老”字将江南的魅力推至顶峰，表达了他对江南美丽诱人风物的认同。接着词人解释了这种认同的原因，就在于江南有美好的风景、宁静安逸的生活以及如月似雪的美人。词人正是抓住这最能代表江南水乡的三大特征写出了诗意江南、悠闲江南、魅力江南。词人的优美想象为我们创造了一个令人向往与陶醉的水乡世界：江南秀水，河流纵横，池湖交错，碧绿胜于蓝天。多么富有诗情画意的江南。江南物丰民安，楼台烟雨，轻歌曼舞，人们可以闲卧画船听雨而眠。多么悠闲宁静而富有意境的江南。江南人美，有道是“越女天下白”，看，连垆边卖酒的姑娘也是那样白净，如霜似雪，就像挂在天边的月亮那般晶莹亮丽。多么富有魅力而令人流连忘返的江南。但是，尽管词人笔下的江南如此美好而具有诱惑力，但词的最后两句词人还是在貌似不愿还乡的正话反说中传达出了他对故乡的难以忘怀之情。在词的前面词人盛赞他乡之美，并认为应该在此终老，但结尾又突然冒出“未老莫还乡”（言下之意老了还是要还乡）的矛盾语，再加上“还乡须断肠”一句的凄楚，就更衬托出那正处于动乱之中的故乡中原在词人心头的分量与地位。联系到他的另一首词《菩萨蛮》里所说的“洛阳城里春光好，洛阳才子他乡老”来看，他是十分留恋故乡的，只是因为中原沸乱他才不得不飘泊异地，对要老于他乡他是极不情愿但又无可奈何的。

江南之美，古来皆赞，唐代白居易曾有词《忆江南》写出江南水乡绚丽迷人的风景：“江南好，风景旧曾谙。日出江花红胜火，春来江水绿如蓝，能不忆江南？”白居易咏江南，是因为他在江南当过地方官，已把江南作故乡，故用“忆”字来表达怀念；而韦庄赞江南，则只是作为一个游人的认同，“游人只合江南老”亦可看做是不能还乡的无奈之举。他的赞江南，实是为了思念在北方的故乡，在盛赞江南美好安逸的背后深藏着怀乡的凄苦和悲伤，这不能不令人潸然泪下，这正是此词诗意醇厚，能深深打动读者的关键所在。江南的人情世故，江南的风花雪月，江南的绰约风姿，江南的喜怒哀乐，有着太多的文化积淀。从河姆渡到吴越争霸，从东晋的世族南迁到大运河的开凿，江南逐渐成为了富足安闲的生活象征，成为了清风雅韵的文化象征，无数文人士大夫为之倾倒、迷惑并进而融化，中国文化因有江南而变得空灵秀美而富有情韵。读韦庄此词，我们会为我们的国家拥有山水秀美的景色江南和底蕴深厚的文化江南而自豪，同时我们又更会为词人那对故乡的赤子情怀所感动。一个不爱自己故乡的人，想要他爱国那是不可能的；只有深爱自己故乡的人，他才能去爱戴与守护祖国的山山水水、一草一木，才会对祖国的山川风物充满爱意与激情。所以，电影《上甘岭》中苦守阵地的志愿军战士才会为唱起《我的祖国》而热泪盈眶。这首歌中就写到有故乡的大河、稻香、白帆，还有那像花一样的姑娘。惟其如此，韦庄此词表达的“我爱江南，我更爱故乡”的意义，是我每每读之都会为之慨然而思的。

征鸿寄意 谁与凭栏

—— 读王禹偁《点绛唇·雨恨云愁》

雨恨云愁，江南依旧称佳丽。水村渔市，一缕孤烟细。 天际征鸿，遥认行如缀。平生事，此时凝睇，谁会凭栏意？

此词为王禹偁中进士后被授官而知长洲县（今属江苏）时所作。经历过晚唐五代的割据纷争，北宋王朝终于建立而趋安定。作为出身清寒而少有大志的新锐，王禹偁自然抱有功名事业的希冀。此词就寄寓了他的这种抱负。

词记下的是诗人登高望远的感怀。江南多苦雨愁云，自然会影响人的情绪，但并不损害江南水村的秀丽景色。这看是实写，却也隐含着作者的历史感受，即经历过晚唐五代的战乱风云，江南佳丽之地依旧繁华和美艳，诗人轻轻一笔将这沉重的历史一页翻带过去，正反映出他少年得志的意气风发。诗人看江南佳景，却不重繁华都市，重的是水村渔市，这既是他在长洲的实见，又是在铺写他志向高远的背景；由这水村渔市的旷，才见出下片天际的征鸿；由这一缕孤烟的直上，才衬出他后面的“谁会凭栏意”的孤寂和高标。诗人登高所见，也见出与常人的相异，平常人见鸿雁行伍，引起的多是归思愁意，而在诗人眼中，鸿雁阵列，却似出征的将士在奋翅高翔。在“孤烟”与“征鸿”的勃勃生气中，诗人凭栏凝望，心潮起伏，表达了他济苍生建功业的平生志向和难以找到知音的怅然感慨。

王禹偁的感慨使我们想到了唐初诗人陈子昂的“念天地之悠悠，独怆然而涕下”的千古感叹，他们的志向都是高远的，但又都有知音难遇、才志难伸的悲戚。但不管怎样，他们是有勇气有志向的先驱者，是中华民族文化的脊梁骨。想想软弱的南唐李后主，失去江山后，连登高也失去了勇气，“独自莫凭栏，无限江山”。只能在梦里回忆昔日的欢悦，“梦里不知身是客，一晌贪欢”。王禹偁的凭栏抒怀，将悠远的空间眺望化为对个体时间（建功立业，名扬千古）的渴望，这种对永恒生命的沉思让人肃然起敬。而这种伟大的孤独感的抒发形式，又影响到有宋一代词人，成为他们仿效的对象和表达的套语，如辛弃疾《水龙吟》中有“落日楼头，断鸿声里，江南游子。把吴钩看了，栏杆拍遍，无人会，登临意”。柳永《蝶恋花》内有“草色烟光残照里，无言谁会凭栏意？”

让人扼腕叹息的是，陈子昂之后是盛唐的崛起，而王禹偁之后却是北宋的迅速衰败。北宋的冗兵冗政导致国力衰竭，外不敌强敌，内部的改革又屡屡夭折，激不起士大夫们的进取之心。宋人的怀疑精神、理性精神虽然上升了，但在进退之间却愈来愈缩回到以退为进和退守内心的一面。论北宋的经济实力，当时远胜于北方的女真族，但由于政治体制的臃肿和改革的艰难，屡屡让有识有才之士徒怀报国之志，最后使整个王朝败于外敌之手，这委实是值得今人深思和反省的。我们要开拓创新，实现民族文化的伟大复兴，应该给人才以自由发展的空间和机会，而不是让他们叹息着重把栏杆拍遍。

芳草斜阳外 酒入相思泪

—— 读范仲淹《苏幕遮·碧云天》

碧云天，黄叶地，秋色连波，波上寒烟翠。山映斜阳天接水，芳草无情，更在斜阳外。　　黯乡魂，追旅思，夜夜除非，好梦留人睡。明月楼高休独倚。酒入愁肠，化作相思泪。

范仲淹为宋初名臣，出将入相，皆有功绩，其名文《岳阳楼记》显示出他那忧国忧民的博大胸怀，词《渔家傲·塞下秋来风景异》既透露出将士边功未就、故里难归的悲慨，也表达了对宋朝边地形势的深深忧虑。而在这一首《苏幕遮》里，乡思、相思、愁思，无不寄寓着这位将军诗人对亲人、对国家的一片深情，同时也反映了他内心深处的悲凉。

词的上片写秋光之景，并以景带出乡思别恨。苍穹湛青，云舒风卷；广袤原野，黄叶遍地。以如此阔大无垠的天地作为秋思乡愁的背景也只有在这位具有旷远胸怀的将军笔下才会出现。诗人又将视野延伸到那浩浩淼淼的秋江，烟波笼罩，秋水悠悠，连绵翠色的寒烟更增添伤秋的迷蒙与凄凉。“山映斜阳天接水”一句承上启下，既将天、地、山、水四者融为一体，尽写秋景的凄清冷落，又将斜阳、芳草与怀人勾连成一块，使诗人的主观情感浸染目之所及的秋色，向下片的抒情自然过渡。诗人虽言“芳草无情”却恰好反衬了他的深情。自古以来，怀人之情本与芳草构成比喻，但此处诗人却故意反说芳草不领情意，则更是愁上加愁了。南朝的江淹曾以江南“春草碧色，春水绿波”来衬写送别的感伤，而范仲淹则开启了以碧云、黄叶、芳草、斜阳来写离恨的新技。

词的下片写怀人之思。乡魂、旅思让人黯然销魂，且紧随人难以抹去，除非人有好梦才可安然入睡，“除非”二字更从反面说明了思乡怀人的深切。明月皎洁，诗人因旅思而难安眠，但也不敢独自倚楼赏月，怕更增怅惘之情。为了消愁，诗人只好喝酒来排遣吧，但却是“酒入愁肠，化作相思泪”。这后一句将“黯乡魂，追旅思”的感情进一步推到了极至，也使上片的伤秋之景与下片的怀人之情贯通一气，写出了诗人因思归怀亲而整日地不安和愁极。

此词极写将军的柔情，也是宋人的柔情。宋代文人，对从晚唐至五代一百多年的纷乱争斗进行冷静地思考，心里逐渐升起一种厌倦感，故作品低沉失落的情绪渐多。在感到无法改变外部社会的时候，就更趋于向内心深处的开掘，也更倾向于对女性抚慰的向往。故在范仲淹的《渔家傲》那里就已失去唐代边塞诗的豪迈与旷达，在这首词的结尾也出现了一位呼之欲出的佳人倩影。

宋初词的风格多为柔媚婉约，又多在游子思妇之间攫取题材，男女情爱、个人情思渐成为词之专利，伤春悲秋、怀人伤世触目皆是，但这些恰恰更能说明宋代文化与唐代文化的分型：唐重外，宋重内；唐讲气势雄浑，宋讲韵味曲包；唐人像青春少年热情奔放，宋人是成熟中年沉思凝重，即使在艳情中穿行，也是深情多于轻佻，伤感多于欢愉。阅读宋人，我们更多的是进入他们的内心世界，欣赏他们的理性思考，体会他们独特的人格风神和艺术韵味。

吊古伤怀　溯史感慨

—— 读柳永《双声子·晚天萧索》

晚天萧索，断蓬踪迹，乘兴兰棹东游。三吴风景，姑苏台榭，牢落暮霭初收。夫差旧国，香径没、徒有荒丘。繁华处，悄无睹，惟闻麋鹿呦呦。　想当年、空运筹决战，图王取霸无休。江山如画，云涛烟浪，翻输范蠡扁舟。验前经旧史，嗟漫载、当日风流。斜阳暮草茫茫，尽成万古遗愁。

我们熟知的柳永多是在依红偎翠中歌舞寻欢的形象，他多创制俗艳词曲，抒写恋情、离情、愁情等私己之情，并常将这些感受与他因功名失意的牢骚联系在一起，情调缠绵悱恻，难逾个人范围。但此词却别具一格，吊古评史，视野宏阔，虽也有不如隐去的消沉，但笔力苍劲，意象壮阔，几近乎豪放词的格调。

词先说他如无根的断蓬漂泊不定，乘船游历三吴胜迹。继叙他在晚秋萧索之间，登姑苏台上将稀疏的暮霭和暮霭中的姑苏遗迹尽收眼底。远眺吴国夫差所统辖的旧地，著名的采香径已被荒草湮没，处处是一片荒丘。昔日繁华胜地，人声远逝，悄无声息，只听到山间的麋鹿在鸣叫，果然证实了当年伍子胥进谏被拒，放言国将亡亭将废而麋鹿将游姑苏台的预见。词人虽是写景，却隐含着世事已迁、陵谷变幻的历史悲痛。词的下阕则着重抒发历史感喟。想当年七国争雄，吴越两国为图霸业用尽心机，争战不已，但到头来人去物非，尽被历史浪涛所淘汰，反不如范蠡识时而退，乘扁舟而逝五湖，尽享云水之乐。诗人由此而验证，经书史籍所载的当日风流都是幻漫难定的，昔日的亭台楼榭与荣华富贵只剩下斜阳暮草，留给后人去凭吊，引发思古之幽情而已。

在这首词里，诗人已超越他个人的羁旅飘泊和仕途失意去思索朝代的更换和功名利禄问题。他曾写过《望海潮》的词，对有“三秋桂子，十里荷花”的繁华都市杭州作过饱蘸激情的铺写，“市列珠玑，户盈罗绮，竞豪奢”，但在游历过姑苏遗迹之后他却对繁华掺进了更多的理性思索，其视野笔势都变得雄阔起来。“江山如画，云涛烟浪”，个人在历史面前一相对照就会显得何等渺小。从柳永的词我们想到了苏轼，他的《念奴娇·赤壁怀古》的词境不也有柳永的影响吗？苏词的结尾不是也渗透着他那“人间如梦”的消沉吗？看来，婉约与豪放并不是截然分界的。柳永的这种叙写模式也影响到后世戏曲中的吊古之词，如孔尚任《桃花扇》中的“哀江南”套曲，凭吊南京城的明朝遗迹也多是利用今昔反差的比照写法。

宋人对历史的感伤渐浓，对现实的境遇就愈益不满，对前途与未来则更感到失望，精神信仰的丧失就会导致历史的虚无和现实的虚妄，“多少六朝兴废事，尽入渔樵闲话”（张昪《离亭燕》），“世事一场大梦，人生几度新凉？”（苏轼《西江月》）好在宋人还能把持住内心的坚守和修养，并且在日常生活中寻找到了诗意，洁身自好，以道抗势，在维护人格独立和建立自由意志方面获得了新途。苏轼、辛弃疾等诗人正是在原则坚持中固守着人格，在自由意志追求中走出虚妄和消沉的。阅史令人清醒，柳永在追溯历史的思考中实现了人格的提升与飞腾。

山长水阔　境高韵远

——读晏殊《蝶恋花·槛菊愁烟兰泣露》

槛菊愁烟兰泣露。罗幕轻寒，燕子双飞去。明月不谙离恨苦，斜光到晓穿朱户。　昨夜西风凋碧树，独上高楼，望尽天涯路。欲寄彩笺兼尺素，山长水阔知何处。

这是晏殊一首以摹拟女性声口来写伤离怀人的情词。古代诗词中，男性作家常代女性立言，摹拟女性的心理和声态来写离情、闺怨、爱情等。揣摹、代言，自魏晋以来沿习已久，逐渐成为了一种文学习惯。在宋代，由于词的题材的缘故，这种文学习惯更是进一步扩大和延伸。

此词先写思妇眼中的景物，视线由外至内。门槛外的庭院中，秋菊在清晓时蒙罩着一圈圈淡淡的烟霭，仿佛含愁低垂；兰叶上沾着一粒粒晶莹透亮的露珠，仿佛含怨低泣。室内悬挂的罗幕也无法抵御这秋凉寒意，连寄宿在屋檐下的燕子也双双飞将而去，将主人孤零零地撇在屋内。偏有那残月不懂离人之苦，从夜到晓将斜光投射到屋内来，害得主人公彻夜难眠。“愁烟”“泣露”是离人心中怨情的投射，“双飞”是离人的触景生情，衬映出思妇的孤单，“不谙”则包含着思妇的埋怨，竟然将自己愁情的无处排遣怪罪于无辜的明月，无理之语反映出离人心理上正处于非正常的状态。词的下片继写思妇的行为与愿望，视线由近及远。思妇独上高楼怀远，只见昨晚西风骤起一夜之间将楼前的碧树吹得凋零残败，思妇的怀人之心也随着远行道路延伸至天之尽头。“独上高楼，望尽天涯路”将抽象的思念之情化为远行的道路、行人的脚步、天涯的云彩，绵绵千里，漫至天涯，揭示出思妇对远行人的笃情深意。这种化抽象为具象的表现手法在宋词中常有体现，如欧阳修的“平芜尽处是春山，行人更在春山外”（《踏莎行》），秦观的“韶华不为少年留，恨悠悠，几时休？飞絮落花时候一登楼。便作春江都是泪，流不尽，许多愁”（《江城子》），史达祖的“只匆匆眺远，早觉闲愁挂乔木”（《八归》）等。思妇早已想给远游之人发出寄托着无尽思念的书信，但山长水阔却不知佳人身在何处，这离愁又愈加深重，难以释怀。

晏殊此词虽以女性声口抒怀，但无意之中却透露出男性的口气，表现出士大夫忧生叹世的苍凉感，“凋碧树”和“望尽天涯路”体现出一种骨力和阔大的气象，“山长水阔知何处”还进一步扩展了这种气象，将怀人的愿望托付于远方和未来，并非形成无助的悲哀。他还在诗《无题》中创造了类似的境界：“几日寂寥伤酒后，一番萧瑟禁烟中。鱼书欲寄何由达，水远山长处处同。”正是因为这种寥廓苍茫的高远词意和雄阔的气魄，晏殊的怀人之词才更能令人怦然心动。晚清词论家、美学家王国维十分赞赏“昨夜西风凋碧树，独上高楼，望尽天涯路”，还将其比为古今成大事业、大学问之第一境界。

词人写了金菊的愁容、幽兰的泪珠、月光的孤独和西风的凌厉及其所带来的惆怅，虽都含有孤苦凄美的意义，但在词的结尾却因有登高望远的雄视而化解掉了。其实，在人生的无尽追寻中，面临孤独，面对挫折，我们又何尝没有过伤感、没有过困惑？如果我们囿于个人狭小的空间，或许只能愁容满面，暗自落泪。但只要你对理想的追求和信念未灭，又能站在更高的视野上去看人生，以你的拼搏去博取人生，未来将是山长水阔。古之成大事者又有谁没有经受过西风的无情摧残呢？他们并不心灰意冷，孤独前行，紧盯目标，哪怕目标远在天涯也从不放弃。孤独者又是勇敢者，关键不要被孤独所吞噬，所泯灭。走出孤独就是明丽的水阔山长。

举首高歌　逸怀浩气

—— 读苏轼《水调歌头·明月几时有》

明月几时有？把酒问青天。不知天上宫阙，今夕是何年。我欲乘风归去，又恐琼楼玉宇，高处不胜寒。起舞弄清影，何似在人间！　　转朱阁，低绮户，照无眠。不应有恨，何事长向别时圆？人有悲欢离合，月有阴晴圆缺，此事古难全。但愿人长久，千里共婵娟。

这是苏轼在外放密州时的望月怀人之作，词里原有小序道：“丙辰中秋，欢饮达旦，大醉。作此篇兼怀子由。”子由是他的弟弟苏辙，他们二人手足感情笃深，苏轼曾多次写诗、词念及他或者和他的诗。

中秋之夜，诗人追问青天明月，感慨人际身世，引发出许多的遐思和感喟。诗人中秋赏月，并不只在欢娱，欢饮酣醉之后却激荡起对月对天对人世的追思与探寻：明月起于何时？今夜天宫又是何年？这虽然是承接李白《把酒问月》一诗的询问而来，但却又发展了李白的思考，将天上与人间的时空连到了一起，故产生了“我欲乘风归去”的遐想。“归去”二字表明自己本是天上仙人，只不过现在被贬谪人间而已，这一方面反映出苏轼的自视清高和对现实社会的不满，另一方面也透露出他思想中早已有了神仙思想的基因。不过，在生活中苏轼并未完全躬身践行，相反他采取了积极乐观的应对态度，此词亦是如此，刚产生“归去”的念头就收住了。“又恐琼楼玉宇，高处不胜寒”，诗人尽量要找出不归去的理由，并表达自己热爱人间生活的愿望，“何似在人间”以毫不迟疑的肯定语气显示了他留在人间的决心。从“我欲”到“又恐”再到“何似”，十分真切地展示了他心理与感情的开合转折与波澜起伏过程。

诗人从对月的幻觉回到现实，首先想到的是人间离别的痛苦。月照无眠，是因为他在佳节不能与亲人团圆。他怨月怪月，但很快又自我释怀，给出达观的回答，从人事与自然自古以来就从无完满的普遍规律中得到了豁达的解脱，并对千里分离之人突破时空限制共同享受明月清辉的爱浴表示了美好的祝愿。“但愿人长久，千里共婵娟”将人追求长生的难以实现与可以共享明月的快乐巧妙地并置起来，从而在超越时空限制、化解时空对立上实现了艺术性的升华。

词境中的清寒世界虽然是素朗纯静的，但诗人却道出了它不可久居的原由，这是一种非常理性的思考。晚唐诗人李商隐也曾表达过这种思索，“嫦娥应悔偷灵药，碧海青天夜夜心”，神仙在天上的孤寂凄冷不是凡人所能忍受的，从人间飞上天宫的嫦娥后悔得肠子都青了。李商隐的诗是暗含规劝，苏轼的词却通过他的选择否定了“高处”的“寒”并肯定了人间的情与爱。与其在高处孤守清寒，对影独舞，不如在人间酣饮，思念手足情兄弟爱，哪怕暂时分离，但也还有再团聚的希望。世界上的事情常是存在悖论的，正如钱钟书的小说《围城》所写：在城外的人想进去，在城里的人却想出来。人生的职业生涯中常会碰到这种选择，居高也有居高的苦处，是需要我们去细心体会并作出理性判断和抉择的。

苏轼在此词中超越一己的喜乐哀愁而探讨了人世间普适性的哲理，也给我们以多多的启示。人是不可事事时时都处于完美中的，完美的事自古以来就难以周全，有月圆就有月缺，圆缺盈亏本就是自然的事情，又何能说明哪是乐哪是悲呢？没有分离又何来相聚的欢乐呢？盈极而亏、乐极生悲、福祸相依，这虽是古老的思想家老子道出的睿智，也是民间老百姓也明了的至理名言。苏轼举首高歌，袒露出了他的豁达胸襟，他所表达的超越时空的乐观愿望又展现了他的逸怀浩气。

骤雨急风后　山头斜照迎

—— 读苏轼《定风波·莫听穿林打叶声》

莫听穿林打叶声，何妨吟啸且徐行。竹杖芒鞋轻胜马，谁怕？一蓑烟雨任平生。　　料峭春风吹酒醒，微冷，山头斜照却相迎。回首向来萧瑟处，归去，也无风雨也无情。

这是苏轼在“乌台诗案”事发被贬黄州时期所作的一首词，词前有一小序，交待了当时的实际情况：“三月七日，沙湖道中遇雨。雨具先去，同行皆狼狈，余独不觉，已而遂晴。故作此词。”但细读此词，发觉苏轼绝非只是描写遇雨的实感，而是借遇雨、不惧雨、从容待雨的过程描写表现了自己对待人生“风雨”的从容态度与豁达风神。

“穿林打叶”的雨声说明风急雨骤，但词人的态度却那么从容不迫，潇洒自得，且吟且啸，徐步向前。“竹杖芒鞋”表明了他着装的轻便与简陋，更重要的还在于他那种冒雨徐行的心情，他认为竹杖芒鞋还轻快胜于骑马，可见他对风雨的无所畏惧。“谁怕？”的反诘正是建立在他面对风雨的态度之上的，“一蓑烟雨任平生”则进一步写出了他的任达与倔强，并将自然界的风雨与人生道路上的风雨联系起来。其中的“一蓑烟雨”既表明词人愿将自己比做农人，同时又暗示他一生顶笠披蓑都出没于政治风雨之中。词换头之后，转入写雨后的景色与感受。早春三月，寒风料峭，经历过急风骤雨的洗礼之后，人变得更为清醒，而在感到微冷之后却又迎来了山头的斜照。自然界的景色尚且如此，人生与仕途的历程又何尝不是这样？雨霁后是天晴，微冷后是太阳的笑脸。正是在这种景色与心情的转换之中，词人回想起刚才所经历的风雨萧瑟，只是淡然一笑，“也无风雨也无情”正表明了他那种随缘自得的宁静心境和旷达的胸襟。

此词之妙就在于，词人表面上写的是日常生活中的风雨阴晴，但实际上却在写他所遭遇到的政治上的磨难，并从中寄寓着深刻的人生哲理：人生历程中总会遇上坎坎坷坷，遭遇些挫折与磨难，但只要能够坦然面对，保持乐观的情绪，就没有过不去的难关。人必须要有坚定的信念与坚韧的意志，要相信骤雨急风后定会有山头斜照迎。尤其在处于人生逆境之中时，更要有坦然、超然、安然的态度。“一蓑烟雨任平生”与“也无风雨也无情”正充分反映出词人面对人生困境和政治风雨的态度：泰然自若，随缘自适，安之若素。当然，“也无风雨也无情”之中也透露出佛教泯灭有无，超然得失，不牵忧乐，不着于怀的处世思想，但正是在这种思想和任运自在的人生态度的支撑下，苏轼才安然地度过黄州时期乃至惠州和最困难的儋州时期。他虽然每每都会有“小舟从此逝，江海寄余生”的念头，但由于有豁然旷达的性格和超脱对待荣辱得失的态度，所以他并未消沉下去，“谁道人生无再少？门前流水尚能西。休将白发唱黄鸡！”（《浣溪沙》）正是由于达观、豪放与超然的人生态度，使得他的词能经常超越一己之得失和现实之困境，从更高更远以及更主动的层次上提升了人生的意义。

天涯芳草在 休为无情恼

—— 读苏轼《蝶恋花·花褪残红青杏小》

花褪残红青杏小，燕子飞时，绿水人家绕。枝上柳绵吹又少，天涯何处无芳草！　　墙里秋千墙外道，墙外行人，墙里佳人笑。笑渐不闻声渐悄，多情却被无情恼。

这是苏轼的一首伤春小词，也是一首有关恋情的小词，可见出词人除有“大江东去”的豪放雄情之外，还有细腻清幽的儿女柔情，同时又体现出他常能在日常生活中处处发现美好事物与人生哲理的理趣。

上片写春去夏至的景色，既营造出春逝难挽的伤感气氛，又表达了对自然界自然更替的理解与乐观其成的情愫。花色暗淡，残红飘零，青杏初结，春去夏来，这正是令人伤春恼春的季节。惜春者面对花褪残红会泫然落泪，挽春归伤春去徒唤奈何，但词人却并不停留在花褪残红的进一步描写中，而是从青杏已露、燕子已来、绿水已临中看到了大自然的生机盎然。这便为整首词奠定下了既写暮春而又不限于凄迷悲苦的基调。这三句既写了时间，又写了地点（人家），同时又为下片的墙外行人、墙里佳人作了铺垫。“枝上柳绵吹又少”看似又回到了春残的描写，但却是在为下句芳草盛长的出场作出陪衬，它暗示着人们应顺其自然接受季节的替换，以更积极的眼光去接受柳绵稀和芳草盛的事实。

下片写与春夏之交时节相关的伤情。夏已至，天已暖，春心萌动的佳人们纷纷出到户外活动。一墙之隔，墙里的佳人秋千高荡，荡出墙头，而被墙外行人看见，又闻得她们的笑语声声，墙外行人不由得心荡神移，浮想翩翩，而产生爱慕之情。但墙内佳人却并不知道墙外还有一位多情的行人，舞罢秋千，翩然归去，只留下那枉自多情的行人在那独自惆怅和烦恼。这种喜剧性全是因为这墙的隔离而造成的，墙外有心，墙内无意，墙外因情恼，墙内开怀笑，“多情”与“无情”、“笑”与“恼”形成鲜明对比，在多情者的恼之无来由与佳人们无意之笑的反差中创造了奇妙的艺术效果。这与其说是佳人们惹的祸，不如说是春心荡漾的季节惹的祸，于是上片的伤春与下片的伤情便自然地连在了一起。

苏轼此词虽写日常生活小景并略涉恋情，但却隐含着生活的哲理，耐人寻思回味。从“天涯何处无芳草”句我们可以觅得人生可以失意一时但不可失意一生的理趣，亦可以找到以开阔的胸怀去对待人世间的风云变幻和自然更替的历史进程的处世态度。失去的，不要再惋惜，惋惜亦徒劳；向前看，定要更积极，芳草无边，前程远大，收获更丰。从“多情却被无情恼”句我们获得启示：人生在许多时候都是自寻懊恼而已。禅家故事中记载，弟子常为不明白佛理是什么而苦恼，师父点拨道：佛理就是“春来草自青”。这便是水到渠成与自然任运的道理。春去春来，情归情逝，这都是再自然不过的事。人多情不奇怪，但既要善于体悟，又要善于放下。不体悟别人的情境心境，自作多情，必然会产生烦恼；产生了烦恼，又不善于放下，就会为烦恼缠绕。有结还得有解，有情还得善悟，人生的许多体累心累其实都是人自己将其背上、结上的。

寄赠友人意 江南春色梅

—— 读舒亶《虞美人·芙蓉落尽天涵水》

芙蓉落尽天涵水，日暮沧波起。背飞双燕贴云寒，独向小楼东畔、倚栏看。　　浮生只合尊前老，雪满长安道。故人早晚上高台，赠我江南春色、一枝梅。

这是舒亶寄赠友人的一首词。舒亶曾在宋神宗时担任过御史中丞等职，曾与李定同做过弹劾苏轼以诗文讥讽新法的事，铸成荒唐的“乌台诗案”。后以罪罢废。舒亶对政敌攻击不遗余力，而对朋友，则满腔深情。其爱其憎，都十分鲜明。后来获罪，亦因思维与性格过于偏拗所致。从这首词而言，因其叙写的感情与意象非常独特，而被读者喜爱。

上片写词人日暮登楼所见。“芙蓉落尽”，点明了时值秋季，“天涵水”，叙写从高处远眺水天相接的景色，又引出思人的愁情。词人见烟波无际，不免客愁立起，再加上日暮黄昏近，就更是愁烟四罩，此情此景，唐人已道：“日暮乡关何处是，烟波江上使人愁”（唐人崔灏诗句）。舒亶虽不言愁，但愁之意象尽含句中，情景交融，在此两句中已呈现无遗。“背飞双燕贴云寒”进一步借物抒情，以双燕相背贴寒云而飞借喻了朋友的别离，并触动起对朋友的思念，在将思愁之情渲染到极至时，才托出正在高楼独眺的主人公。这种自远而近的叙写法，虽常见于登高望远之作中，但此处所写却也有它独特的作用："独"字挑头，既呼应前面所写景物的萧瑟凄清，又向下片孤独惆怅的感慨自然过渡。

下片抒发人生的感慨和怀友之情。词人先以"雪满长安"的意象来衬托人生的孤寂和凄凉心境。"浮生"表明对光阴荏苒、人生虚度的感叹，"只合尊前老"则反映出他借酒销日的郁郁寡欢，"雪满长安道"，则更加重了这种冷寂孤寥的气氛。后两句则是词人对友人的推想，他想象朋友亦会天天登台远望，思念着我，虽然风雪阻道无法相聚，但他一定会折梅相赠，向我报道江南早春的消息。词人既以折梅相赠的典故传达了他与朋友之间的深情厚谊，同时又以江南春色的报春梅聊以自慰，换来可以盼望的未来与欢悦。词以凄清孤寂的叙写为主，但最后以温情的早梅终，以对友情的想象重归人间的温暖和人生的希冀。"江南无所有，聊赠一枝春"，古人的交往与情谊是多么纯净可爱，他们更注重的是精神上的支持和理解，而非物质的、功利的交往。汪伦以踏歌送李白，让李白感到深千尺的桃花潭水也不及这歌声中的情谊；"我寄愁心与明月，随君直到夜郎西。"李白亦将明月寄赠好友王昌龄，以表达他的一往深情。"唯有相思似春色，江南江北送君归。"王维更以浓浓春色比拟对友人的相思浓情，让春色时刻陪伴着友人。"故人早晚上高台，赠我江南春色、一枝梅。"舒亶则翻写了南朝刘宋时期陆凯折梅寄赠范晔的诗句，给人以美好、温暖和纯清之感，读了让人齿颊留香。

以小孕大　怨而不怒

—— 读欧阳修《戏答元珍》

春风疑不到天涯，二月山城未见花。残雪压枝犹有橘，冻雷惊笋欲抽芽。夜闻归雁生乡思，病入新年感物华。曾是洛阳花下客，野芳虽晚不须嗟。

欧阳修是北宋中叶集政治领袖与文化领袖于一身的代表人物，曾是范仲淹主持的庆历新政的积极参与者和支持者。新政失败后，欧阳修被长期外放，其诗歌虽仍然关注民生，但更多为秉承韩愈诗风，议论古今，借对日常平凡事物的观察与描写来抒发胸中不平之意。此诗正是他被贬为湖北峡州夷陵县令时所作，是答正在峡州做判官的同事丁宝臣的，元珍是丁宝臣的字。

首句写夷陵山城的恶劣环境。二月时分在其他地方早就应该花开满眼香气逼人了，但在此地却遍地荒凉，真让人怀疑春风真到不了这也算作是天涯的地方了。诗人表面上是写自然环境的恶劣，实际上却是写政治环境的不善，言下之意是朝廷的关怀怎么就不再远度天涯光顾一下这小城的官员呢？“残雪”、“冻雷”句又借对自然风物的描写表达了他的坚韧意志和傲骨气节。残雪压枝，但夷陵还有鲜美的柑橘可以品味，意即尽管如此，但在山城该怎么生活就怎么生活，并且还要品出美味打破生活的寂寞；冻雷初响，惊醒熟睡的竹笋，它亦积蓄着力量，正要冒出新生的嫩芽，突破严厉的压制。“夜闻归雁”与“病入新年”两句反映出诗人心里的苦闷，流放山城兴起乡思之情在所不免，而这乡思之情又变成乡思之病，面对新年又至物华更新不免要感慨时光的流逝和人生的短暂。

诗末两句诗人虽然是自我安慰，但却透露出极为矛盾的心情，表面上说他曾在洛阳做过留守推官，见过盛盖天下的洛阳名花名园，见不到此地晚开的野花也不须嗟叹了，但实际上却充满着一种无奈和凄凉，不须嗟实际上是大可嗟，故才有了这首借“未见花”的日常小事生发出人生乃至于政治上的感慨。

此诗之妙，就妙在它既以小孕大，又怨而不怒。它借“春风”与“花”的关系来寄喻君臣、君民关系，是历代以来以“香草美人”来比喻君臣关系的进一步拓展。在他的内心中，他是深信明君不会抛弃智臣的，故在另一首《戏赠丁判官》七绝中说“须信春风无远近，维舟处处有花开”，而此诗却反其意而用之，表达了他的怀疑，也不失为一种清醒。在封建朝政中，君臣更多的是一种人身依附、政治依附的关系，臣民要做到真正的人生自主与自择是非常痛苦的，所以他也只能以“戏赠”“戏答”的方式表达一下他的怨刺而已，他所秉承的也是中国古典诗歌的“怨而不怒”的风雅传统。据说欧阳修很得意这首诗，原因恐怕也就在这里。

但不管怎么说，此诗还是让我们看到了欧阳修那坚强不屈的人格和意志以及他对未来充满信心的期盼。如今的时代，毕竟已是政治文明正在起步和逐步建立健全的时代，从追求平等到追求公平、公正以及人的全面自由发展已经成为不可阻挡的潮流。对此，我们亦有充满信心的期盼。

民间观察 政治视野

—— 读王安石《元日》

爆竹声中一岁除，春风送暖入屠苏。
千门万户曈曈日，总把新桃换旧符。

这是王安石在元旦之日的感怀诗。当时他位居宰相之位，正在全国推行新法，此诗正是以欣喜的心情，描绘了新法实行后万象更新、喜气洋洋的景象，同时也透露出他那踌躇满志和志在必得的心态。

诗写得通俗平易，但又不为精到，它既写出了元日的民间风俗，又通过对风俗的描写语意双关地表达了他对新法的评价，反映出了一个政治家的观察视野。爆竹送岁，乃为古时民俗。南朝梁宗懔的《荆楚岁时记》载，山里人家在元日时，闻鸡鸣而起，在庭前爆竹，以避山燥恶鬼。到了宋代，则有了由火药制成的炮竹。放炮送走了旧岁，春风迎来了温暖，同时也迎来了人们的喜庆节日。屠苏是一种用屠苏草和其它植物混合而成的药酒，古时风俗，每年除夕全家团圆都要共饮这种药酒庆贺新年。诗人用一“入”字，既可说是春风将屠苏酒送入百姓家门，亦可说是老百姓们在除夕之夜纷纷进入屠苏酒所创造的喜庆与飘逸世界。除夕与元日本就连在一起，爆竹既是送旧也是迎新，而等到元日太阳初升，光芒四射，令人眼神炫耀之时，千家万户就将门上画有神像的旧桃符取下，换上新的桃符。这里，“新桃换旧符”是一种简省的说法。挂桃符之说最早见于东汉。东汉应劭《风俗通》中引《黄帝书》说，上古时候，有神荼、郁垒两兄弟，他们住在度朔山上。山上有一棵大桃树，树阴如盖。每天早上，他们便在这树下检点百鬼。如果发现有恶鬼为害人间，便将其绑了喂虎。后来在民间就用桃木刻上他们兄弟的像挂在门两边以驱鬼避邪。到了宋代，桃符已演变为以红纸写的对联，名“春贴纸”，红色亦具有驱邪的意义。此处王安石仍用“桃符”乃是沿习旧时的说法。“新桃换旧符”虽然写的是一种民俗，但诗人却借这一表象反映出百姓对新法推行的拥护，表明新法之行是颇得人心的，同时也揭示了新生事物必将代替陈旧事物的历史规律。

从此诗中，我们可以触摸到王安石对新法推行之后的快乐心情以及对坚持改革的坚强信念和决心。作为北宋最为重要的政治家与思想家，他主持的政治改革——新法的内核是“摧抑兼并，减免徭役”，是以发展农业生产为中心的。改革就是除旧布新，就会有阻力。因为它直接触犯了贵族豪绅的利益，遭致保守派的强烈反对，终于以失败告终。这真是值得惋惜的事情。现在回过头去看，王安石的改革当时如果成功的话，中国社会走向资本主义经济萌芽以及思想启蒙的时代将会往前推进好几百年，历史的拐点就将改写。

然而，爆竹送旧，春风送暖，新桃换旧符，这种以民间习俗形式所表达的历史规律毕竟是谁也阻拦不了的。历史上的强权政治想永远占住霸主地位的企图，注定都是要破灭的。“沉舟侧畔千帆过，病树前头万木春。”新生的事物必将摧毁旧日的障碍，代表百姓愿望和历史前进方向的势力总会得到百姓的拥护和信赖。太阳每天都是新的，随着时间的推移与淘洗，随着新桃换旧符的趋势所向，社会将会变得更加美好与和谐，做绊脚石的保守势力终也没有好的下场。君不见，当时反对新法最力的司马光，在元佑年间变法派得势之后，虽然已去世多年但仍被追夺了官秩。王安石的改革虽然失败，但他除弊革新的勇气和精神却永远得到后人的敬仰。这也便是这首诗之所以得以流传，“新桃换旧符”之所以常被人引用的原因所在。

漂零感受 涵摄心魂

—— 读黄庭坚《寄黄几复》

我居北海君南海，寄雁传书谢不能。桃李春风一杯酒，江湖夜雨十年灯。持家但有四壁立，治病不蕲三折肱。想得读书头已白，隔溪猿哭瘴溪藤。

黄庭坚是苏门四学士之一，诗学杜甫、韩愈，跟从苏轼，曾与苏轼并称为苏黄。其诗学主张“无一字无来处”，求奇求硬求新，又喜用典，提倡“点铁成金”、“夺胎换骨”。死后被尊为江西诗派之祖。此诗是他寄赠好友黄介的，几复为黄介的字。

诗的首联为用典，真切表达他与黄介的深情厚谊与相思之苦。《左传·僖公四年》中有“君处北海，寡人处南海”句，但此处黄庭坚沿用却与他和黄介的身世巧妙相合，以示天各一方。黄庭坚与黄介为同科进士，此诗作于元丰八年（1085年），诗人身在山东德州德平任上，故称北海，而黄介为广东四会县知县，故有南海之说。鸿雁传书为常见之典，然而诗人引用它，却用“谢不能”一句使其传出新意，丰富了诗的张力。传说鸿雁只能飞到衡阳就掉头了，而四会更在衡阳之南，连雁传书都做不到，只好辞谢了。南海、北海，写出了两人不仅处于地理上的边缘，同时也处在政治上的边缘。黄庭坚一生只做过一些地方下级官吏，而且不断遭贬，在江湖流徙。故颔联承上而起，既写旧时的良辰欢宴之趣，又叙十年寄迹江湖的凄凉寂寞，其中寄寓着诗人人生聚散无常的感慨。“桃李春风”与“江湖夜雨”，将昔日中进士时的春风得意之饮与后来郁郁不得志而流荡江湖的命运形成强烈对比，道出了人生际遇艰难曲折的感喟，从而深化了此诗的主题。颈联说黄介的处境贫寒，而且又不因官场受挫而接受教训，迎合世俗，故只能安于贫困。“治病不蕲三折肱”仍是用典，《左传》中有“三折肱知为良医”句，意思是一个人折了三次臂膀，就会成为治折肱的良医了。诗人此处引用，表面是说黄介不谙世故，不接受教训深层意义则是在讽刺官场中的世故圆滑。尾联是诗人对黄介的推想：既然黄介在官场升迁无望，就只能读书到白头了，相伴他的只有隔溪藤萝上悲凄的猿啼声。瘴溪不是准确的地名，而只是指旧时岭南有瘴气的溪水。

此诗之妙，首先妙在它的用典，贴切自然不说，而且赋予它们以新意，表现了诗人“夺胎换骨”的诗学实践。其次是结构富有张力。天各一方，通信不易，但恰恰又用“谢不能”去加强它的难度。“桃李春风一杯酒”是叙欢，但陡然的转折却是“江湖夜雨十年灯”的凄凉；家徒四壁也就罢了，但恰恰又要写黄介的不谙世道与性格的不可改变；读书而至头白，已是寂寞难忍，而伴以猿哭声衬托其境更为凄凉，而且又呼应和深化了“江湖夜雨十年灯”的意境。

此诗虽为寄友之作，但却因诗人与朋友的命运相似而引出了无限的人生体验与感喟，尤其是颔联所创造的意境，既高度概括了诗人与朋友的身世漂零和宦海沉浮的主观感受，又形成了浑化深永的审美意象。“江湖夜雨”既可实指十年流荡江湖的具体生活，又虚指十年凄迷难辨的历程和凄风苦雨的人生遭际。黄庭坚常用“满川风雨”、“满川风月”的诗句来表达他历经磨难的人生意象，如“满川风雨独凭栏”、“满川风月替人愁”等等，这种浑茫而广阔、迷蒙而变幻的境界浸透着诗人主体心灵的微妙感受，具有涵摄心魂的审美感染力。另外，“桃李春风”与“江湖夜雨”所形成的人生对比，也使人会产生一种人生的沧桑感与空幻感，其意象续接着唐人的情韵，令人联想起“雨中黄叶树，灯下白头人”（司空曙诗句）和“落叶他乡树，寒灯独夜人”（马戴诗句）的意境。诗人与朋友黄介虽然命运多舛，但其内在的骨头却是硬的，其“不为五斗米折腰”和不为升官发财而去苟合污浊世俗变得圆滑世故的精神又给后世知识分子树立了榜样。

高凌雄视 浩然心胸

—— 读曾公亮《宿甘露僧舍》

枕中云气千峰近，床底松声万壑哀。
要看银山拍天浪，开窗放入大江来。

曾公亮，字明仲，号乐正，晋江（今福建泉州）人，宋仁宗天圣二年进士，善政事与军事，为北宋名臣，曾举荐王安石一同担任宰相。这是他旅宿甘露寺的感怀之作。

甘露寺，坐落在长江南岸镇江的北固山顶，从上面可俯视汹涌澎湃的滚滚长江。诗的第一、二句劈空而起，在夸张、幻想的笔法中融进诗人的主观感受，写出了北固山的高峻地势和甘露寺远离红尘的清肃。山顶云气绕寺而飞，疑为从僧房中诗人所倚的枕中所出，触目皆是，伸手可及，令人有将千万山峰揽入胸怀的感觉；松涛在深谷中呼啸升起，细听仿佛就在床底下席卷而过，其声呜咽，令人心颤。诗人写“云气”，写“松声”，正是为了衬托甘露寺的清迈脱俗，而这“云气”又极奇特，仿佛如枕中所出，似云似雾，似真似幻，造成了一种如梦如幻的感觉。而“枕中云气”与“床底松声”又不仅仅是夸张与幻想，而是充满着诗人强烈的主观意志，体现出中国传统文化“万物皆备于我”的哲学精神。此时之诗人，居高凌视，孤峰独立可统驭万物。可以想象，诗人高居北固山顶，看云气缭绕身旁，千峰仿佛前来亲近，听脚下松声卷过，万壑似乎低首哀鸣，胸中升起的是一种何等雄迈俊爽的感觉。

诗的一、二句采取了一种以近推远、远近结合的写法，即由“枕中”、“床底”推至千峰、万壑，同时又将千峰、万壑纳入胸怀，而诗的三、四句则采取以小写大、大小结合的写法，即以一扇小窗的开启写出长江的宏伟气势，同时又以“放入”一词将大江的排山倒海之势（大）与一窗的涛声顿起（小）巧妙结合起来，这一开窗赏江听涛的行为在“放入”的主体意志熔铸中转化为一种主动拥抱长江的豪情壮举。此时的“开窗”实际上是诗人的开怀，因为只有具备装得下大江大海的豪迈胸襟与浩然心胸的人才会有如许雄大气魄的诗情。“开窗放入”也体现了中国传统诗学“咫尺而有万里之势”的艺术构思法，诗人以小窗写大江，从小处着笔而直探大江的真容貌。这种写法与诗的气概曾对后人产生过莫大的影响，如苏轼有“客来梦觉知何处？挂起西窗浪接天”，周紫芝有“倚杖独看飞鸟去，开窗忽拥大江来”，但相比之下，还是曾公亮的写法更显得自然融浑。

诗人通过坐观云气、卧听涛声到推窗观浪的真情感悟，完成了他以山水“畅神”的审美心理历程，同时也将他的浩然心境、俊朗胸襟呈露无遗。读此诗，我们的心灵会得到一种净化，山顶的云雾松涛、大江的银山雪浪会荡涤我们的俗念尘思，在观照诗人的开阔胸襟和豪爽气概中，在体悟诗人对生命自由的歌颂中而升华人生的境界。“天生一个仙人洞，无限风光在险峰”（毛泽东诗句），敞开我们的生命之窗去拥抱大江大海，就能领略更美好的风光。

珍惜快意 怀抱常开

—— 读陈师道《绝句》

书当快意读易尽，客有可人期不来。
世事相违每如此，好怀百岁几回开？

陈师道，字无己，又字履常，号后山居士，著有《后山诗话》。诗初学曾巩，后学黄庭坚，受黄庭坚的影响更深。作诗既追求凝练，曾有“闭门觅句陈无己”（黄庭坚语）之誉，同时又主张“宁拙无巧，宁朴无华”，此首绝句正可体现他的这种诗学主张。

此诗看似平易自然，但却体现出作者的精心观察、精心选择和精心提炼，艺术表现的着眼点是于平凡中见新奇，普通中见特殊。全诗言简意丰，包孕着深刻的人生体验。

“书当快意读易尽”，选择的是中国传统士大夫最有兴味也最可体味的人生快事。碰上一本好书，嗜书如命的读书人会挑灯夜读一睹为快，心情自然愉悦十分；而在天清气爽心情也无限轻快之时，读书就更是一件赏心悦目的事了。“读易尽”，反映出快意的读书和读书后的快意所获得的最佳阅读效果和审美体验。清人金圣叹写过三十三则的《不亦快哉！》，里面陈述了他在日常生活中的三十三件人生快事，最后一则就是“读《虬髯客传》，不亦快哉”！看来金圣叹也非常喜欢武侠小说，就如同今人快意读金庸小说一样，轻松，休闲，好玩！

“客有可人期不来”，选择的是中国传统士大夫最需要也最能获得精神慰藉的生活方式——交友。孔子说：“三人行，必有我师焉。”交友也是交师，古人游学主要就是交友。“君子之交淡如水”，古人的交友并不看重物质，看重的是精神，故所期待的客人是“可人”。可人，就是可意之人，是与俗人相对的高人，也就是能谈得来的知己。陈师道曾有诗云“俗子推不去，可人费招呼”（《寄黄充》）正是这个意思。可见，可意的客人也是可遇不可求的，能在家接待知己朋友也不失为人生一大快事。所以，金圣叹的三十三则《不亦快哉！》中的第二则就是“十年别友，抵暮忽至”，没有钱，他的妻子将头上的金簪拔下拿去换酒钱，金还大呼“不亦快哉”！足见交友在古人眼中是何等重要的事情。

“世事相违每如此，好怀百岁几回开？”诗人道出的是人生的一种普遍感受，并以反问的形式将人生的短暂和尽情享受及时快乐相互统一起来，提出了为人不必时时痛苦，事事计较，放飞心情，保持开怀愉快的情绪才能尽情享受到人生的快乐。人生之事不如意者十之八九，哪能做到事事都与自己的意愿相合呢？“世事相违每如此”揭示的正是人生历程中每个人都会遭遇而且会有切身体会的人间真理，而“好怀百岁几回开？”又带有洞穿世事人生、万事均无挂碍的禅理，可视作对人的劝导，也可视为对自己的安慰。汉魏时期，诗人们常常是忧虑过度，“人生不满百，常怀千岁忧”，连颇有建功立业之想的曹操也感叹“对酒当歌，人生几何？譬如朝露，去日苦多”。那时人的寿命极为短暂，超过五十岁者就算长寿了。两晋时期的士大夫们就没有那么沉重了，他们将金钱生死问题看得轻了许多。《世说新语·雅量》载阮遥好收集屐，当人家去拜访他时，见他神色闲畅，自己吹火为屐上蜡，并自叹曰："不知人生当着几量屐！"这种神情和人生态度与"好怀百岁几回开"在文化精神上是一脉相通的。连清代的重臣曾国藩也有诗感慨："苍天可补河可塞，唯有好怀不易开。"可见保持愉快的心情还真不是一件容易的事。

读陈师道《绝句》诗，能叫人怀抱常开，不亦快哉！

灯节狂欢夜　百度觅佳人

—— 读辛弃疾《青玉案·元夕》

东风夜放花千树，更吹落，星如雨。宝马雕车香满路。凤箫声动，玉壶光转，一夜鱼龙舞。　蛾儿雪柳黄金缕，笑语盈盈暗香去。众里寻他千百度，蓦然回首，那人却在，灯火阑珊处。

这是南宋词人辛弃疾描写正月十五的狂欢之夜与情人相会的著名爱情词篇。元夕，亦称元宵节，因为道教的关系（三官大帝中的上元天官火官于正月十五日诞生），又称上元节。自唐代始，上元日民众皆张灯狂欢，形成传统，后又称为灯节。

词人的艺术手法是非常高超的。首先是他巧用丽字、善抓特点来写繁华景象。元宵佳节，满城千灯万盏，遍地生辉，又时有焰火璀璨冲天。街上游人摩肩接踵，香车宝马穿梭，阵阵箫鼓欢鸣，无论是贵族还是平民，都在观灯、看戏、赏人，尽兴狂欢。词人用“花千树”、“星如雨”、“宝马雕车”、“凤箫”、“玉壶”等丽字既是为了渲染节日的热闹非凡，同时也抓住了灯节的独有特征，具有极强的艺术概括力。词人还妙用了借喻的修辞手法，即以“东风”与“花”、“雨”的关系来写火树银花的灯市，更富艺术的感染力。挂在街边树上的本来是灯，词人却将它比做“花”，仿佛它们是由温暖的春风所催放；满城灯火的闪闪烁烁和烟花爆竹的五彩缤纷，又仿佛是东风将天上的星星吹落下来，令人眼花缭乱。其次，是他巧用反衬法来写情人的约会以及情人之间特有的情趣。词人力写人们的狂欢与都市的繁华，但都不是此词描写的目的，而只是作为陪衬，最后处于那灯火阑珊处的“那人”才是词人所要推出的主角。欧阳修词《生查子》写过元夕节庆情人的密约幽会：“去年元夜时，花市灯如昼。月上柳梢头，人约黄昏后。”辛弃疾此词同样也是写约会，词中的寻找者在观灯的女子中不断地寻找自己的意中人，一群又一群盛装艳服的女子在欢声笑语中带着袭人的香气走过去了，但就是见不到要约的“那人”，正在他困惑之际，蓦然回首，却惊喜地发现“那人”独处于灯火稀疏的僻静之地。“寻他千百度”写出了寻找者对爱情的热情与执著，“蓦然回首，那人却在灯火阑珊处”，一是写出了寻找者见到意中人时的惊喜与激动，二则是写出了“那人”的独特品格和审美品味。正是在众人皆闹她独静的反衬中，才见出“那人”与世人情趣迥异的独特性来。

有人说辛弃疾的词所塑造的“那人”是另有用意，词也是一首有政治含义的词，“自怜幽独，伤心人别有怀抱”（梁启超评语），但我认为它本来就是一首爱情词，至于有读者要把它解读为政治词那是萝卜白菜各有所爱。辛弃疾可能也借“那人”表达了不愿随波逐流而自甘寂寞乐于淡泊的意蕴，但我以为此词描写的民俗以及情人约会的情趣却会得到读者们更多的认同和喜爱。美好的爱情就是男女间的不断寻找、相会和认可。正是在“众里寻他千百度”中，才更见出“那人”的可爱与出众。没有不断地痴心寻找，又何来“蓦然回首”的惊喜？没有个性，没有点特别，“那人”又有何理由值得为寻找者去追寻？正是在千百度的痴心追求与寻找中，那独具风神、独富审美情趣的“那人”才是寻找中的最爱。

小楼听春雨 晴窗戏分茶

—— 读陆游《临安春雨初霁》

世味年来薄似纱，谁令骑马客京华。小楼一夜听春雨，深巷明朝卖杏花。矮纸斜行闲作草，晴窗细乳戏分茶。素衣莫起风尘叹，犹及清明可到家。

陆游，字务观，号放翁，南宋杰出诗人，一生创作的诗歌达九千多首。入仕后主张北伐抗金，但却多次蒙受政治打击，屡遭贬谪。这首诗就是他在淳熙十三年（公元1186年）春在家乡山阴闲居六年之后被召入京（南宋京城为临安，即今杭州）时所作。

陆游作为坚定的抗金派，其主张总是与当时的统治者相违背，中进士在朝廷任职时他直接向宋高宗提出了一系列改革建议，反而引起高宗的厌恶，被罢职回家。宋孝宗即位后他被起用甚是兴奋了一阵，但不久因张浚北伐失败，他被牵连，以“力说张浚用兵”的罪名再度被黜还乡 。随后他转战川陕，在王炎、范成大手下做幕僚时近十年，又一度在江西任过地方官，因开仓济民被加诸“擅权”罪名罢职闲居。宦海沉浮，使他深感人生世事与生活的无趣与无奈。就连淳熙十三年的这一次奉召入京，被再度起用为严州知事，也觉得世味的淡薄和生活的荒唐，故诗的第一、二句就表达了诗人心中的愤懑与不平。“薄似纱”表达的是诗人对人情世事的透彻理解，“谁令”一词显示出诗人身不由己的苦衷，表明自己不过是皇上的一个棋子，随人摆布而已，叫来则来，叫去则去。“客京华”表明自己的身份不过是京城过客而已。回想当年在朝廷的进谏与上策，还算是朝廷中一个决策人，而如今在京城则只能是客居了。身份的变化透露出他思想上的变化，他从一个积极的进策进言者变成了一个旁观者。全诗的基调在此也就奠定了。于是，昔日充满奸诈欺瞒争斗的京城如今也变得可爱起来。诗人带着欣赏的心情倾听着一夜春雨的淋沥声，并想象着翌日清晨长长的巷子内会传出卖花的叫声。这两句虽是化用诗人陈与义“杏花消息雨声中”的诗句，但此地使用正符合他客居旅舍小楼的幽静环境和闲居的心情，同时又强化了江南美色的审美感染力，为杏花春雨江南的文化意象增添了更丰富深刻的内容。

诗的第五、六句继写他的客居生活与情趣。“闲”字与“戏”字恰如其分地反映出他对待客中生活的心态，如果没有这种心态恐怕就难做到闲写草书和戏品佳茗了。“细乳”指的是沏茶时水面浮起的白色泡沫；“分”是鉴别、区别的意思，“分茶”即是品茶了。诗人不仅带着游戏的心情在品茶，而且是在晴日里太阳照射下的小窗之下品茶，可见诗人是非常讲究生活情趣的。诗末两句又与诗的开头相呼应，说的是此次客居京华不可久居，应尽早归去。西晋诗人陆机有“京洛多风尘，素衣化为缁”的诗句，陆游用此典则表示有厌倦风尘和政治的含义，他怕在京城待长了自己也会染上官场的不良习气，于是就推算起自己归去的行程表了。

此诗清新流转，音节嘹亮，富有很强的艺术性，它从另一个侧面反映出诗人陆游的文化形象和其诗歌的艺术风格。纵观陆游一生，他既有赴川陕参预军务“细雨骑驴入剑门”的戎马诗人形象，也有“王师北定中原日，家祭毋忘告乃翁”的坚贞爱国的老翁形象，还有“一树梅花一放翁”的潇洒形象，更有这“小楼一夜听春雨”的闲适形象。人生的丰富性以及艺术风格的多样性由诗人陆游身上就可得到非常充分的表现。素衣莫让风尘染，一生清明心有家，这也是很需要当代人悉心去呵护与保持的。

明河共影　肝胆冰雪

—— 读张孝祥《念奴娇·过洞庭》

洞庭青草，近中秋，更无一点风色。玉鉴琼田三万顷，着我扁舟一叶。素月分辉，明河共影，表里俱澄澈。悠然心会，妙处难与君说。　应念岭表经年，孤光自照，肝胆皆冰雪。短发萧骚襟袖冷，稳泛沧溟空阔。尽挹西江，细斟北斗，万象为宾客。扣舷独啸，不知今夕何夕！

张孝祥在宋孝宗时任官于静江府（今广西桂林），本有政绩声名，但却遭人谗言攻讦而被罢职。此词于乾道二年（1166年）八月他罢官北归，路过洞庭时有感而作。他本对罢官一事愤愤不平，但又感到自身光明磊落，无愧于心，故借词表达了他的纯洁心地、豪迈胸襟和对超尘绝俗的追求。

词的上阕写秋夜月下洞庭的美丽景色。“青草”是指与洞庭相接的青草湖，词人在此眺望洞庭，更感它的阔大无垠。时近中秋，湖面平滑如镜，在皓月清辉的照映下，寥廓的洞庭犹如天界的玉镜琼田，显得十分的宁静皎洁和澄明。“明河共影”指天上银河与地上湖水共同分享月之清辉，“表里俱澄澈”指天空与湖面一片空明洁净。词人身处如此静美的世界中，感觉仿佛正泛舟天河之上，通体舒畅，心地透明。偌大的湖里，惟有我扁舟一叶在静候着，体验着，如此优美的境界，何等令人陶醉！真正的美是不能用语言去表达的，就像你偶遇绮丽的晚霞、观见喷薄的日出，那种美的感受能与人言说吗？“悠然心会，妙处难与君说”，体现的正是这种处境，而这恰恰是中国传统美学感悟的特点。

下阕则借景抒情，将自身的际遇和现实环境以及当下感受糅合在一起，表达他的洒脱心胸和凌云之气。“岭表”指五岭以南，此处指词人曾任职的静江府。词人回顾过去，觉得自己在任职期间光明正大，心胸坦荡，故借月光自照，敞露“肝胆皆冰雪”的心怀。从结构上说，“孤光”回应上片的“素月”，“肝胆皆冰雪”回应上片的“表里俱澄澈”，词至此，将天上明月、月下明湖与舟中之我全然浑融一体，自然地引出已进入物我两忘的词人形象。“短发萧骚”两句表达他虽身处逆境并颇有萧疏之感，但正直的他仍不顾小人的闲言谗语安稳地在沧海人间搏斗前行。“尽挹西江，细斟北斗，万象为宾客”则异峰突起，创造出神奇的幻境，并借此表达了逸兴豪情。词人继承着中国文化中“万物皆备于我”的思想传统，想象自己仿佛成了万象的主人，正邀请天地万物为他的宾客，以满天的星斗为酒杯，畅饮着长江之水。此时此地，人间的烦恼和升迁荣辱早已云消烟散，词人忘情地扣舷长啸，竟“不知今夕何夕”了。

此词之妙就妙在词人借月下晶莹洁净的湖景表达出自己如冰似雪的胸襟，由中秋夜景湖景创造出冰清玉洁、物我合一、物我两忘的澄明境界，塑造出肝胆澄澈、磊落超俗的人格。词人将光风霁月的夜空湖景与自己坦荡无瑕的胸襟相融合，打通了人与宇宙相互隔离的界限，站在睥世傲物的高度邀天地万物为朋共饮，反映出词人将澄澈空明的心境与壮气凌云的豪情相互调停又相互认证的心路历程。这表明，人之心境只有空明才可不断精进，人之心气只有坦荡阔大才能高蹈凌霄。

江湖飘零　流光感叹

—— 读蒋捷《一剪梅·舟过吴江》

一片春愁待酒浇，江上舟摇，楼上帘招。秋娘渡与泰娘桥。风又飘飘，雨又萧萧。　何日归家洗客袍？银字笙调，心字香烧。流光容易把人抛，红了樱桃，绿了芭蕉。

蒋捷为宋末词人，字胜欲，阳羡（今江苏宜兴）人，宋亡后隐居山林不仕，自号“竹山”，人称竹山先生，著有《竹山词》，多写家国之思，乱世苦况。此词当是南宋亡后作者飘零于姑苏一带的产物，其中亦反映出词人将春愁、乡愁、家愁、国愁与忧生之愁融为一体的复杂感情。

“一片春愁待酒浇”看似词家的惯例，但这春愁却并非一般的因春而起的清愁，而是因无家可归四处飘泊而起的浓重之愁，江上舟摇、“风又飘飘，雨又萧萧”与“何日归家洗客袍”都回应了这“待酒浇”的“春愁”，说明这愁非得以酒来化解不可。“江上舟摇”不仅是实写，也是虚指，反映出词人当时瓢泊无定的人生环境，所以尽管有岸边的酒楼旗帘飞舞在向词人招手，词人本可以在此借酒浇愁的，但词人却不能驻留。客舟疾行，摇过秋娘渡，又穿过了泰娘桥，这不能不让人感到这愁的愈发深重。那连绵的春雨在平安的日子里或许是清风拂面令人肺清心明，但在动乱飘零时候则变成了萧疏冷落的凄风苦雨了。词的上片虽以白描手法写途中所见景色，但却浸透着词人渴望安定、思归倦游的心情。

词的下片则以推问起句，“何日归家洗客袍？”既呼应“春愁”“舟摇”和风雨，又引出后面对归家后温暖和安稳生活的推想。这种推想并非虚构，或许正是昔日故园生活的记忆。“银字笙调”指在融融春日里用银装饰并标调的笙箫吹奏，“心字香烧”指在室内燃起心字形的薰香。这记忆唤起的是一个歌舞升平、安居乐业的温馨场面。词之结尾，词人从对家园生活的回忆和如今孤旅生涯的对比中突然清醒过来，意识到这种四处飘零的日子真是浪费人的生命，这时光的流逝更让人感到这“愁”的沉重与难以承当。“红了樱桃，绿了芭蕉”，词人将对时间与生命的哲思化为具体的物象，以艳丽的颜色冲击着感官，也撞击着灵魂，这种对时间与生命价值的追思进一步衬托出家愁国恨的凝重。北宋开国时晏殊词中也感叹“时光只解催人老”（《采桑子》），但那种人生的体验尚未有家破国亡的伤痛，而蒋捷却将韶光易逝人生难再的感叹与无家可归以及对未来生活无望的凄楚结合起来，更具有震撼人心的冲击力。流光不仅仅是使人老境将至，更重要的是将人无情地抛弃，使人陷入无望以至绝望。

宋词中对春愁、对时间、对美好事物衰减的惋惜触目皆是。柳永曾感叹“是处红衰翠减，冉冉物华休”（《八声甘州》），李清照曾对雨后残花百般爱怜，“知否？知否？应是绿肥红瘦”（《如梦令》），辛弃疾更是借惜春而表达英雄无用武之地的忧国之思与悲愤，“惜春长怕花开早，何况落红无数”，“闲愁最苦”（《摸鱼儿》）。

春色难驻，时光难挽，词人们对流光的恼恨、对闲愁的倾诉实际上是对人生前程无法把握、对人生价值无法实现的投诉与宣泄。蒋捷此词的春愁与春恨表达于宋末元初之时，又赋予了它们以更丰富的内涵和意义。

生死相许情 万古千秋存

—— 读元好问《摸鱼儿·问世间情是何物》

问世间、情是何物？直教生死相许。天南地北双飞客，老翅几回寒暑。欢乐趣，离别苦，就中更有痴儿女。君应有语，渺万里层云，千山暮雪，只影向谁去？　横汾路，寂寞当年箫鼓，荒烟依旧平楚。招魂楚些何嗟及，山鬼暗啼风雨。天也妒，未信与，莺儿燕子俱黄土。千秋万古，为留待骚人，狂歌痛饮，来访雁丘处。

这是金代诗人元好问借咏殉情大雁而歌颂坚贞爱情的词，因其寓意深刻、立意高远而为千古传诵。

词前曾有一小序，叙述他写作此词的原由，序里说他在赴并州（今山西太原）考试途中，遇上一捕雁者，捕杀了一雁，而另一只挣脱了罗网的大雁则悲鸣环绕久久不肯离去，竟然自投于地而死。词人将两只大雁购得，将其葬于汾水滨，用石头垒起雁坟，号为雁丘。词正是借这所遇奇事生发出强烈的感慨。

词起句陡然发问，如岩浆喷涌，冲天而出。词人直追情是何物，竟然至于要以生命去报答？这看似在追问大雁殉情行为的原由，但实际上则包含了词人对生死不渝真情的推崇与嘉许。“直教”二字，即凸显出大雁殉情行为的奇伟，又显示出作者笔力的雄势，一开篇就引起读者的高度关注并将读者引向深处去思考。词接着想象雁比翼双飞和共同生活的场景，从空间（天南地北）和时间（几回寒暑）、欢聚与离苦等方面写出雁的相依为命和心心相印，“就中更有痴儿女”又将大雁的一往情深行为比喻为人间的痴情儿女，赋予了它们以人类的感情与行为，故引出词人直接将雁呼为“君”的昵称，这正反映出词人由对大雁殉情行动的震惊到感动再到将其视为朋友的心理历程。“君应有语”的后三句是作者对大雁心理活动的揣摩，正是因为双栖双飞的梦想被打破，至爱消失，孤雁面对艰难的万里征程又能向哪里去呢？于是只有以死相许。

词下片则借雁殉情之地的历史追忆和对未来历史的展望进一步升华大雁殉情的深远意义。在汾水一带，当年是汉武帝巡幸游乐的地方，当时箫鼓齐鸣，棹歌喧天，如今寂寞平林、荒烟笼罩，人们想为汉武帝招魂也不顶用了，此处的山魅野鬼只能枉自悲啼而已。词人写这些，看似在追写历史，与大雁无关，但恰恰是借山鬼的暗啼与魂之不可招而衬托出大雁不朽英灵的令人牵挂，所以连苍天也会对大雁生死相许深情产生嫉妒。词人还继续追问世人：你相信吗？一般莺儿燕子早就化为一堆黄土被人遗忘了，但这埋葬殉情大雁的雁丘却万古长存，并被重情的文人墨客们不断来祭奠。词人以帝王盛典的消逝、一般鸟儿的入土早化来反衬大雁精神的不朽，将对生死相许的男女痴情的讴歌推向了高潮。

此词读来令人心潮涌动，热血沸腾。词人的追问如重锤般叩击读者的心房，使人思索不已，对大雁共同生活的续写和孤雁心理的想象又使人产生爱怜，对“天也妒”

和千秋万古后仍有骚人来凭吊的推想又使人产生无限的敬仰。全词始终围绕一个“情”字，谱写了一曲对生死相许爱情的赞歌。南宋词人张炎也写了一首咏孤雁的咏物词，写孤雁在空中飞行“写不成书，只寄得，相思一点”，虽然也能博得读者的一点温情想像，但却难有像元好问此词所具有的那种震撼力和审美张力。当今社会，一切求短求快，连男女之间的恋情也通过短短的几分钟交谈来定夺，“闪婚”与一夜情被一些人视为是“潮”的行为，像这词中歌颂的以生死相许的至情至爱正逐渐成为渐行渐远的模糊记忆，只是人们在卡拉OK唱到《梅花三弄》时，才会从“问世间情为何物？直教人生死相许”的歌词中体会到真情尚在，这的确是令人感慨万端的。

寒林人独立 秋江晚照明

—— 读段克己《西江月·人与寒林共瘦》

人与寒林共瘦，山和老眼俱青。琤然一叶不须惊，叶本无心入听。　　气爽云天改色，潦收烟水无声。夕阳洲外片霞明，涵泳一江秋影。

段克已，字复之，河东（今山西稷山县）人。金末登进士第，入元则不仕，与弟段成已避居龙门山中。此词正表明他以山林秋水为友心安气静当隐士的一种心态。

词开句映入读者眼帘的是一幅极为淡泊的寒林独立图："人与寒林共瘦，山和老眼俱青。"秋风吹落林叶，故名"瘦"，而在中了进士又无处施展才华的词人那里，也自然是心寒骨瘦，人与寒林似乎心心相通，故为"共瘦"了。"老眼"之"老"是相对"寒"而互衬的，词人本不老，但因为心寒而显出看世态之老道。而"青"则不指山之颜色，因为秋林之山已呈寒色，又何来青呢？这里的"青"是用典，指词人以青眼相看秋山，表示对秋山的尊重。相传东晋时阮籍能为青白眼，常以白眼对凡俗之人、厌恶之人，以青眼对所敬重之人、喜欢之人。由此可见，此处的"青"是继"老眼"而来的，指的是词人以青眼看待秋山，故老眼与山俱青。我们亦可理解为有骨气之人与有清气之山相互敬重。词人正是以一种通感的美学手法写出了人与林、眼和山之间的亲和感，呈现了高逸之士与山水亲近融合的文化传统。“琤然一叶不须惊，叶本无心入听。”则以有声和无心的对比，道出了一番禅心佛理。一叶落地声本不大，但在如此天高气爽的安静背景中，落叶的天籁之声有如美玉相击发出的声音，清脆入耳，这是有声。但在词人看来，落叶的有声出自无心，它随自性而往，本就无心去惊动人，有被人入听之意。这使我们联想到唐代诗人王维的诗句“木末芙蓉花，山中发红萼。涧户寂无人，纷纷开且落”，说的也正是自然界的无心与有声。“叶本无心入听”表面是写叶之自性，实则是写人之自心，道出的是我心自为自在与大自然景物和谐共适的禅趣。

词上片写山，下片转入写水，刻画的是一幅秋江晚照图。由于秋季的到来，天变得更高，气变得更爽，连天上的云也不同于夏季而改变了颜色；久雨新霁，积雨已被晒干，江中烟水悄然无声，但这无声的秋水一旦碰上机遇，却呈现出喧天动地的绚丽景色，那就是夕阳的到来。夕阳下人立洲中披一身明霞，陶醉于一江静谧深沉的秋影之中，顿觉心境澄明净朗，早已不知我之何往了。词人写秋江并不只着眼于江，而要写江上的云与天，因为只有云天的颜色映于江中才有江之秋影。而写云天，又是为写夕照作铺垫，再加之以烟水无声来反衬其明霞的斑斓，更进一步烘托出江之静和人胸襟的澄澈。谢朓诗“澄江静如练”，是以江之白色来写江之静的，此词则以夕照的云霞来写江之静，可谓有异曲同工之妙。

此词以一种超然忘我的胸怀写出了秋云的清爽、秋山的清俊和秋水的清净，给我们提供了一种静美感。读它，我们仿佛欣赏到一幅“元四家”笔下的山水画，寒、瘦、清、逸、净诸特色俱有，古典艺术理论中的“诗中有画，画中有诗”，于此词亦可窥见一斑。

客来茶当酒 梅茶本一家

—— 读杜耒《寒夜》

寒夜客来茶当酒，竹炉汤沸火初红。
寻常一样窗前月，才有梅花便不同。

杜耒，字子野，号小山，南宋诗人。他的这首《寒夜》诗看似寻常，却含深意；写的虽是众人皆熟悉的日常生活，但却因有诗人独到的美感发现和体验，而显得耐人寻思，余味回甘。

此诗一、二句写主人在寒夜里煮茶待客。深冬寒夜有客来访，主人理当以酒相待，也好以酒驱寒，但这里的主人与客人都是爱茶之人，便以茶代酒了。茶当酒，一方面可显示出主客之间的亲密关系，另一方面也表示主客都是具有清雅趣味的雅人。从文化史的角度看，唐宋人的以茶当酒，远比魏晋人的酒药泛滥显得更为自信与儒雅。古代的文人雅士多认为饮茶有助于清心明目静气，能品茶者当为上等之人和有雅兴清趣之人。竹炉是用于煮水泡茶的，炉的底与内壁为土质，但用竹子编织的外壳将其包起来，一为美观，二为便于移动不烫手。“竹炉汤沸火初红”既照应了“茶当酒”，表示了寒夜中品茗叙谈的温暖，又让人从壶水滚沸火焰跳跃当中感受到盈盈生气。洪希文诗曰："平生三昧试茶功，起看水火自争雄。"说的正是这种生气蒸腾升逸的情状。名茶还须好水泡，茶功如何，不仅看茶质，还要看水质与火功哩。

诗的三、四句写品茶的环境与氛围，同时又营造出别样不同的美感。寒夜嘉宾至，拥炉品佳茗，自然是人生一大美事，而且还伴随有窗前的月色和飘动着暗香的梅花，这就使得品茶的情境格外超凡脱俗了。诗人采用欲擒故纵的写法，先说月似寻常，再托出月下梅花，而诗人真正想要赞许的是梅花的高洁，意即月还是平常之月，但因为有了梅花的身影月境便更为灵秀。

但综观全诗，诗人以"寒夜"为题，主旨还在描写寒夜的诗意和审美情趣，是以品茗、赏月和赏梅三者的美学情调来渲染寒夜意境的。因此，在诗人的审美视角中，茶、月、梅其实都是高洁之士所可对应的审美物体，是具有雅趣的士大夫的本质的对象化，茶梅月本是一家，都是士大夫超标脱俗的符码表征。这在古人诗歌中也早有体现，如苏东坡咏茶诗中有："明月来投玉川子，清风吹破武林春。"就是将茶与月相联系的，并把它们都看做是清明静逸的象征的（注：玉川子为一生爱茶成癖的唐代诗人卢仝的号）。唐代元稹的咏茶诗中也有"夜后邀陪明月，晨前命对朝霞"，月下和清晨饮茶亦被视为是士大夫高雅品位的体现。茶本是有灵性的物品，自然与高人幽士相联系，唐代诗人韦应物咏茶诗云："性洁不可污，为饮涤尘烦。此物性灵味，得与幽人言。"清代有僧人的咏茶诗也将烹茶与山间野花相联系，用意亦在以花来衬茶："树里清摇一水斜，支铛作石煮龙芽。东风也解留客意，吹放山窗二月花。"煮茶待客的背景在绿树清溪旁，其情趣不可谓不独特、不超拔了。其实，月下梅花的身影亦是隐士性格的象征，如宋代诗人林逋的《山园小梅》诗中的咏梅："疏影横斜水清浅，暗香浮动月黄昏。"就是梅人月一体的名句。

最后我们还是回到诗题《寒夜》。寒夜之寒，我想象窗外一定有雪，不过，诗人限于篇幅没写雪，但在我看来，有梅之时必会有雪。为了填补这一审美意境，就让我们想象饮茶之时诗人正赏雪中月下之梅吧，这意境肯定会更美得令人心里发颤。古人诗云："有梅无雪不精神，有雪无梅俗了人。""窗几数枝逾静好，园林一雪碧清新。"还有就是扫雪烹茶，就更是高雅的境界了。明代文学家高濂就将扫雪烹茶、南窗观画甚至还有山窗听雪敲竹都视为是高雅得不能再高的意境。试想，像杜耒这样的高人，寒夜烹茶不可能不去取雪烹茶的。

自然具体 诗眼醒豁

—— 读叶绍翁《游园不值》

应怜屐齿印苍苔，小叩柴扉久不开。
春色满园关不住，一枝红杏出墙来。

叶绍翁为南宋江湖派诗人，诗擅长七绝，其写乡村景色的诗尤为出色。此首久享盛名的《游园不值》正是写游人访乡村小园时的情景。

诗题中的“不值”是没有碰着的意思，而非不值得之意。因为诗人作为访客或游人想进园子去拜访和观赏满园春色，却没有逢遇园子的主人。

诗一、二句写园子的幽僻和安静。幽僻何见？因为园子的前面都长满了青苔；安静何见？因为连游园者都不敢大声地叩门，怕打破此处的静谧与安宁。这两句同时又写到了游园者和园主的情趣。“应怜”表达出游园者对大自然本色的维护以及对园主人独特审美情趣的认同。“小叩”反映出游园者对园主的尊重，而“柴扉不开”则显示出园主清贫与独处的性格。门前的青苔不曾有人踩过，那是“山径不曾缘客扫”，说明园主从来不曾邀请也不会想到有人来访。柴门久敲而不应，说明园主的确不想见人而宁愿幽处。其实，访园者本就是为无限春色所吸引而乘兴来访的，并不着意去访主人，而是想欣赏园子里的春色。而园主呢？本也没有邀约什么人来访，也不愿人来打破他的宁静生活，故可以久不应门，将门打开反而是违背他的意愿的。而从诗的艺术审美表达上来看，门之不开才正是诗人写诗的转折所在，才可使得诗的三、四句的意境变得更为含蓄与曲折。如果园门不是关闭，那就没有了“不值”的诗题了；如果园门真的洞开，园中景色一览无余，那就没有“一枝红杏”的可爱了，也没有诗人未进园门而又欣赏到绚丽春光的欢快心情了。游园不值而未产生懊恼，反而从一枝红杏中探到满园的春色，这恰与柴扉久不开密切相关。这正是诗人审美表达的高妙所在。

三、四句写得非常自然、具体，没加任何粉饰，但却给人留下深刻印象，钱钟书先生评价此种写法是写得“醒豁”。醒豁何见？就是以“一枝”代表了“满园春色”，以“出”墙突破了园“关”，诗人将浓浓春意高度浓缩在一枝高挑的红杏之上，给人以强烈的视觉和心理冲击。

此诗虽写到了游人与园主，但只是隐写而非明写，诗的主旨还是在写春天的景色。诗前两句写的景是为后两句作铺垫的，后两句的景尤其是最后一句的景才是“诗眼”。

此诗虽为写景，却深含理趣，从中可以感悟到人生奋斗的艰辛以及获得成功的喜悦。中国古代封建文化中有压抑、摧残优秀人才的陋习，“木秀于林，风必摧之”，才俊之士要想出人头地非得突破许多的禁锢和束缚才行。时至今日，在不少领域和单位还存在着“墙内开花墙外香”的现象，墙内的花还真得冒出墙外，突破人为樊篱的围堵，才可以得到社会的承认。在建设创新型国家的进程中，如果还让这种压制冒尖优秀人才的陋习继续沿袭下去，那就会拖延国家对现代化的追求步伐。从这个意义上说，我们应该开园拆墙，让更多的优秀人才自由成长。另外，中国文化中还将夫妻中一方的出轨行为比喻为“红杏出墙”，其中不问原由地贬抑“出墙”的“红杏”，也不完全有道理。尤其在封建社会中，女子受束缚最多，婚姻不能自主，碰上中意的情人也许会私奔去追求自由，这也是可以赞许的。《西厢记》中的莺莺小姐不值得同情吗？《水浒传》中潘金莲的悲剧原因不值得深究吗？所以，当代名剧作家魏明伦要为潘金莲翻翻案，从人道、人性的角度重新审视潘金莲的“红杏出墙”，也是具有现代意义的追问。

灯下闲敲棋　如画如乐境

—— 读赵师秀《约客》

黄梅时节家家雨，青草池塘处处蛙。

有约不来过夜半，闲敲棋子落灯花。

赵师秀，字紫芝，号灵秀，永嘉（今浙江温州）人。南宋“四灵”诗派中艺术成就当推他为最高。他的诗虽然写事细微，但却多富生活情趣，精致而净静，显然经过精心的艺术处理。

《约客》之诗的“棋子”与“灯花”其意象虽然来自陈与义《夜雨》诗中的“棋局可观浮世理，灯花应为好诗开”，但陈诗重于说教，而赵诗则重在刻画夜雨候客的闲寂氛围和闲定心理。

“黄梅时节家家雨”既说明季节为初夏，又展示了诗人约客的心理原由：连绵细雨如丝，闲愁无法排遣，才向友人发出来访的邀请。“自在飞花轻似梦，无边丝雨细如愁”（秦观词《浣溪沙》）道出的也正是这种绵绵闲愁。而贺铸词“试问闲愁都几许？一川烟草，满城飞絮，梅子黄时雨”，却是将闲愁与烟草、飞絮、梅雨相互对象化，以说明愁之细密绵长。令人挥之不去，割之不断。此处的“家家雨”除点出了细雨无边使得出行人有诸多不便外，也为所约客人夜间终于未来埋下了伏笔。“青草池塘处处蛙”，则是诗人从霏霏淫雨的视觉转到写听觉。“青草池塘”令我们想起谢灵运诗中的“池塘生春草”，反映的是春夏之交大自然的一片生机，而“处处蛙”则以池塘的蛙鸣声来衬托屋内冷清的气氛。初夏夜逢雨，或许还带有寒意，泥泞的道路上行人稀少，呱呱的蛙声此起彼伏既使得几近枯寂的环境透露出生气，同时也使屋内变得愈加静寂。这与王籍所写“蝉噪林逾静，鸟鸣山更幽”有同样的反衬效果。

“有约不来过夜半，闲敲棋子落灯花。”写的是诗人在夜雨候客的闲寂环境中的复杂心情和闲适心态。这里面或许包含着对朋友的惦念和怪怨，有道是“最难风雨故人来”，朋友的失约导致自己枯坐而百无聊赖，但诗人又不将这种惦念与怪怨放大，而是以自己“闲敲棋子”的行为，将候客不至的不平静心态处理为轻微的枯闲和闲适。候客不至过夜半，本来是会使人焦灼不安的，但诗人坐于灯前，顺手拿起棋子，漫不经心地在棋盘中信手敲去，还一直敲到灯花落尽，诗人似乎早已将约客的事忘却脑后了。此时，候客本是被动，而在候客不至的大段时间里，诗人闲敲棋子反而化被动为主动，将候客的焦虑和无聊轻轻地化解了，那种“闲敲棋子”的行为因此而被赋予了一种美学意义和生活情趣。有学者将“闲敲棋子”理解为一种下意识的动作，说诗人顺手拿起棋子在棋盘上敲，我以为不妥，因为那样使得候人的心情变得更焦灼，而只有诗人从开始的无意识敲过渡到后来的被棋局所吸引而以致一直敲到灯花落尽，才会化解焦虑感，才是化被动为主动。

此诗的中心是“闲”，围绕着“闲”诗人进行了精心的艺术处理，从而创造出一种浑然天成的净静闲适的境界。诗人因雨而闲，闲而约客以排闲，但恰恰客人不践约而来而愈闲，如何对待这种荒闲呢？诗人在“闲敲棋子”中反而寻找到了一种心情的平静和心态的闲适。诗人用“敲”字自然是追求音字的响亮，就像贾岛的“鸟宿池边树，僧敲月下门”一样，使得诗更具艺术韵味，同时也是用棋子落下的声响来进一步衬托环境的冷清和幽静，并化诗人闲待的心情为主动的闲适心情，从而完成对“闲”的美学熔炼，创造出一种如画如乐的诗境。

宋人诗词中多有对“闲”的美学处理，表现出宋人对生活纤细幽微的体验和对深层自我意识的深入开掘。如秦观词写的“画屏闲展吴山翠”与“宝帘闲挂小银钩”等，是以室内物品的闲置来诉说主人公的闲愁。贺铸词“闲把琵琶旧谱寻”更是通过人物动作将深闺中少女内心深处因闲而生的幽怨与怅惘揭示得十分深刻。而赵师秀的“闲敲棋子落灯花”又进一步将宋人的闲定及其对“闲”的审美愉悦推向了对日常生活艺术化处理更为丰富的层面。

纤手香凝 幽阶苔生

—— 读吴文英《风入松·听风听雨过清明》

听风听雨过清明，愁草瘗花铭。楼前绿暗分携路，一丝柳、一寸柔情。料峭春寒中酒，交加晓梦啼莺。　西园日日扫林亭，依旧赏新晴。黄蜂频扑秋千索，有当时、纤手香凝。惆怅双鸳不到，幽阶一夜苔生。

这是南宋词人吴文英的一首怀人名作。此词情意绵长，意象独到，想象奇妙，自然清简，给人以完整的审美意境，并不像当时人对他词作的酷评，说他的词如“七宝楼台，眩人眼目，碎折下来，不成片断”。

词上片写晚春时节伤春伤别的感受。首句的两个“听”字写出了词人伤春的孤凄清冷。清明时节，正是朝来寒雨晚来风、林花春红齐凋谢的时候，面对满地残花，词人伤春之情沉痛，故在浓郁得化不开的春愁之中匆匆草拟葬花的铭词。一个“草”字既说明词人为春而悲、为春而伤的急迫心态，又说明词人为花伤心、为花落泪的潦乱不整心绪。“愁草瘗花铭”还表现出词人借对花躯花魂的追悼来表明自己对美好事物的珍惜与尊重，同时也是为后面对美人的深情追忆和怀念做好情感的铺垫。“楼前绿暗分携路”，点出了词人与美人分离的地点——西园的楼亭台榭，又反映出词人伤怀的季节绵延—— 从“红稀”到“绿暗”。词人承“绿”而起，又将怀人的万种柔情物化为万丝柳枝，以可计量的丝柳去量化不可计量的柔情蜜意，恰切地表达出词人对美人思念的深而久长。为将此种感情进一步深化，词人还进一步以病酒与破梦来写别离的伤感与追思。料峭春寒之时伤春伤别又逢 残寒侵身，此时饮酒最易为酒所伤，称为“病酒”或 “中酒”，但究其实主要还是因为心之有病。然而借酒消愁仍无法抹去对旧人的怀念，更何况词人欲在梦中与美人相遇，又被清晨的莺啼声吵醒而无法梦圆。“春寒中酒”与“晓梦啼莺”真切地表达出词人以各种思念方式去追念已别情人而又无法达到的困扰和愁情。

词的下片则转写天气放晴时候的怀人。西园在苏州，是词人与情人寓居之地。词人思念着情人也眷念着旧物，宁愿睹物思人、触景生情而唤起对美人的回忆。“日日扫林亭”反映出词人对美人再来的期盼以及对其追忆的深情，“依旧”则反映出词人的恋旧，或许他们当时正是在清明过后共享过赏新晴的欢乐。词下片的一、二句看似平淡，却包含深意，依然是在写词人对旧时情人的思念方式——扫林亭、赏新晴。紧接着词人又以“黄蜂频扑秋千索”的细节从侧面去烘托词人对美人的深沉追念。“日日扫林亭”是美人再来虽无希望但仍存期盼，而“纤手香凝”则是将幻境与实境结合，表达出一种痴情神往，将希望与追念都凝结到秋千的绳索上。而这一切，都无法不引起词人的惆怅，面对园中的台阶，他想象到与情人的欢爱仿佛如在昨日，仅仅是她穿的鸳鸯鞋一日未至，就使得苔绿顿生了。这种合情合理的夸张将词人的惆怅之情具象化为苔绿，将美人的踪迹难觅、词人追念美人急切而无望的心绪写得淋漓尽致，故青苔不仅仅生于幽阶之上，更重要的是生长于词人的心田之内。

此词意象密集但又显得自然，同时还能做到密疏有致，有的意象留下了巨大的想象空间，同时又富有很强的视觉感。上下片虽各写不同时节的怀人伤离，但却相互勾连，形成整体。每每在两句之中就构成一层含义，从而将怀人的感情层层翻进。词人的想象和夸张合乎情理的真实，纤手香凝秋千索，幽阶一夜青苔生，妙语神通，真情四射，具有极强的艺术感染力。词中的许多意象虽都有前人的影子，但他所创造的“愁草瘗花铭”却给人留下鲜明印象，曹雪芹《红楼梦》中写黛玉葬花并作词悼祭恐也有吴梦窗此词的影响。

年华何可怨 堤畔问荷花

—— 读仲殊《南歌子·十里青山远》

十里青山远，潮平路带沙。数声啼鸟怨年华，又是凄凉时候、在天涯！　白露收残月，清风散晓霞。绿杨堤畔问荷花：记得年时沽酒、那人家？

仲殊是北宋时期的一名和尚，曾举进士，后弃家为僧，在苏州、杭州的一些寺庙住过，能文擅词，与文人包括苏轼常有来往。

此词写旅途的奔波感受，但却带有僧人独特的体验与表达方式。

开篇所写颇见仲殊词的笔力，甚至还有点唐诗的意味。从艺术视觉上来说，是从远景拉回到近景，从青色退回到白色，能给人一种净山空沙的画面感。“青山”着一“远”字，表示词人对行程难以把握的惆怅感，而潮退之后露出的白沙又使人不免产生一种人生的空幻感，行旅的孤寂空寞也就包含在内了。故在听到四周的鸟啼声不是感到欢悦，而是觉得连它们也在埋怨韶华易逝、青春难驻了。佛教常以声音来比喻虚空之理，因为它最能体现佛教非有非无的中道观。唐人李华《春行寄兴》诗中有“芳树无人花自落，春山一路鸟空啼”，亦是从鸟啼声中体悟春光的虚掷、人生的虚空与佛性自有自适之理。仲殊也是从鸟啼声中感受到人生旅程漂泊无定的凄凉和暗淡的。不过，他的这种行走天涯归期无望的凄凉意识还带有浓厚的凡人感受，而并非真正超凡入圣的僧人意识，他并没有真正摆脱尘俗。因为按佛教“苦集灭道”的理论看，人生本来就是苦，不管你是居家还是行走，为烦恼所系就都是苦。唯一的就是忘却烦恼，清除欲望，最后达到泯灭时空有无，度入道境。

正是他的这种尘俗意识，才会引出他在下片对自然美好事物的亲近和对往日尘世生活的回忆。“白露收残月，清风散晓霞”以大自然的更迭规律进一步展示了时间推移的不可挽留，以呼应“啼鸟怨年华”的立意，同时，这两句诗所创造的优美意境又给人以清逸感受，为后面诗句“绿杨堤畔问荷花”作了自然过渡。“问荷花”之问恰切地透露出这位诗僧作为凡人的真实面目，他将荷花视为朋友，借以晤谈化解寂寞并唤起对往事的回忆。“记得年时沽酒、那人家？”既是对尘俗生活的美好回忆，同时又表现了出家人的那种无拘无束、性情坦荡、任真自得的潇洒。正是这种回忆，使诗在结尾处充满着一种温馨与可爱，从而冲淡了上片中行旅离人的怨苦，让全诗呈现出一种清丽明艳的美感。

仲殊作为诗僧却难脱原来作为书生的习气，在这首诗中，他不仅对往日经历过的尘俗生活充满美好的回忆，而且在语言的设色方面也有精细的表达，如青山、白沙、白露、残月、清风、晓霞、绿杨、荷花，相互组合形成了一系列亮艳的图画，从而使诗呈现出生活的本真感和艳丽感。仲殊还喜作艳词，与当时的诗人们一样难以抵御时尚的诱惑，跟着潮流，将春愁闺愁相思愁也玩上几把，足见其性格风趣还是一介书生。苏轼曾将仲殊评为“胸中无一毫发事”的诗僧，恐怕是与之交往过多、爱屋及乌的过誉之论吧。年华何可怨，堤畔问荷花，尘俗之念、世俗之想不是明摆着的吗？与其抬高他，不如平视他，这并不影响他作为一个有艺术才能的诗僧的地位。

欲记别离意 蛙声连雨声

—— 读吕本中《别夜》

薄酒残灯欲别情，暗萤依草不能明。
悬知先入他年话，一夜蛙声连雨声。

此诗写朋友间的离别之情，但却不用那些常用的离别意象，如长亭、短亭、灞桥、南浦、杨柳、行舟等，并且将告别之地从户外转移到了屋内，从眼前之景推想到了他年，反映出了宋人更重内心倾听和精神交流的文化情怀。

“薄酒”指朋友间的饯别之宴并不重在美酒丰食，反映出与朋友乃是那种“君子之交淡如水”式的关系。“残灯”则表示两人已倾谈多时，无话不说而又不忍离去。为渲染这种别情的伤感，诗人又描写了话别时的环境：“暗萤依草不能明”。要是在晴夜里，萤火虫肯定是漫天飞舞，提着灯笼来为这位即将离去的朋友送行的。而在此处，雨夜中的昏暗环境与萤火虫的依草而伏使话别情景变得更为宁静而平淡，并使话别之情带有无尽的哀伤。“薄”、“残”、“暗”字的使用都暗示了这种伤别的愁绪。

“悬知先入他年话”是诗人对未来的推想，从而使别情染抹上了一种厚重的沧桑感，具有了“今之视昔犹如后之视今”的时空超越意识，将平常的话别场景顿时提升到了历史定格的高度，使短暂的离情化为了永恒。“一夜蛙声连雨声”则使外界的自然之声成功地转化为雨夜话别的内心感受，成为后世影响深远的文学意象。正如李商隐诗中的“何当共剪西窗烛，却话巴山夜雨时”一样，“巴山夜雨”亦成为夫妻别后相聚而共诉往日相思的文学典故。李商隐的诗同样是使用推想的手法。苏轼也有过写别情的推想，那是写给他弟弟苏辙的，诗云：“寒灯相对记畴昔，夜雨何时听萧瑟。”寒灯之下兄弟对坐话往事，亦记起过去共同倾听萧瑟夜雨声的手足之情。

诗人写“一夜蛙声连雨声”，仍然是在渲染离情的沉重和友情的绵延不绝，这“一夜”既照应了前面的“残灯”与“暗萤”，同时又表示了朋友离别时的真情倾诉不绝于耳，就如同蛙声连雨声一样，此起彼伏，声声相应并心心相印。在中国古典诗词中，以蝉声来渲染别情的多有所见，如宋代柳永的《雨霖铃》一开篇就是：“寒蝉凄切，对长亭晚，骤雨初歇。”他是以骤雨后的凄切蝉声来衬写离别之伤的。元代张弘范写送别的词句也如此运用，“烟草入重城，马首关山接去程。几度留君留不住，伤情。一片秋蝉雨后声。”而用雨夜蛙声来写伤别则属于吕本中的首创。这可能与吕本中写诗提倡“学诗当识活法”的主张相关。他认为写诗的活法在于，于规矩具备之中而又能出于规矩之外，作诗变化莫测而又不违背于规矩。这种在合符规矩当中求变化的诗学观点是有助于他的诗词实践的。

“一夜蛙声连雨声”，这是多么富有诗意的话别场景。如今的朋友话别则少有这种境遇了，大家匆匆相聚，又匆匆话别，时间就是金钱，时间就是机会，残灯薄酒一夜语，夜雨对床忆往昔，已成为了当今不可打捞的经典意象了。

枕移孤馆雨　舟泛长江雪

—— 读白朴《满江红·行遍江南》

行遍江南，算只有、青山留客。亲友间、中年哀乐、几回离别。棋罢不知人换世，兵馀犹见川留血。叹昔时、歌舞岳阳楼，繁华歇。　寒日短，愁云结。幽故垒，空残月。听阁阁谈笑，果谁雄杰？破枕才移孤馆雨，扁舟又泛长江雪。要烟花、三月到扬州，逢人说。

白朴乃元代著名杂剧作家，著有《梧桐雨》等，与诗人元好问是好友。从金入元后，隐居不仕，宁愿游荡江湖，以作词度曲从事戏剧活动自娱自乐。此词正是他在冬天里游过岳阳楼后告别诸友前往扬州行游时的创作。

词的上片渗透着词人的人生遭际感受，并将这种个人际遇与世事变换、历史轮转结合起来，道出了人间的哀乐感喟与对世事沧桑的嗟叹。词人讲“行遍江南，算只有、青山留客”，其“江南”所指并不单指江南，而是可指普天之下。因为白朴为躲避当朝官员史天泽的推荐入仕，曾多次出游，足迹除江南外，也到过河南、两淮等地，其词《沁园春》以读嵇康的《与山巨源绝交书》有感而发辞谢推荐者的好意。“青山留客”表明他执意做江湖游客，效骏马志在长林丰草间，仿鱼鸟溪山谷涧任往还。“算只有”是他经历过朝廷的挽留与考验之后作出的选择，也说明除青山之外他别无选择。从人生的普遍经历看，亲朋好友之间多少回相逢又分手；中年的哀怨欢乐，几度来几度去，都让人感受到世事的无常。山中遇仙观棋，棋罢不知人间已过多少朝代，其实历朝历代统治者的相互争战拼杀也是在下人间之棋，兵刃交接之后留下来的是血流成河的原野。“棋罢”两句既指了金元之间的改朝换代和血腥屠杀，又表现出词人的人道主义情怀与洞穿历史的深邃见识。故在此基础上，词人面对繁华已歇的岳阳楼而发出兴废变化不由人的沉痛感喟。

下片词人以景物描写开始，但仍承接着上片的感叹延伸开去。“寒日短，愁云结”既是冬日之景的实写，其中又可见出词人深重的情感熔铸。“幽故垒，空残月”，勾画出一幅残月高悬如钩、空照幽寂旧城墙的图画，营造出一种孤冷凄恻的气氛，更加深了词人的历史空幻感。“阁阎”指巷市井间，“听阁阎谈笑，果谁雄杰？”则以民间百姓并不将古今雄杰当做大事在传颂，而只在闲谈笑语中提起的现实，道出了英雄事功的虚幻。词人此处将故垒残月的孤冷与街谈巷议的欢笑相并置，在强烈的对比中加强了词人对功名的否定意识。“破枕”、“扁舟”两句表达的是词人浪迹江湖的意向。“破枕”是言自己的潦倒困境，“扁舟”说的是词人的自我放逐，就像李白那样“明朝散发弄扁舟”。最有意思的是结尾，一个“要”字既表现出词人强烈的行旅指向，同时又带有与自然节候相邀相约的意思。“逢人说”则意味深长，既可以理解为是逢人便说自己要到烟花三月的扬州去游历了，借以表明自己江湖游客的身份，但细究起来，却深含着词人一言难尽的苦衷，因为正是在看似豪爽的宣言中，隐藏着词人对只有青山留客的无奈。

金元两朝的汉族文人基于对朝代更替、族群被弃的遗民意识，常借诗词倾吐家国之痛、身世之悲，话兴亡千古，叹繁华已逝，产生强烈的历史空幻感，与统治者不合作而走向隐居和浪迹江湖便成为一些文人自我放逐的选择。此种现象亦可称为中国古典文学中的“离散文学”，正是这种“离散性”才显出金元文学的价值。自我放逐和离散成为古代士大夫精神求索的重要途径。

花香满庭 不饮自醉

—— 读刘敏中《菩萨蛮·月夕对玉簪独酌》

遥看疑是梅花雪，近前不似梨花月。秋入一簪凉，满庭风露香。　　举杯香露洗，月在杯心里。醉眼月徘徊，玉鸾花上飞。

此词写词人秋夜月下一边品酒一边观赏玉簪花的景况，并借品花表达自己的审美趣味和追求。

词上片的前两句以比较的手法和不同的观赏视角来写玉簪花动人的风采韵味。玉簪花是一种白色如玉形肖妇女头上插定发髻用的玉簪的花，花开时散发出淡淡幽香，清雅脱俗，赏它使人心旷神怡。词人为写出它的独特风神，以皎洁似雪的梅花、溶溶月下与月色相衬的梨花来表现它，以疑而不似的侧描来写月下玉簪花的神态。王安石写梅的诗句有“遥知不是雪，为有暗香来”，主要是写梅的香气，故用“遥知”二字，而刘敏中化“遥知”为“遥看”，则着重在写玉簪花颜色，并以似梅非梅的比较来突出玉簪花的别致。“梨花月”一句也是如此，白居易诗句“梨花一枝春带雨”是用带雨梨花去比喻美人垂泪时的娇嫩，而刘敏中以月下梨花来比较则是要显出玉簪花颜色的素淡清雅。古人有“一树梨花一溪月”的说法，梨花之入月，更显出它的风姿绰约，秀而不媚，玉骨冰肌。这种“疑是”、“不似”的反衬法充分显示了词人表现手法的高超。“秋入一簪凉，满庭风露香”是写玉簪花的味，词人不是写秋季到来风就变得凉爽，而是写秋气一进入玉簪花就变得清凉，这是突出玉簪花的神奇与雅致。宋代诗人黄庭坚曾有诗咏玉簪花道：“宴罢瑶池阿母家，嫩琼飞上紫云车。玉簪落地无人拾，化作江南第一花。”他虽然说的是民间传说中玉簪花的来历，但称其为“江南第一花”的美誉却名副其实。这除了它具有冰姿雪魄的形以外，还在于它有袭人的芳香。

词的下片从词人举杯饮酒赏花写起，以醉眼赏花来续写花在词人心中的幻象。“举杯香露洗，月在杯心里”，一方面融入了李白月下独酌的意境，另一方面又突出了花香风露对杯以及杯中酒、杯中月的沐洗，从而说明此时赏花的氛围是清香沐人，花香使一切变得纤尘不染。“月在杯心里”不仅仅是酒话，也是词人纯净心地的折射。“醉眼月徘徊，玉鸾花上飞”写的是醉眼蒙眬后的幻觉。月影的移动使得玉簪花也摇曳而动，仿佛见到有玉鸾鸟在花上翩然起舞。这一“飞”字使玉簪花由静态化为动态，更觉出它的韵味动人。而从“醉眼”观之，则可见出词人或许并非饮酒而醉，而是赏花闻香不饮自醉，陶陶然进入了审美幻觉中。

元史《本传》称刘敏中“身不怀币，口不论钱，义不苟进，进必有所匡救”，可见其人格气格品位自高。他对玉簪花的观赏也正是在寻找人格的对应，他的月下对玉簪独酌又是对大诗人李白高洁脱俗行为的模仿。在中国古典名花诗词中，对名花的观赏与吟咏已然成为中国士大夫文化身份与文化精神的一种象征。赏什么花，什么人赏花，在何种环境与氛围中赏花，已然构成中国文化传统中区分花品、人品与文品的评价体系，品花的意趣也成为中国审美趣味的重要内容。

独坐思故土　风声当雨声

——读虞集《院中独坐》

何处它年寄此生，山中江上总关情。
无端绕屋长松树，尽把风声作雨声。

元代诗人虞集生长于江南，但仕宦生涯又使得他不得不留在北方的大都（今北京）。他在晚年曾屡次请求回到南方，但终不获允许，乡关之思由此而愈加浓烈，此诗正反映了他的这种乡愁和苦楚的心理。

“何处它年寄此生”来自于诗人凄楚的内心深处。他在经历了难捱的宫廷生计，又久羁京师不得南归之后，自然便产生了人生如寄的悲凉念头。人生如寄、人生如梦及人生如戏的思想都源自佛教，反映的是人生的虚幻不真，认为人生不过是暂时寄寓于世界上的空皮囊而已。虞集的发问并非懵懂，而是十分清醒的明知故问，这种人生如寄的观念已深深扎根于他的心上，所以他做官虽然官至翰林院学士、国子祭酒也坚决地要求回归江南的家乡。

“山中江上总关情”指的是哪怕是隐居山中或是浪迹江湖寄此余生，都不能忘却魂牵梦绕的乡关之情。当然，这“山中江上”也代指江南的青山绿水，在那里有杂花生树，草长莺飞，画舟横笛，酒旗招摇，家乡的一草一木总让诗人牵挂着哩。“总关情”指的是无时无刻都在关注，乡关之思的落脚点总是倾注在江南故土之上。

“无端绕屋长松树，尽把风声作雨声”传达的是诗人那种无法排遣的乡愁。诗人在院中独坐而思、而愁，竟然会埋怨起那绕屋而长的高高松树来了。绕屋的松树长而高，表明诗人居京师此屋已多年了，树犹如此，人何以堪？岁月的流逝更加重诗人乡思的凝重。不仅如此，这松树又毫无理由地总是迎风发声，诗人每每听来仿佛又回到了江南的雨声里。“尽把风声作雨声”的不是松，而是诗人的内心错觉，这种错觉恰恰真切地反映出了诗人愁情的深植与难以驱除。诗人不仅对江南的江山景物关情，即使是北方的草木入眼入耳作声都会使他联想到江南的江涛雨声。可见诗人的乡关之思已使他进入痴迷的状态，成了他的心病。虞集曾以《风入松》为调寄赠曾为他的同事后被罢官南归流寓吴中的柯九思，其词歇拍处就是“为报先生归也，杏花春雨江南”，里面不仅表达了诗人的归意，也包含着诗人对江南春雨的一腔深情。“杏花春雨江南”的意象在虞集诗词集中至少出现过三次，另两次为“京国多年情尽改，忽听春雨忆江南”（《听雨》），“为报道人归去也，杏花春雨在江南”（《腊日偶题》）。杏花春雨江南成为了虞集痛苦时的希望和憧憬的理想。“尽把风声作雨声”当然也是诗人的愤激之语，独坐而思又难解乡愁之时，就连呜咽的松风也被牵连进来，成为诗人怪罪的对象。

此诗是诗人独坐愁思的内心袒露，诗句看似浅近却内涵丰腴，思致韵味绵长。诗题为《院中独坐》，含有深刻的孤独和寂寞的意思，他的这种乡关之思实际上是在内心深处所藏的家国意识，故借院中的松树来宣泄心中的不满。大诗人李白有《独坐敬亭山》一诗，是借孤云寄托自己的孤独的，他与敬亭山的两相对视，就是从自然当中寻找到了安慰，并创造出能给世人提供精神寄寓的孤寂世界。虞集《院中独坐》亦从松风中找到寄托的对象，并从风声的倾听中听出江南春雨的消息，其内心的痛楚也超越了他个人内心的疆域成为世人可以共鸣的故土家园意识，从而传达出“独坐”的神髓。

简中寓繁　清高萧散

—— 读倪瓒《北里》

舍北舍南来往少，自无人觅野夫家。鸠鸣桑上还催种，人语烟中始焙茶。池水云笼茅草气，井床露净碧桐花。练衣挂石生幽梦，睡起行吟到日斜。

北里是元末画家兼诗人倪瓒的隐居处。倪瓒，号云林，有时又署名云林子或云林散人。其家族为江南著名豪富，自小受到良好教育，擅画，一生不仕，四十岁前过着优游的名士生涯。因社会动荡，战争连年，他在至正初年（1341年）干脆疏散家财，后二十多年，漫游五湖三柳，居乡间陋舍或古刹梵馆，恍然世外之人。此诗描写的正是他的乡居生活。

“舍北舍南”两句虽有杜甫“舍北舍南皆春水”的影子，但倪瓒却不在写居所周边景物的环绕，而在突出他与社会之间的关系，在交待人迹罕至的村居环境时表明他的平民兼隐士的身份。“野夫家”是自称也是实称，并不像一些伪隐士那样的伪称，它一方面照应了“来往少”，同时也为后面的描写埋下伏笔。

中间四句则是重点刻画野夫居处的环境，着笔不多即将村居的静谧、景物的秀丽仙逸充分表现了出来。着笔不多，是指诗人只写了桑树上的鸠鸣、烟雾中的焙茶人、笼罩着茅草还冒气的池水以及井栏边的碧桐花，而这些恰是典型的乡间野性。鸠鸣、人语是以动写静、以闹衬静，其实鸠鸣之声并不喧闹，偶尔的鸠鸣声打破乡间田野的寂寞反而使原野显得更为幽静，烟雾中的人语远远听来也是似有若无的，动静结合反而显得环境更为和谐。鸠鸣（即布谷鸟）与催种相连、烘茶的烟雾与人语相杂，以及掩盖在青翠茅草之下的池水等也真实地显示了乡村的野趣，照应了上文的“野夫”。而人语烟中、池水云笼又使得乡村之景犹如天上仙境，乡人在漫天的烟云中一边焙茶一边说笑，村旁的水池在晨晓中静静地冒着蒸气，晨露洗净的井床边默默地伴着青桐花开，这一切又都带有神秘而超逸的意味，使乡居之景不是仙地而胜似仙地。

诗最后两句诗人回到写人，也是写诗人自我的形象，借以传达他悠闲自得的心情和不同流俗的雅洁品行。诗人将白绢制成的衣服挂在石上在室外做起了清梦，也不受时间束缚，想起则起，起来后边散步边吟诗一直走到红日西斜，这真是一种仙人所过的生活。宋代禅宗无门慧开禅师诗云：“春有百花秋有月，夏有凉风冬有雪。若无闲事挂心头，便是人间好时节。”诗人石上挂衣，石边生梦，睡起行吟而不计时辰也正是一种悠闲清淡、尽情享受好时节的萧散雅行。

倪瓒是元代著名的山水画家，好画疏林坡岸，以淡泊、萧疏的意境取胜，他追求天真幽淡，逸笔草草，却能心手相应抒写胸中逸气。画简中寓繁，似嫩实苍，如传世名画《安处斋图》，写近处坡岸的数间茅屋，傍几棵疏柳杂树，远处湖面上浮动着山峦，与淡远的天际相连，整幅画面清寂宁静，于悠长缥缈的韵味中寄托着画家高远清淡的心志。而这首《北里》诗，亦带有画家的眼光和处理手法，寥寥数景的刻画中亦寄托着诗人胸中萧散高远的脱俗之气。诗中不重色彩的描摹，而重烟云、人语、净井、幽石的点写，也反映了他不求形似而重神似的艺术手法。诗画相通，于倪云林身上可得到许多的印证。

想落天外 气势雄宏

—— 读唐温如《题龙阳县青草湖》

西风吹老洞庭波，一夜湘君白发多。
醉后不知天在水，满船清梦压星河。

唐温如，名珙，字温如，会稽（今浙江绍兴）人，为元末明初间诗人。他的这首《题龙阳县青草湖》的确是众多写洞庭诗中的上等好诗，读后令人爱不释手，反复把玩，愈觉其风韵独特。

诗题是写湖，但诗内却写到洞庭，这是因为青草湖与洞庭湖相互连通的缘故。惟其如此，后面才有湘君的故事展开，也才有阔大的星河能够倒映其中。诗人眼中的洞庭波涛并非常人眼中的波涛，而是充满着丰富的历史传说，浸透着神话人物悲欢离合的情感，并体现了他们生命轨迹的波涛。在诗人看来，洞庭之水也是有时间感、历史感和生命感的，诗人用一“老”字既赋予洞庭以生命，以情感，同时也将诗人的主观感受融进了对湖水的观感之中，从中我们隐约可触摸到诗人对时间的敏感。第二句诗人从洞庭而联想到传说中的湘君的故事，在他的想象中，美丽的湘君不仅仅为帝舜之死啼竹成斑，而且在一夜之间愁白了头发。银发飘拂的湘君站在西风肃瑟的洞庭湖边，是在感叹时光的难追、生命的不可把握，还是在忏悔自己的迟缓，以至未能见上舜帝一面呢？诗人留下想象的空间由读者去填充，但字里行间我们又参出有美人迟暮、逝川难挽的哀时伤己感。可以猜想到的是，诗人是来湖上散心买醉的，心中恐有生不逢时、怀才不遇和壮志难伸之隐，所以才会有借酒入梦，以求忘却对时间的伤痛。

第三、四句构思与想象都比一、二句更为奇特。诗人醉后酣然而睡，并渐渐进入梦乡。醉意蒙眬之中，他仿佛觉得自己并不是在湖上，而是在天上的银河泛舟，仰望天空和见到船舷周边的景色都是一样的，星光灿烂，摇曳生辉，不知是天在水里，还是水映着天色，只觉得清梦满船，压得天上星河都在晃荡。我们可以说这两句是实写，因为醉后之人的感觉确是这样，东倒西歪中他哪分得清天耶湖耶？但我们也可以说这两句是虚写，因为梦并无形体，何来装满船？也无重量，又何来“压”呢？诗人正是在虚实相生的想象中将真实化为幻觉，又在幻觉中消解真实，从而在清梦之中使心头苦闷得以释放。正是这最后一句，显出了诗人摆脱尘烦的胸怀，也提升了全诗的气魄，呈现出雄宏的气势。能使清梦满船的人，而且敢在星河上泛舟的人，岂敢小觑，其前程又岂敢低估呢？此诗虽也含有迟暮的哀怨，但雄阔的画面与视野还是让人感到大气流转，显出振拔之力。

古典诗词中写梦的非常多，许多大家也写这类题材，论简练、构思与气势，唐温如的这首诗可以盖过杜甫、李商隐、李贺等大家的同类作品，恐怕只有李白的《梦游天姥吟留别》才可比过这首诗。而从借酒消愁和入梦脱俗来看，唐温如此诗并无李白那样直抒胸臆式的呐喊，留给读者的空白反而比李白诗更多。

当今社会，职业劳作使许多人苦累不堪，能时常做做清梦，偶尔微醺一次，也不失为自我调节的一种途径。俗语道：日有所思，夜有所梦。“清梦”恐怕就是一种精神彻底放松的无所思也无所寄的梦。祝愿大家多做些清梦吧！

傍桃花流水 观西山朝气

—— 读杨基《清平乐·狂歌醉舞》

狂歌醉舞，俯仰成今古。白发萧萧才几缕，听遍江南春雨。　归来茅屋三间，桃花流水潺潺。莫向窗前种竹，先生要看西山。

明初词人杨基的词在用词造语立意上多承袭唐宋词的婉媚，又常带有纤秾之处，而清俊幽艳是其大体，但此词则是在俊逸中透出豪放，并颇有苍雅之骨力。

“狂歌醉舞，俯仰成今古。”是在回首青年时的狂态和中年时在磨难中把握世情的沧桑巨变，抒发自己的人生感伤。“俯仰成今古”暗用王羲之《兰亭集序》中的“俯仰之间，已为陈迹”的句意，表达时光易逝人生命运难以预测和掌控的叹息。写此诗时，词人三十八岁，已经历过狂放期和磨难期的淘漉。青年时他曾仕江左，在张士诚手下做到丞相府记室，又在饶介那里客居过。但几年之间，张士诚败亡，饶介被杀，杨基也由张、饶幕下清客流放河南。江山易代，人生大变，词人从当年的风流少年进入了阅尽沧桑的中年，好不容易回到江南，已呈现掺杂有白发的衰老之相了。所谓“听遍江南春雨”，既实指自己带着几缕白发回到吴中的现状，又虚指他过去在吴中经历过的多种生活。词之上片尽诉词人感时抚事的感叹，凝聚着词人半生的感受，很有“觉今是而昨非”的感悟。故他在另一首词里写道：“想当时、狂歌醉舞，转头都错。”

“归来茅屋三间，桃花流水潺潺。”是言说回归吴中之后的安宁与自在，亦透露出突破尘网之后冲和淡泊的性情。“桃花流水”的使用既可看出他对陶渊明式理想的向往，同时也是对历代文人追求隐逸传统的继承与弘扬，如唐代诗人刘昚虚诗中的隐居理想是：“时有落花至，远随流水香。闲门向山路，深柳读书堂。”李白诗《山中问答》写道：“问余何意栖碧山，笑而不答心自闲。桃花流水窅然去，别有天地非人间。”可见，桃花流水是历代文人常使用的、有别于人间的栖隐意象。杨基向往的正是那种简易而天然、宁静而闲适的生活，他在另一首词里也说到：“世事多因忙里误，算人生、只有闲中乐。”

“莫向窗前种竹，先生要看西山。”则是词人向往自由、任运自适的精神表现。本来种竹乃是表示文人清高的象征，但如果种竹遮住了词人看山的视线以及挡住了西山吹来的朝气，就宁可不种。这“西山”二字还隐含着用典，《世说新语·简傲篇》载，车骑将军桓冲对在自己手下做参军的王徽之说：“卿在府久，比当相料理。”王初不答，眼睛高视，以手版拄颊说：“西山朝来，致有爽气。”王徽之对上司问话不太理睬，勉强回答时也露出自傲的口吻，表明他崇尚天然，根本就不怎么去打理自己的府院。杨基此处引典，也传达了他与新朝疏离决绝的孤傲姿态。“莫向”与“要看”体现了一种倔强的口吻，表示绝不向流俗靠拢，而宁愿执意孤行。

杨基的人生态度自然是经历过人生大风大雨磨洗之后

的大彻大悟，他选择茅屋三间、桃花流水与他追求天然、宁静、自由的简傲性格是分不开的。其实，如今身在官场职场的人们，时常也被不自由的羁网所缚，很少能有可以充分展露个性与才能的表现，也更少敢与上司表示不同意见的勇气。而生活在时尚潮流包围中的都市居民，也常为太丰富的物质欲望所诱惑，家居装饰中天然者稀，繁缛者多，有的甚至还厌弃自己那张与生俱来的脸，宁可把自己身体的自由交给操刀的医生。西山朝气，魂兮何日归来？

江水不息 青山常在

—— 读杨慎《临江仙·滚滚长江东逝水》

滚滚长江东逝水，浪花淘尽英雄。是非成败转头空。青山依旧在，几度夕阳红。　白发渔樵江渚上，惯看秋月春风。一壶浊酒喜相逢。古今多少事，都付笑谈中。

随着电视剧《三国演义》的热播，剧的主题歌一唱，很多人知道这是小说《三国演义》的开篇词。其实，它的真正作者是明代文人杨慎，而且此词还是杨慎所作的历史通俗说唱文学《二十一史弹词》第三段《说秦汉》的开场词。后来由清初的毛宗冈评点小说时将其移置于罗贯中所著的《三国志通俗演义》的卷首，结果词名扬四海，而真正的作者反被遗忘。

此词为讲史弹词中的诗词，故为咏史之作，是借历史兴亡抒发人生感慨的。元至明以来，咏史的词作不断涌现，而且不仅仅是汉人的文人借史咏怀，甚至也影响到少数民族的诗人，如元末祖上为西域色目人的回族诗人萨都剌，就写过如《满江红·金陵怀古》、《念奴娇·登石头城次东坡韵》、《木兰花慢·彭城怀古》等咏史怀古的词作。明初的刘基也常借历史人物与史实表达时序迁流、壮志难酬的伤感，并常有写历史无情、逝水难挽的诗句，如“沧波滚滚东流去，问谁是、登楼王粲？”“流年滚滚长江逝”，“伤悲。斜阳难系，逝水无回”等等。到明中期时亦还有如桑悦的词人，仿苏东坡《赤壁怀古》意创作了《念奴娇·登仙弈山作和东坡韵》，其中有“眼空一望，中州多少英杰！……刘项当年争气处，数点流萤明灭”。所以，杨慎此作也免不了受苏轼的影响，起首就拿滔滔长江水东去无回说事。“浪花淘尽英雄”虽然是承接长江水而来，但却被词人借喻为历史的长河。“转头”指时间的短暂，一转头的工夫。词的上片就借历史长河的无情与是非成败的虚妄，消解了千古英雄的功绩，道出了人生有限、江山永恒的苍凉。“青山依旧在，几度夕阳红”，画面是那样的宏阔，但心境却免不了十分的悲伤。青山不老，阅尽世间争战与人间炎凉；夕阳难系，染红过多少回天际与数不尽的山峦。

下片词人则以白发的渔夫和樵汉的悠闲映衬千古英雄的孤独与虚幻。白发渔樵的一生虽没有创造什么惊天动地的大事，但已习惯于静静地享受秋月春风。“秋月春风”既指惬意的时光，也指流转的历史岁月，说的是平头百姓已将“你方唱罢我登场”的杰雄争霸与世事变迁视为平常事，处变不惊。“古今多少事，都付笑谈中。”指昔日英雄们的丰功伟业和今日当朝炙手可热的权贵们的大事，都不过成为人们相逢时佐酒笑语的谈资。此词下片的意思也可能受到过宋代词人陈与义《临江仙》的影响，陈词有“闲登小阁看新晴。古今多少事，渔唱起三更”，二者构思与句意都相当接近。

杨慎此词情调苍凉而高亢，气度宏阔而深沉，于旷达处显出悲凉，叹息处透露着激昂，叙千古英雄之事至渔樵闲话，列是非成败到浊酒笑谈，举重若轻，荡气回肠。读之心头会平添万千感慨，细品又会为词人深邃的历史眼光所倾倒。词人将历史哲理融入“长江”、“浪花”、“青山”、“夕阳”、“渔樵”、“秋月”、“春风”、“浊酒”等形象之中，让读者在时空人事、是非成败的转换当中悟出变与不变的哲思。

皓月天心小　沧海镜面平

—— 读朱同《发新城至浙江抒怀》

夜发新城望浙城，好风吹送片帆轻。一丸皓月天心小，万里沧江镜面平。白浪总催前后事，青山不尽古今情。重来十载登临地，何处故人同眼明。

朱同为明代著名书画家兼诗人，休宁（今属安徽）人，字大同，自号紫阳山樵。优于学，明洪武年间中举，后被招为吏部员外郎，还提升为礼部侍郎。精于书画，留有《古木寒林图》、《万松道人吹箫图》、《云溪归隐图》等。此诗虽为旅怀诗，但写景之中深寓人生事理，诗格爽朗而又略带有苍老感，透露出历经世事洞察古今的深邃见识。

一、二句交代诗人的旅程并表达自己在阔别十年后重来浙城（今浙江杭州）的喜悦心情。新城，即今浙江新登。古人犹如今人一样，旅行亦喜欢夕发朝至，大概也是为了节省时间。此处点出“夜”的时间背景才有第三句的月景描写。而一“望”字，说明诗人此时还在到杭州的船上，不过，诗人作此诗时恐已天明，月景的描写只是昨夜的回忆。“好”字“轻”字恰切地表达出诗人重临浙城的喜悦。因为喜悦，故感觉到风是好风，帆亦轻如鹅毛为

“片帆”。三、四句是写景，场面开阔而有宏大气魄，体现出诗人雄视天地的胸襟。万里沧江，无边无际，抬眼望，天穹亦无垠，偌大的宇宙之中明洁的月亮不过是一小丸而已。要说它就是天之心脏，而在无法捉摸的天地大荒中，这天心又显得是何等渺小！古人视天地为生命之物，并将人之生命躯体与天地相等同，对应地将月亮看做是天之心，而江河青山草木不过是天地之毛发肠皮。杜甫登泰山而产生“一览众山小”的感觉，是将自己的主观精神投射于外物，使外物被动成为“我”之精神的驱使物。而朱同虽也是以“我”之精神视外物，但却是将外物纳入“我”的内心世界之中，成为“我”之精神世界的同化物。此时的“天心”与“小”更多地偏重于人的内心感受，是宋明时期理学更加强化人的内心与精神世界力量的反映。三、四句不仅体现出古人齐天地万物的生命观，也体现出宋元以后人更重心性与偏于内心感受的体察世界的思维方法。

五、六句是借景抒发人生感慨。正因为有三、四句的视界铺垫，才有这五、六句的襟怀感发。宇宙之中天心都尚小，那人与事就更是不值一提。故看眼前之景，哗哗白浪前后相拥相接，后浪总催着前浪，这正如人间世事今朝总掩盖了前朝，今人总淹没了前人，这是无法抗拒的历史规律；随着船的前行两岸青山阅览不尽，但反过来青山反客为主也阅尽江上无数行旅之人，阅尽千古历史与人情事变。此处诗人将“白浪”、“青山”拟人化，寓情于景抒发了人生有限而历史无限的沧桑感 。七、八句既点明了自己重登浙城的时间，同时又寄寓了人生短暂、故人何在以及何人与我有共识而不为浮云俗事所遮蔽的感叹。

朱同多才而机巧多能，进入官场亦身不由己，终还为官场所误。他曾认识到“由来轩冕多翻覆，涧水松风未是贫”，但眼明之人也难以超越一定的历史阶段，在名曰“明”但政治并不清明的朝代，朱同的悲剧也就在所难免。但他能提供如此的认识也不失为一种难得的警醒之见。

高士雪中卧　美人林下来

——读高启《梅花九首》之第一首

琼姿只合在瑶台，谁向江南处处栽？雪满山中高士卧，月明林下美人来。寒依疏影萧萧竹，春掩残香漠漠苔。自去何郎无好咏，东风愁寂几回开？

此是明代诗人高启著名的咏梅诗名作，共九首，每首皆飘逸超群，力写梅之高韵。这里选的是第一首。诗人在前人已有多首著名的梅花诗的基础上既继承又创新，多处着笔，多方譬喻，极写梅花高洁绝尘的品格与气韵。

诗人首先用反衬法来写梅花的超尘绝俗，以疑问的方式提出质疑，但又无须回答，寓答案于疑问之中，衬托出梅花的不俗气质和灵秀仙骨。诗人认为像梅花这样具有琼玉般姿容的花种只应留在天上神仙居住的瑶台之上，却不想仙家却将它栽向了山林秀美、人杰地灵的江南，从而突出了梅花的神奇身份。韩冕诗曾说“梅花本是神仙骨，落在人间品自奇”，韩冕是从正面去言说，而高启则是从反面去衬托。用意虽同，但表达方式却迥异，高诗以疑问起句更能吸引人的注意和思考。

“雪满山中高士卧，月明林下美人来”两句是为人传诵的名句，诗人以高士、美人作比，又以雪满山中和月明林下作为背景来映衬高士、美人，进一步突出了梅花的孤傲高洁与清秀闲雅的精神。此两句也是在写梅的风骨与魂魄。清代学者曾强拉硬扯，寻找出这两句当中的典故，说“雪满山中”句出自东汉袁安家中卧雪之典，“月明林下”句出自隋朝赵师雄于月夜林中酒肆与梅花化作的美女共饮美酒之典。其实，这两句没有这典故的限制反而会使梅花的品格显得更为圣洁与超逸。此两句分别都构成了一幅美得令人心颤的意境，又何须什么典故来支撑呢？宋代隐士林逋写梅，也含有颂梅风标绝尘之意。但林逋诗重在写梅之风韵，而高启诗则重在写梅之风骨。“冰雪林中著此身，不同桃李混芳尘。忽然一夜清香发，散作乾坤万里春。”（韩冕诗）梅之傲雪怒绽才显出她的高洁骨气。“万花敢向雪中出，一树独先天下春”，元代杨维祯的诗也是赞梅之雪中独放的勇气。可见，高启的“雪满山中”句重在写梅的气节。

五、六句诗人进一步用竹来烘托梅的清俊身影，用苔掩残香表达对梅之高尚品格的尊重。松竹梅乃“岁寒三友”，萧萧竹声中更显寒梅固守清贫的骨气；漠漠青苔心甘情愿地承载着残梅的零落花瓣，并将残梅的清香融化在它的躯体中，使香保持得更久长些。七、八句则借抬高南朝诗人何逊的咏梅佳作而表达了他的自负，似乎只有他高启才是梅的知己。

高启之前写梅之诗已众多，但他却能脱出前人的窠臼，采用多方譬喻与衬托的手法写出梅的气节，突出梅的风骨与精魂，却是难得的。他的这种譬喻也对后世产生了影响，曹雪芹《红楼梦》中写《终身误》的曲子，有“空对着山中高士晶莹雪，终不忘世外仙姝寂寞林”之句，其构思恐怕也受到高启诗句的启发。

淡抹夕阳路 牵起万古愁

—— 读林鸿《夕阳》

抹野衔山影欲收，光浮鸦背去悠悠。高城半落催鸣角，远浦初沉促系舟。几处闺中关绣户，何人江上倚朱楼？凄凉独有咸阳路，芳草相连万古愁。

林鸿，福建福清人，诗推崇盛唐，且时在摹仿之中推出自创之意，是“闽中十才子”之一。此诗是他在京城任职时的作品。

“抹野衔山”是描写夕阳的形与色。“衔山”指夕阳之形：远眺夕阳，夕阳已被山峦吞衔去一半或多半；“抹野”是写夕阳之色：夕阳已矮斜下去，其光已不再明亮，它斜射出来，给平野抹上一层淡淡的颜色。“光浮鸦背”是写淡抹夕阳之下一群归巢的乌鸦仿佛背负着夕照霞光从容归去。“去悠悠”三字既是写乌鸦归家的从容神态，也可看做是写夕阳影收光敛的静谧安详。归鸦是动景，斜照是静景，“抹”、“衔”、“收”、“浮”虽均是动词，但在此处却已成为了一种无主体的自动词，呈现的是一种安宁淡定的夕照图景。

前两句是实景描写，中间四句则转为一种想象。它们既是对前人文学意象的继承，同时又是将夕阳之景从眼前推想开去，拓展了诗境，使黄昏之景上升为一种社会的普遍经验。“高城半落催鸣角”是写边地的黄昏，号角已鸣，城门半闭，使人联想起宋人范仲淹词所创造的意象“长烟落日孤城闭”。“远浦初沉促系舟”则是写到江边的码头，暮色苍茫之中人们急急忙忙地在系舟下锚，做着夜泊的准备工作。“几处闺中关绣户，何人江上倚朱楼？”是从黄昏将至的盼归与思归想象开去，写出人世间目标难以实现后的无可奈何感。游子不归，闺中少妇盼望了整日只好将绣户关闭；而浪迹江湖的游子斜靠在夕阳余霞辉映的船楼上，其相思亦早已飞回家园。

以上都是诗人根据夕阳的集体体验所作的文学性引申，表现出一种惆怅、落寞的情绪，可以看出诗人在有意识地摹仿前人又要超越前人。正是在人们对夕阳普遍感受的基础上，诗人最后推出自己独特的体验，夕阳下的京城小路上，芳草萋萋连着夕阳的余绮，诗人沉思着历史和个人的命运，一种与历史相通的悲凉禁不住从心底升起。

原始先民自有时间感以来，就对黄昏与夕阳充满着无比复杂的感情。夕阳之美，绚丽但刹那，带给人高峰的快感，又预示着终结的肃杀、苍凉和凄美。“日之夕矣，牛羊下来”，黄昏的景致成为人们向往温馨和珍惜岁月的象征，也成为人们思归和伤别的寄托对象。“夕阳无限好，只是近黄昏。”唐代诗人李义山的黄昏体验已构成中国文化中一个永恒的主题，其间浸透着他对人生、对社会、对大自然的深深感伤，可令人生出无数凄楚和凝重的感悟。“暮霭沉沉楚天阔，多情自古伤离别”，“伤情楚，高城望断，灯火已黄昏”，宋代词人对黄昏的体验有着一种令人刻骨铭心的伤楚，使夕阳与黄昏成为人们亲情、爱情与家园意识中一道永远不会褪色的风景线。在当代，当我们听到张学友唱的“夕阳醉了，落霞醉了”，陈奕迅唱的“夕阳无限好，却是近黄昏……好风景多的是，夕阳平常事，然而每天眼见的，永远不相似”的歌声时，又在惆怅、伤感的情绪中生出许多美丽的安慰和进取的心思。

书中天地大 庐内别有春

—— 读于谦《观书》

书卷多情似故人，晨昏犹乐每相亲。眼前直下三千字，胸次全无一点尘。活水源头随处满，东风花柳逐时新，金鞍玉勒寻芳客，未信我庐别有春。

于谦，明代名臣，政声卓著，诗风遒劲，兴象深远。其所作的《石灰吟》诗流传极广，脍炙人口。《观书》一诗则表达了他对书的感情和对读书的解悟。

中国文士对文字与书籍常怀敬畏之心，同时久与书相处又平添了一种朋友之情。所谓“手不释卷”不仅仅是讲读书人的刻苦，更重要的是讲与书的感情已到了朝夕相处、形影不离的地步。故书卷亦如朋友，多情而有感染力，相亲亦有故人感，书中忧乐也便与人之忧乐相伴相随，阅读成为古代文人日常生活的重要活动。诗之一、二句讲的正是诗人对书的感受和感情。

“眼前直下三千字”是言读书的快意。读书如观景，所遇景色琳琅满目，但聪慧之人一目十行，不碰任何障碍，读后舒畅愉悦。李白观庐山瀑布有“飞流直下三千尺”句，形容瀑布的雄伟气势，而于谦的“眼前直下三千字”则是用来形容读书人之气势的，大有睥睨群雄、横扫宇宙的豪杰气概。读书又有陶冶性情、修身养性和净化灵魂的作用，读到好书，会获得良多的智慧启示，有时如醍醐灌顶，豁然开朗；有时如夏之饮冰，通体凉爽，感觉与尘世相隔，超然度外。三千字直读而下，胸怀均无一点世俗之尘挂碍，说的正是读书所遭遇、也是所追求的最佳境界。

“活水源头随处满”是从朱熹的《观书有感》诗“问渠哪得清如许？为有源头活水来”化出，说的是读书能让人不断获得新知，并具备不断取得进步的源泉与动力；“东风花柳逐时新”也是化朱熹的《春日》诗而来，朱诗云：“胜日寻芳泗水边，无边光景一时新。等闲识得东风面，万紫千红总是春。”朱诗借观景游春来喻读书的感悟过程，于谦化用则侧重在言说读书可以使人与时俱进，不断地提升精神境界，会不断求新求变。“随处满”说书是可以不断给人提供知识源泉的宝库，而“逐时新”则说书能助人不断提升进步。知识就是力量，是人不断攀升前进的阶梯。古人的见解与今人的智慧是一脉相通的。

诗人对读书情有独钟，曾有诗写到他阅读时所享受到的愉快，如“清风一枕南窗卧，间阅床头几卷书”，隐然一高士的形象。正是有这种愉悦的体验，所以诗人用对比的手法写出只有读书人才可体会到的人生境界：“金鞍玉勒寻芳客，未信我庐别有春。”“金鞍玉勒”是说的那些富家子弟到处浪游，过着奢侈的物质享受生活，他们不读书也看不起读书人的书斋生活，更谈不上理解读书人的精神追求了。“我庐”指诗人也指清贫的读书人的居处，读书人之庐虽然简朴，但却充满动人的春色，具有别样的风情，用禅家的话来说那是“别有一家春”啊！正是“别有”二字道出了诗人对读书生活的由衷热爱，也展示了他重精神愉悦而轻物质享受的人生追求。

当今社会娱乐成分愈浓，物质欲望愈烈，各样信息令人眼花缭乱，能有时间坐下来读书反而成为了一种奢侈的精神享受了。但不管时代如何变化，也不管知识的传载方式如何丰富新颖，读书仍然是现代人生活中不可或缺的重要内容。

萧萧数叶　满堂风雨

——读李东阳《柯敬仲墨竹》

莫将画竹论难易，刚道繁难简更难。
君看萧萧只数叶，满堂风雨不胜寒。

李东阳，明代著名诗人，湖南茶陵人，四岁举神童，后中进士，诗开明代中叶诗坛以复古为革新的先声，入阁后成为文坛领袖，学士大夫随其从艺，逐渐形成茶陵诗派。此诗是为元代柯九思所作的墨竹图而题的，既称赞了柯九思墨竹图画得形神兼备，韵致高逸，又表达了诗人主张艺术创作以少总多、虚实相生、简繁得当的观点，同时也阐释了诗画相通的艺术规律。

前两句是借观柯九思的墨竹图而发的议论，专门拈出了画竹的难易繁简问题，表达了诗人对文人画尚意崇简美学趣味的推崇。文人画起源于宋代，大诗人苏轼曾是文人画的极力推动者。文人画家文同以画竹著名，柯九思画竹就以文同为师。苏轼曾有《文与可画筼筜谷偃竹记》一文专门论文同的画竹，文中指出画竹不能只讲形似，如果节节而为之，叶叶而累之，就没有竹了；画家画竹应该先在胸中酝酿，做到成竹在胸，然后以意为之一挥而就。苏轼之论，一方面说出了画竹不能从繁而应尚简，另一方面也道出了成竹在胸以意写之的追意论。苏轼在《书鄢陵王主簿所画折枝》诗中还说道："论画以形似，见与儿童邻。"更进一步表达了他重传神写意的艺术见解。李东阳深谙文人画的精髓，在此诗中提出了画竹莫论难易，要做到简实则比繁更难的艺术创作观。

后两句是为前两句寻找的艺术个案证明，其实也是对眼前柯九思所写的墨竹图的高度称赞。艺术创作并不在写繁还是写简，关键在于它是否能生动传神，让人感到真境逼人。柯九思所画竹，萧萧数叶却具备天下风雨飒然而至的神态和意蕴，令人观之恍若身临其境，顿觉寒气袭人，其以虚写实、形简而意远的艺术效果尽显文人画之神妙，可见简便非易。

诗歌创作与绘画一样，也常用简练的语言以少总多来表达更丰富深远的意义，给读者留下可以想象的空间。李东阳在《麓堂诗话》中就打通了诗画的理论，他说："古歌辞贵简远，《大风歌》只三句，《易水歌》只二句，其感慨悲壮尽在其中，语短而意长。《弹铗歌》只一句，亦自有含悲饮恨之意。后人穷技极力，愈长而愈不及。予尝题柯敬仲《墨竹》曰：'莫将画竹论难易，刚道繁难简更难。君看萧萧只数叶，满堂风雨不胜寒。'画法与诗法通者，盖此类也。"中国艺术崇尚有无相生、以虚代实、追求空白的艺术效果，如绘画中有以咫尺而写万里之势的构图观，有以一舟一人泛舟湖上而衬托整个寒江苍茫辽阔意象的留白法，画面之留白其实也正是画中之颜色，空白并非真正的空无，而是计白为黑，白成为中国画中以虚概实、以虚托实的无穷色。"虚实相生，无画处皆成妙境"，谁能说数叶之竹又不是满园之竹、天下之竹呢？中国戏剧舞台上，演员背上插几面旗帜，则象征着率领千军万马，其虚拟与假定性才会使戏剧舞台虚虚实实，以虚代实，舞出中国戏剧的韵味与意境。

其实，在人生过程中，要体味人生的滋味，如何删繁就简、张弛有道，并最后达到返璞归真、还其真我也是一门艺术，只不过人生如过客，许多人没有仔细去琢磨体味罢了。中国艺术与人生又何尝不相通相似呢？

人生当自信 虚白自生光

—— 读王阳明《夜宿汪氏园》

小阁藏身一斗方，夜深虚白自生光。梁间来下徐生榻，座上惭无荀令香。驿树雨声翻屋瓦，龙池月色浸书床。他年贵竹传异事，应说阳明旧草堂。

距今四百九十九年前，也就是明正德二年（公元1507年），王阳明因直言谏进触犯权贵，下狱之后被贬至万里之远的贵州龙场（今贵州修文县）做驿丞（相当于今天一个县政府招待所的所长）。在龙场他寄身草庵，垦荒自种，同时又冥思勤修，终于体悟出“良知”之道。之后他创办了龙冈书院，开始授徒讲学，声名鹊起。后又应贵州提学副使席书之邀到贵阳的文明书院讲学。此时的他虽身经磨难，死里逃生，但依仗内心的修炼，对人生与前程仍充满着希望与自信。此诗正是他夜宿贵阳汪氏园中触景生思，借以表达他决不会久困龙场而必将传名后世的冲天大志。

“小阁藏身”指诗人暂寄宿之地，“一斗方”指其狭窄，这既是实指同时又是虚指，使人联想到诗人困于龙场那偏远的地方，其生存空间极其狭小仄逼。“虚白”二字出自《庄子·人间世》：“虚室生白，吉祥止止。”谓心能空虚而自能生出纯白之光，后常用“虚白”来形容一种澄澈明朗的境界。诗人此处亦是言说自己修心悟道，心室自能发出照射人间的万丈光焰。这是诗人对自己体悟出“良知”思想以及对“良知”思想强大影响力的自信与自赞。“梁间来下徐生榻，座上惭无荀令香”，则通过两个典故，表达了自己对应邀来贵阳讲学的一种身份确认，语间同样呈现出一种自喜与自傲。诗人将自己比做汉代的高士徐孺子，说自己受邀正是得到了席书高级的礼遇。“徐孺之榻”典故出自《世说新语》。徐孺子虽为一乡间草民，却有南州高士之誉，他曾深受汉代重臣陈蕃的重视，平时不接待宾客的陈蕃，居然破例在太守府中为徐特备一榻，徐来则张之，徐去则撤之，的确是罕见的礼贤之举。诗人还将自己比做荀令君，史载荀令君到人家里拜访，坐处会留三日香，后人以“荀令香”代指高雅人士。王阳明此处虽谦言自己是“惭无”，但骨子里却是对自己能授经讲学的看重，言下之意则是我虽不能像荀令君那样能坐处留香，但我的传经授道却能流芳千古。

“驿树雨声翻屋瓦，龙池月色浸书床。”是回想起他在龙场驿艰难但却富有诗意的生活，表达了他对龙场驿的眷爱与重视。龙场悟道是王阳明生活历程中的转折点，正是在那样千难万险的环境中，王阳明设想圣人处此别无它途，不可逃避，而最终凭自性之良知超越荣辱毁誉与生死利害，大悟格物致知之旨。这样充满激情的驿站，这样优美的龙池月色，又怎会在他的生命中淡出呢？“他年贵竹传异事，应说阳明旧草堂”，则是将他的自信推向了高潮。诗人借对他年的推想和写自己居处的必将留名，表达了他对自己以及自己思想学说的充分自信：如果将来贵阳要流传什么奇事伟业的话，应提到我王阳明居住的这片草堂。贵竹，指贵阳，因古时贵阳盛产竹子并以制作乐器筑而闻名，故称“筑”或“贵竹”。

王阳明身处逆境而躬心自问，体悟良知而对传统加以改造并有创新，虽居乡野仍对国家大政与人生出路探索不已，其诗云：“心在夷居何有陋，身虽吏隐未忘忧”，“阴极阳回知不远，蓝芽行见发春尖”，其身其行其言真有圣人风范，正是他的才能与自信使他能跳出茫茫山野和旧有的文化屏障，而在思想文化界掀起了一场革命。是金子无论置于何地都会发光，王阳明的成功给后人树立了典范。时光越过数百年，在20世纪初的中国还有那样一位伟人，独立寒秋，眺望寥廓江天，吟唱出“自信人生二百年，会当水击三千里”的诗句，开始了另一场改天换地的革命。

深重历史感 旺盛生命力

—— 读张九一《酌酒》

一酌千愁尽，悠悠土木身。楼台三峡月，鼓角九江春。山水私词客，衣冠忌酒人。长安鸣佩者，半是霍家亲。

明代诗人张九一曾加入过李攀龙的诗社，被列为“后五子”之中，其诗秀拔流逸，豪气奇崛。此诗是他乘船经长江三峡至江西九江途中，饮酒而观山水但依然难消胸中郁闷心情的作品。

诗人在船上借酒释愁，想到自己那不值得珍视的身体也就更为放得开。《晋书》中载嵇康自视其身体为“土木形骸，不自藻饰”，但他对《广陵散》不能流传下去却深为惋惜。而张九一能抛开生死大念敞开胸怀，故酒照喝，事照做，人照骂，俨然一个刚直不阿的词人酒客兼官员。“楼台三峡月，鼓角九江春” 是诗中的过渡句，言说他沿江而下的经历，但用一“月”字一“春”字，却赋予了此句不平常的内涵。也就是说多少鼓角楼台经历了悠悠岁月而阅尽人间春色，他作为山水游客不仅在阅览山水古迹，也在体会着长江的历史和长江上无数风流人物的故事，这便自然引出后面诗句的感慨。

“山水私词客，衣冠忌酒人。”一方面点出山水与诗人的亲近感，另一方面又借饮酒之事转到对官场扼杀自由束缚个性的批判。长江山水曾哺育过多少闻名百世的诗人，有道是墨客骚人得江山之助，反过来，美好江山也偏爱墨客骚人。辛弃疾词曾曰：“我见青山多妩媚，料青山见我亦如是。”古往今来，文人与山水早已融为一体。谢灵运做小县令时曾游遍所辖地的山水胜地，李白登敬亭山竟然是“相看两不厌”，欧阳修筑醉翁亭而憩便陶醉得忘乎所以。词客借山水而得到心灵的慰藉，山水因词客而名扬四海，二者的相亲相融关系是中国文化传统中说不完道不尽的话题。但“衣冠”和“酒人”却是不相容的，“衣冠”指儒服或官服，此处专指后者。“衣冠忌酒人”表面上说的是官场的职位是很忌讳好酒之人的，实际上则是指官场容不下那些豪迈不羁而有个性有才能的人。张九一此论既是从他官场经历中得出来的，也是从古人的经历总结出来的。屈原是历史上第一位遭官场排挤的诗人，因有文才懂治国之道且有个性而遭小人妒忌，被楚怀王流放；之后有嵇中散、李太白、苏东坡、辛稼轩等无数文才俊杰都因不愿牺牲个性而屈从官场，最后都成为在官场中遭受挤压迫害的悲剧人物。张九一此两句诗体现出的深刻识见，既具有高度的概括性，又具有极强的批判性，堪称名句。

诗人在五、六句借山水和酒道出了山水与词客、官场与酒人间的相互关系，语气显得还比较平和，但最后两句则是针对官场腐败现象而发出的愤激之语，语气中充满鄙视和厌恶。“长安鸣佩者”是指京城的高官，他们因为尊贵连所骑之马也以玉做装饰，行走起来就叮当作响，故称鸣佩。“半是霍家亲”是引典，也是借古讽今。《史记》

中载霍去病因征伐匈奴有功，被封为骠骑将军、大司马，一时权倾朝野，他重用提拔亲信，将跟随和侍奉过他的人都封了官爵，可谓是一人得道鸡犬升天。晚明官场也与汉代霍去病时代一样，难以跳出腐败的周期律，故引起像张九一这样正直不阿之人的抨击。

张九一此诗意在借酒言志并借酒而揭露封建官场的不良风气，作为文人和中层官吏他也是无力改变此种风气的，但忍受还是呐喊，这的确成了官吏们的一个问题。张九一参透生死性命，也就选择了呐喊。尽管这声声呐喊被无穷的黑暗所吞没，但百载之下我们再读他的诗依然还会感觉到它那深重的历史感、旺盛的生命力和强烈的现实意义。

酒浇赵州土 月记知己交

—— 读纳兰性德《金缕曲·赠梁汾》

德也狂生耳！偶然间、缁尘京国，乌衣门第。有酒惟浇赵州土，谁会成生此意？不信道、遂成知己。青眼高歌俱未老，向尊前、拭英雄泪。君不见，月如水。　共君此夜须沉醉。且由他、蛾眉谣诼，古今同忌。身世悠悠何足问，冷笑置之而已！寻思起、从头翻悔。一日心期千劫在，后身缘恐结他生里。然诺重，君须记。

这是清初词人纳兰性德写给他的忘年交朋友也是他的家庭教师顾贞观（号梁汾）的一首词。词中真诚地袒露了他的心扉，表达了他当决然不顾小人妒忌，今生后世都将顾贞观视为知己的郑重许诺。

词一开篇词人就高呼“我是一名狂生”，这毫不忌讳的自我表露为以后的内容作了很好的铺垫。正是因为狂，才有词人抛弃门第与家庭教师的相知相交，也才有他的侠肠俊骨和慷慨允诺。在中国文化传统中，“狂”往往被视为另类，如屈原曾在流放当中佯狂，“竹林七贤”为躲避政治迫害也不得不狂放不羁，李白之狂更是对“大道不得出”的抗议，实际上这些“狂生”性格耿直、古道热肠但内心却充满着受压抑的痛苦。狂之不受社会容纳而要愈加称“狂”，以狂来对抗流俗庸习，这就在对社会的批判中为中国文化注入了激活与发展的因子。如果没有这些猖狂者，中国文化岂不失色不少？词人接着表明自己虽然生在贵族之家（纳兰性德是宰相明珠的长子），又偶然间在京城供职（他的官职为一等侍卫），但生性慷慨豪爽，喜交朋友，有酒也只浇奠到赵国平原君的故土上去，意即要像平原君那样礼贤纳士，为朋友而两肋插刀。事实上，他也是这么做的。吴江的吴兆骞被流放绝域甚久，性德闻其才名，助其赦还关内。他还保护过陈维嵩、姜宸英、严绳孙、秦松龄等汉族文化人，为清初文坛的繁荣和满汉民族文化的沟通融合做出过有益的贡献。“成生”即性德自指，他原名成德，后因避讳改性德。“青眼高歌俱未老”是说他与顾贞观两人能坦诚相待，相处得很愉快。“君不见，月如水”既是一种盟誓，即对月发誓永结同好，在结构上又是以写景来缓和气氛，起到过渡缓冲的作用。

下片起句平缓，继续着真挚友情的表达。“且由他”三句是说醉后且不管他，因为古往今来社会都存在着忌才妒能的现象，忠臣志士都会遭谗言诋毁。对此，词人惟有以冷笑来对付那些谣言讥讽。他表示道，如果这都要害怕的话，那我就得后悔我的出生了，而出生恰恰是不可改变的。只要我们情投志同，身世门第又怎么能妨碍我们成为知己呢？词的结尾词人又用佛教的语言及观念，表示他一旦以心相许就会历尽千劫万复而永不改变，并将在来生里继续着这种因缘、这种许诺。下片词人用语未作任何雕饰，然而正好符合他直陈心怀与立誓发愿的情感要求，让人感到他的许诺确有千钧之力。

中国文化对朋友之情是非常看重的，士大夫之间一旦成为兄弟就会一诺千金，重义气而轻生死。纳兰性德作为满人，也受到汉族文化的影响与熏陶，故他能服膺慷慨仗义的平原君，并能冲破民族与门第的栅栏而保护汉族有识有才的文士。据史载，纳兰性德此词一出，立即为士人竞相传写，甚至连教坊歌女也都知道有这等佳词妙曲。此词所透露出的重情守诚和狂狷耿介对今日的官场文坛以及世人生活都是有借鉴和启示的。

一星在水形容独　帆影空摇白云卧

—— 读厉鹗《百字令·秋光今夜》

秋光今夜，向桐江，为写当年高躅。风露皆非人世有，自坐船头吹竹。万籁生山，一星在水，鹤梦疑重续。拏音遥去，西岩渔父初宿。

心忆汐社沉埋，清狂不见，使我形容独。寂寂冷萤三四点，穿过前湾茅屋。林净藏烟，峰危限月，帆影摇空绿。随风飘荡，白云还卧深谷。

厉鹗为清浙派词的重要作家，他博学，主盟文坛达数十年之久，词以姜夔、史达祖、张炎为宗，词风清俊纯雅，境界幽远孤静。此词写月夜行船后的记忆，词前曾有小序云："月夜过七星滩，光景奇绝。歌此调，几令众山皆响。"足见词人对自己词作怀有一种自赏之意。

前三句词人交代自己秋夜行船桐江之上的原由，为的是追蹑高人的足迹。桐江是富春江流经桐庐县境内的那一段江，当年的高士严光就农耕垂钓于此，拒不接受汉光武帝刘秀的邀请出仕官场。尽管刘秀少年时与严光是同学，严光也还是不看皇帝与同学的情面而坚持他自己的立场。这一动机交待为全词奠定了基调，故后面的内容都与隐逸孤寂相连。其实，厉鹗也只是夜过桐江而已，并非专门寻找严子陵遗迹而来，但途经桐庐严陵山西的七里滩，自然就会联想起严光来。为表现自己的清雅孤逸，又要道出这秀丽景色的难以忘怀，不牵出严光来又何以成章呢？这清寂烟净的江林，这白云深卧的山谷也才真正配得上高蹈出世的严光啊！故词人接下去便展开了对江月夜景的描写，以展现一种超世脱俗的隐逸心态。风甜甜，露轻轻，疑似仙境。孤星映水，词人自坐船头吹箫低唱，犹如群山中发出的天籁之音，就连水边栖息的白鹤也时醒时睡，好梦偶被打断又再重续。船的摇橹声渐渐远去，令人联想起西山的渔父正在安排住宿吧。“西岩渔父”用的是柳宗元诗中创造的渔父意象，此处引用它是用以呼应前面点出的“高躅”，或许这西岩渔父正步着高士严光的后尘，在这清凉孤寂的月夜中独来独往哩。词人通过“自坐”、“一星在水”、“遥去”等词语极力渲染了一种孤独但又自得自适自赏的情绪和心境。

词之下片则以史迹的联想起头，在隐逸的情调中又回荡起一种遗民之恨的淡淡哀伤。汐社是南宋遗民谢翱避难浙东时组织的诗社，文天祥死后，谢翱曾登桐江的西台，作《朱鸟歌》遥祭。但昔日的汐社已然成历史陈迹，那些高迈不羁的隐逸之士也没有了踪影，想到此，词人更感孤独。此处的字里行间皆渗透着他的隐痛，过去的逸民尚可聚社吟唱，遥祭心中的英雄，而今连逸民的影子都找不到了，又到哪里去寻找同调呢？只此一联想，词人的这种孤独感便有了重量，并从个体的孤独汇集到了群体的文化孤寂。词人环视眼前的冷寂情景，表明自己要像白云高卧深谷一样宁愿过隐逸的生活。

此词体现了作者高超的艺术技法，那一星在水、橹声遥去、寂寂冷萤、岸林藏烟、帆影摇空绿、白云卧深谷的景象描绘，表现出作者别致的构思和准确精到的刻画能力。词人又用象征的手法抒发出蕴蓄胸中良久的深重的孤独感，同时又在观景中通过怀人忆史含蓄地表达出遗民的隐痛，全诗境界幽寂而透伤怨、缓平而藏奇峰、清俊之中含凝重，读之可以回味无穷。

东风吹老时光　天地尽入吾庐

—— 读张惠言《水调歌头·今日非昨日》

今日非昨日，明日复何如？来真悔何事，不读十年书。为问东风吹老，几度枫江兰径，千里转平芜。寂寞斜阳外，渺渺正愁予。

千古意，君知否？只斯须。名山料理身后，也算古人愚。一夜庭前绿遍，三月雨中红透，天地入吾庐。容易众芳歇，莫听子规啼。

张惠言，清代常州词派创始人。其论词主张托物起兴，并编有《词选》，借以反映他的论词旨趣和批评方法。此词是他所创作的五首写春景春感词的第四首，大致亦可看出他的创作实践与理论之间的联系。

上片以感叹时间流转开端，引出对时光难挽的伤感。前四句是对时间流逝、韶华难再的感叹，甚至还从去去来来的日子里生出悔意，自己何苦去苦读，应该多享受眼前的春光才更对。从第五句始，词人以托物起兴的手法诉说对时光穿梭、斜阳难驻、人生易老的愁绪。他用寻求答案的口吻表达自己对时间的探索：春来秋去，见几度枫红兰衰，一夜之间千里平野青草就连成了一片，这大自然的轮回流转又怎能不引起人的哀伤。见斜阳逐渐暗淡，顿感斜阳寂寞人更寂寞，极目远眺，倍觉愁绪长长。风将时光吹老，而人又被时光催老，人在时间面前又将何为呢？这里，词人借景物的生死兴衰托出哀时伤春的愁情，运用鲜明生动的形象和通感的艺术手法把愁情渲染得愈加浓厚。

下片则以探索时间的哲理问题开始，继而引出对人生功名事业的感叹。“千古意，君知否？只斯须。”词人追问道：你知道千古以来时间的意义吗？在词人看来，时间无始无终，天地盈虚消长本就是无止境的，故千古也不过是短暂的一瞬间而已。故古人所谓著书立说藏之名山流传千古，也不过是一种迂腐之见，还不如我尽情欣赏眼前的桃红柳绿，将天地统统纳入我所喜爱的住室里来呢。词人将“一夜”、“三月”与“天地”并置，很好地呼应了前面的“千古意，君知否？只斯须”，意即“一夜”是一瞬，“三月”还是刹那，“天地”也不过为“斯须”。读此词，我最喜欢的也就是这三句，看一夜之间庭前芳草绿遍，阳春三月蒙蒙细雨中处处姹紫嫣红，从我的居处看出去，天地宇宙的一切景象都涌入我的眼帘来，一即一切，一切即一，又哪里会有时间的差别呢？此处的“吾庐”既指居所，也可指我的心胸，即天地尽入我胸中，这充分体现了词人宏阔的胸襟和自由的心境。读此令我想起古人的名句“宠辱不惊，看庭前花开花落；去留无意，观天上云卷云舒”，一切都变得那么自由、自然、自在与自乐。由于有了以上的重墨渲染，词人在歇拍处自然地推出规劝：春芳易歇，但切勿急躁，哪管它子规鸟声声催唤，我自有春心永驻。

词人从春愁写到春乐，从忧春写到悦春，从“寂寞斜阳，渺渺正愁予”写到“一夜庭前绿遍，三月雨中红透，天地入吾庐”，情感的起伏跌宕展示了词人对春光的游赏与哲理的思索。有人说张惠言的五首春日词是提倡及时行乐的，我看其实也未必。作者对时间的忧与思，也有催人珍惜春光、多对美好事物留心与欣赏的意思。在现实生活中，我们也的确有终日劳碌，顾不上欣赏身边美景的时候。如果人人如此，岂不是辜负了大自然赠予我们的美了吗？珍视生活中的每一处美，切勿匆匆走过！

箫声剑态 侠骨幽情

—— 读龚自珍《湘月·天风吹我》

天风吹我，堕湖山一角，果然清丽。曾是东京生小客，回首苍茫无际。屠狗功名，雕龙文卷，岂是平生意？乡亲苏小，定应笑我非计。

才见一抹斜阳，半堤春草，顿惹清愁起。罗袜音尘何处觅？渺渺予怀孤寄。怨去吹箫，狂来说剑，两样消魂味。两般春梦，橹声荡入云水。

龚自珍，号定庵，清道光进士，曾与林则徐、魏源等结宣南诗社，诗文好发政治议论，名震天下，其词飞扬柔丽两相兼有。这是诗人阔别杭州十年之后重泛舟西湖后所做，其时年方二十岁，正处血气方刚的青年时代。

上片前三句点出词人所出生的地点杭州，“湖山一角”借用元代画家马远画多残山剩水，其实所画不过南宋偏安后的杭州等江南风景，故世人称“马一角”。“果然清丽”指西湖之胜。“曾是东京生小客，回首苍茫无际”，道出自己虽然年轻，但身世却不平常。词人出生杭州，但在嘉庆八年十岁时就去了京师，在京华度过少年时代的十年，现重返杭州，回首已有了苍茫之感。当时的中国处于风雨飘摇的衰世，吏治腐败，社会危机险象环生，有识之士报国无门，故词人的这种“苍茫”感并非只限于个人身世，而是富有丰富的社会观察经验的。作为一名立志有为的青年，他的志向十分远大，故像屠狗者樊哙那样仅凭武事，或者只对文章作精雕细琢而赢得名声，那就太小觑龚自珍了。但是这种志向恐怕又太高远了，就连算作乡亲的钱塘名妓苏小小，也会取笑他的这种打算不符合实际。词人的这一表白既展示了他的胸怀大志，同时又对理想的实现抱有怀疑，结合他对现实的苍茫之感来看，他的这种报国救世思想和所具备的旷世逸才在恶劣的环境中也只能徒唤奈何。

词的下片则在上片苍茫感的基础上继续着对前途渺茫的感叹。词人在西湖青草笼罩的半堤上徘徊，眼看着斜阳西下，流年易逝，青春难挽，一股英雄无用武之地的愁绪顿时从心中升起。苏小小的足迹早已无处觅得，而他那渺茫的怀抱又向何处诉说与寄托呢？词人的这种抱怨是一种旷世之怨，一种身手无法伸展、志向无法实施的救世之怨。词至此，词人本可以像屈原那样呼天抢地地狂呼，但他的儒者性格，又使他保持了一种怨而不怒的姿态。怨恨过去了就吹箫明志，狂意涌来时就谈剑抒怀，这两者都是可以令人消魂的。但这志这怀又有谁理会，又到哪儿施展呢？消魂的东西就只能如同春梦，都会随着咿咿呀呀的橹声随风飘入云水之中的。这真是平生志了如春梦，箫剑意谁与同鸣？

此词充分展示了词人英姿勃发的精神风貌和报国救世的远大理想，但也充满着强烈的压抑感和无奈意识。龚自珍自是一伟丈夫，但在那病入膏肓的社会他的箫声剑意就如同辛弃疾时代一样，如空谷足音，是没有人会喜欢与欣赏的。如今的时代，“超女”流行起来了，歌星、影星成为了时尚偶像，而真正的英雄正逐渐被人遗忘。龚自珍的“我劝天公重抖擞，不拘一格降人才”，也正在被所谓的体制化和买官卖官的金钱化淹没得无声无息，这是需要世人警醒的呀！

裙钗不让须眉 血性当如男儿

—— 读秋瑾《满江红·小住京华》

小住京华，早又是、中秋佳节。为篱下黄花开遍，秋容如拭。四面歌残终破楚，八年风味徒思浙。苦将侬、强派作蛾眉，殊未屑。

身不得，男儿列。心却比，男儿烈。算平生肝胆，因人常热。俗子胸襟谁识我？英雄末路当磨折。莽红尘、何处觅知音，青衫湿。

秋瑾，字璿卿，别号竞雄，又称“鉴湖女侠”，会稽（今浙江绍兴）人。十八岁嫁湘人王廷钧，后随夫居住北京。她受新思潮影响，提倡男女平权，主张妇女独立解放。1904年留学日本，次年加入光复会和同盟会。归国后创办《中国女报》，组织光复军密谋起义，事泄，被清军逮捕，遇害于绍兴轩亭口。此词是她未出国前的言志之作，从中可以探索到她后来思想发展的基础，亦可看出她与男儿竞雄、为救神州陆沉的宏大志向。

上片言说她居京华而思念故乡以及面对国破山河残败的悲痛，并由此引发出她不能选择做男儿的内心苦楚。秋瑾为人刚烈，性格开朗豪迈，其词风也奔放俊朗，词中虽写道“篱下黄花”，但却全然不像宋代婉约女词人笔下的情调。李清照见篱下黄花是借酒浇愁后的不能自持，是只限于个人相思的消魂之念，是“人比黄花瘦”的黯然伤怀。而秋瑾见篱下黄花，却是天空明净如拭的秋爽。她联想到的不仅仅是个人的身世，而首先想到国家的存亡。“四面歌残终破楚”，用的是楚霸王项羽四面楚歌兵败垓下的典故，但词人用此是指喻庚子年八国联军攻破北京时的状况。“八年风味徒思浙”，是说她旅居北京八年时常都思念故乡浙江，但这种思念在国家破金瓯缺的伤国之痛的对比下就显得不值一提了。意即国都破了思故乡又有何用呢？秋瑾从1893年随夫旅居北京，到1900年庚子之乱正好是八年，此两句将故乡与国家相联系相对比，表达了词人爱国为重的一腔热情，这正是她后来终于冲破罗网，远赴扶桑，走向革命，成为杰出的女革命家的思想基础。就是在匡济艰危、忧国忧民的思想指导下，秋瑾才迸发出恨不能变为男儿身的呐喊。“苦将侬、强派作蛾眉，殊未屑”，她认为老天太不公平，强派她做女人，这让她感到特别不爽。

词之下片词人就将这种不爽的心情发展到向世人的大胆剖白，表明自己的平生肝胆与烈性性格是非一般人所能识得并接纳的。“列”和“烈”字的使用，鲜明地表示自己虽然不能列入男子的队伍行列中，但刚烈的性格却早已与男子并肩同列了。这样烈同男儿的性格，为人常热的心肠，想来在一般俗人眼中是异类。“俗子胸襟谁识我？”对这样的境遇词人心中充满着凄凉，自古以来英雄恐怕都是要经受磨练的吧。想到莽莽红尘中，同她持一样见识的知音无处可觅，泪水也禁不住打湿了青衫。

秋瑾自少年时代起就崇拜巾帼英雄，曾在观看过以明末秦良玉、沈玉英二位女将事迹改编的杂剧《芝龛记》后写过八首诗赞扬二位女英雄的才能品格，并对重男轻女的社会偏见进行有力抨击，其中一首诗写道："莫重男儿薄女儿，平台诗句赐蛾眉。吾侪得此添生色，始信英雄亦有雌。"正是有这种"英雄有雌"的信念，她毅然走上为妇女争自由、为社会争平等的革命道路。作为一位女性，她忧国忧民，在祖国沉沦时敢于为国牺牲。在另一词《鹧鸪天》中她表示"关山万里作雄行。休言女子非英物，夜夜龙泉壁上鸣"。喜听喜看龙泉宝剑，她不仅仅是在词中说说而已，而是真正付诸行动的。她认识到以酒浇愁无补于事，只有走武装起义的道路方能救国，故《对酒》诗里表达了她无异血性男儿的慷慨激昂："不惜千金买宝刀，貂裘换酒也堪豪。一腔热血勤珍重，洒去犹能化碧涛。"读秋瑾诗词，令人热血激奋。古轩亭口，英雄血终没有白流，像鲁迅《药》里写到过的那些以蘸烈士鲜血馒头去治痨病的愚民毕竟已成为陈迹。

临风问天宇　仗剑看雄才

—— 读康有为《秋登越王台》

秋风立马越王台，混混蛇龙最可哀。十七史从何说起，三千劫几历轮回？腐儒心事呼天问，大地山河跨海来。临睨飞云横八表，岂无倚剑叹雄才。

康有为，字广厦，号长素，别署西樵山人，广东南海人，人称“南海先生”或“康南海”。光绪二十一年进士。鉴于甲午战争失败，多次上书光绪皇帝，要求变法。参与过戊戌变法。颇具诗才，为“诗界革命”代表作家之一。此诗是光绪五年康有为二十二岁在广州时的作品，从中可以窥见青年时代康有为的少年壮志、历史眼光和报国雄略。

“秋风立马越王台”，诗一落笔就将读者带入一种悲凉的气氛，并在这气氛中突出一个迎风独立、目视苍茫、忧时伤世的青年志士形象。“立马”是以马来写人，并非真正将马带入越王台上，但用“立马”而不用“独倚”，主要是为了突出一种英气。越王台又称粤王台，为西汉初南越王赵佗所建。“混混蛇龙最可哀”，是诗人哀叹民生艰危国运困顿之时英雄被埋没于草莽之中不得出头。“混混蛇龙”，指凡圣同居，龙蛇混杂，贤人在浑浊纷乱的世道里不能脱颖而出解救社会。诗人独立高台，想到的是汉初尚有南粤王赵佗于南越主事一方，而今天则是蛇龙蛰伏没有突出的圣贤振臂一呼出来拯救国难，故产生无比的哀痛。“十七史从何说起，三千劫几历轮回？”此联反思历史，睥睨古今，大气磅礴。中华历史本是一部波澜壮阔的文明进步史，但自明以来尤其是到了康有为所处的光绪季世，历史充满着不堪回首的痛苦记忆，“从何说起”内寄托着诗人的无比愤懑与深切责问。“三千劫”用的是佛教用语，指中华民族到鸦片战争时蒙受了屈辱的灾难，就仿佛经历了三千次的浩劫而令人痛心疾首。诗人从眼前之景推及历史回视，将个人的际遇与民族的命运联系在一起，将龙蛇混杂、贤人难举的可悲与民族遭受外强入侵的劫难悲情结合起来，使人读后深怀共鸣之意。

“腐儒心事呼天问，大地山河跨海来。”诗人自比屈原、杜甫，心事重重，为国而忧，为民而问，看西方列强的现代器具文明呼啸着跨海而来，世间人竟然还痴迷不悟，高枕酣睡。此两句充分体现了诗人的时代敏感性和忧患意识，表现出一种先知先觉的世界胸怀。“临睨飞云横八表，岂无倚剑叹雄才。”诗人气宇轩昂，观云听涛，心连八荒，气贯浩宇，慨然而立，一种激越的情怀喷涌而出，难道我堂堂中华就没有力挽狂澜的雄才了吗？

近代中国，最先感受欧风美雨冲击的当数岭南，最先觉醒而起并振臂高呼的也是岭南的豪杰，有开眼看世界的黄遵宪，主张社会改良的康有为、梁启超，后来还有推翻帝制的孙中山。他们都是时代的先驱，他们在少年时代就豪气冲天，具有容纳世界的开放胸怀，从康有为这首二十二岁时写就的诗作中，我们大致可看出岭南英才的宏大气魄。

天涯看花泪　海声入梦来

—— 读丘逢甲《秋怀》之一

古戍斜阳断角哀，望乡何处筑高台？没蕃亲故无消息，失路英雄有酒杯。入海江声流梦去，抱城山色送秋来。天涯自洒看花泪，丛菊于今已两开。

丘逢甲，一位生于台湾的著名爱国将领与爱国诗人。1895年，中日甲午战争后曾在台湾组织义军抗击进台日军。义军败后内渡到广东，定居祖籍粤东镇平（今广东蕉岭），但仍不忘收复台湾，并为之奔走呼号。这首《秋怀》诗以思念故乡台湾为主题，表达了诗人一腔热血的报国之情。

诗的起句为诗人的回想，表达出诗人对边关失守、台湾沦陷的难以忘怀。由来已久的戍台关垒伴随着时断时续的号角声淹没在斜阳之下，义军败后的场景还历历在目，这种哀痛之情盘绕心中驱之不去，偌大一个中国又在何处去筑高台而望故土台湾呢？广东只是他的祖籍地，他虽然内渡定居祖籍地了，但生他养他的台湾仍是他难以放下的故乡。乡关何处是，断角残阳中，诗人挂念的依然是那处于哀伤之中的故土台湾。“何处筑高台？”强化了他内心的无比伤痛：乡无法守，无法居，只能隔海相望，已是一层哀痛；而居于内地后，虽内心挂念故土，并有收复台湾的谋策上呈，但却无人理睬，真是无可奈何，连在何处筑高台望乡也无法做到，就更是一层哀伤。

“没蕃亲故无消息”，是指沦陷在日本铁蹄下的台湾亲人一直都没有消息，是生是死，尤令人担忧怀念。杜甫诗曾有“烽火连三月，家书抵万金”之语，但远隔大海的孤岛台湾连家书也送不出啊！“失路英雄有酒杯”则从怀念亲人写到自己，说自己虽有收复故土与亲人团聚的雄心壮志，但却闲居内地而被冷落，空有报国之念之策，只能借酒浇愁了。诗人将自己比做为“失路英雄”，仍不失壮怀之意，并充满了对当时政府腐败无能的悲愤。英雄失路，壮志难骋，其无可奈何之情在第一、二句的基础上又加重了一层。

“入海江声流梦去，抱城山色送秋来。”虽是写景但依然以景托情，入海的江声实指诗人心声，它体现着诗人对大海彼岸涛声海浪的深情牵系，以致在睡梦中还流淌着这思乡的江声。而这种思念随着时间的无情推移变得更加沉重，诗人说虽然有这满城的秋色来安慰我，却也无法扫去我思乡的梦、挂念的情。秋去冬来，一年又将度过，在这种度日如年的闲居中，诗人不免要伤心落泪，诗之结尾诗人就借看花赏菊表达了他的故园之思和收复失地的急切心情。诗人远离故土，故称“天涯”，在大海的此端诗人看花而洒思乡之泪，是因为从菊花的两度盛开计算起，诗人自上年八月离开台湾到现处的秋天止，已经一载了，想到丛菊已两开，但回到故乡却遥遥无期，这怎能不使人对景而泣呢？

丘逢甲之诗受杜甫影响至深，像此诗的取题、用语以

及格调笔法都有杜诗的影子，更重要的是丘逢甲与杜甫一样，都是满怀“孤舟一系故园心”的爱国诗人。对于故土失陷的思念，丘逢甲是时刻不忘并痛心不已的，他将这故土不只是看做他个人的故乡，而将其视为四百万台湾人民的故乡，是神州中国神圣的一部分，故他的《春愁》诗写道：“春愁难遣强看山，往事惊心泪欲潸。四百万人同一哭，去年今日割台湾。”由此可见，丘逢甲之哭之泪令人惊心动魄，表达的是当时国人的共同心愿。

浪漫“情僧” 云游“诗僧”

—— 读苏曼殊《本事诗》（十首选二）

乌舍凌波肌似雪，亲持红叶索题诗。
还卿一钵无情泪，恨不相逢未剃时。

春雨楼头尺八箫，何时归看浙江潮？
芒鞋破钵无人识，踏过樱花第几桥！

苏曼殊，中国近代史上一大奇才，广东香山（今中山）人。曾三次剃度为僧，又三次还俗，尤其是第三次出家后不到一年，又匆匆还俗，甚至连僧衣僧鞋都来不及更换，就以一个和尚的身份与诗人的气质回到尘俗之中。作为对社会改良充满希望的热血青年，他时而激昂，西装革履，慷慨陈词，为革命而振臂高呼；时而颓唐，身披僧衣，逃身禅坛，在青灯黄卷中寻找精神的安慰。这两首《本事诗》充分表现出了苏曼殊的浪漫才情和内心矛盾。

柳无忌曾指出苏曼殊的《本事诗》十首都是他为其所钟爱的日本歌妓百助枫子所写，但苏曼殊的身世特别，又投身佛门，自知生死无常，不能给百助以家庭的安顿和幸福的保障，故始终未能与百助结婚。此处所选的第一首诗就道出他内心的这种矛盾。

“乌舍凌波肌似雪”是以印度传说中的神女乌舍来比喻百助，说她步履轻盈如凌波仙子，其肌肤又如雪似玉；“亲持红叶索题诗”是指百助对他诗才的爱戴和一片深情，此处用“红叶题诗”的典故也暗示了百助有向他求婚的经历。然而，诗人已经出家为僧了，心中苦衷不能尽道，虽然钟情百助，也只好对这美妙动人的少女加以婉拒了。诗的最后两句正透露出诗人的矛盾：泪本是有情之物，诗人偏把泪说成是无情；相逢是爱的开始，但却留下了恨的遗憾。诗人模仿唐人诗句“还君明珠双泪垂，恨不相逢未嫁时”，改“未嫁”为“未剃”，一方面说明他内心深处真爱百助，另一方面又蕴含了无限的无奈与哀婉。

第二首诗则寄寓了诗人的凄凉身世以及对前程充满彷徨迷惘的孤独感。“春雨楼头尺八箫”首先创造了一种凄婉迷茫的雨中境界：迷蒙细雨中诗人倚靠在日本民居的小楼上，正听着百助用尺八箫吹奏着《春雨》曲，箫声如咽，幽怨凄婉，缠绵悱恻，竟引出诗人无尽的乡思。“春雨”既指现实中的春景又指箫声所吹曲名，一语双关。“何时归看浙江潮？”既指箫声引起他对故国的思念，亦可指他挂念着当时国内的革命思潮。钱塘大潮汹涌澎湃，诗人此处特别提出亦包含有悲壮之意。“芒鞋破钵无人识”则点出诗人自身的僧家身份，又暗含有诗人的凄楚身世。“踏过樱花第几桥！”则道出了生命的伤感和人生似梦的感喟。日本的樱花绚丽而短暂，诗人在漫天的樱花飘洒中孤独前行，亦似断鸿飘零，不知归往何处。此处以繁花衬孤影，以绚烂衬零落，箫声依稀，诗人踏花过桥，故国难归，前程何在，这又何以能跟眼前的吹箫人倾诉呢！苏曼殊以一种梦幻般的诗境表达了他于乡愁的惆怅和对生命的理解。

上述二诗，极其典型地体现出了苏曼殊的浪漫“情僧”和云游“诗僧”的形象。读此二诗，这位才情横溢、浪漫奇幻、集亢奋与忧郁于一身的青年俊秀形象就定格在我们的脑海中了。只可惜天不假俊杰以时间，苏曼殊只在人间度过了三十五个春秋，便在贫病中辞世，他以绚烂的生命浇灌了出中国近现代文坛的一朵奇葩。

凄美柔婉　温情迷醉

—— 读李叔同《送别》

长亭外，古道边，芳草碧连天。晚风拂柳笛声残，夕阳山外山。天之涯，地之角，知交半零落。人生难得是欢聚，唯有别离多。　　长亭外，古道边，芳草碧连天。问君此去几时还，来时莫徘徊。天之涯，地之角，知交半零落。一觚浊酒尽余欢，今宵别梦寒。

李叔同，中国近现代史上的文化名人，既是一才情四射的音乐家、书法家、戏剧活动家和美术教育家，又是一具有极高悟性和德行的高僧。他1918年出家为僧，取法号弘一，此后弘一法师的名声远盖过了李叔同之名对社会的影响。

《送别》作于1905年，是李叔同留学日本时的作品。这是一首配乐的歌词，曲也为李叔同所作，不过它借用了一首美国通俗歌曲的曲调，后来成了风行天下的校园歌曲。这首歌词结构上很类似古词中的小令，在意象上又多循古典，故读来让人迷醉。

歌词起首就渲染了送别时的场景和氛围，词人选取了“长亭”“古道”“芳草”“晚风”“拂柳”“残笛”“夕阳”“碧山”等经典的离别意象，将读者带入那既伤感而又显温情的送别场境中。古道长亭，芳草萋萋，好友分别，离情满怀。离恨恰如春草，更行更远还生，芳草的一望无际亦喻示友情与怀念的绵延不断。夕阳映山，晚风拂柳，残笛在耳，好友挥别虽即将各奔东西，但还是让人感觉到无比的温馨、温暖与温情：晚风的轻拂是温馨，斜阳的余晖是温暖，友谊的珍重是温情。“山外山”暗喻朋友将行走远方，同时又引出“天之涯，海之角”之意。虽然说“海内存知己，天涯若比邻”，但朋友一旦分别，天各一方，时间一长，不多的知己也多半会飘零凋落，这是人间的事实，无法回避，也难免令人伤感，所以，“人间难得是欢聚，唯有离别多”，就成为了人们的共识，也是送别时人们内心会自然生发出的人生感慨。

歌词的第二节起首和中间的文字与第一节重复，在修辞手法上是重叠，表示回环往复与缠绵牵绕的思念，也是强化友情的难分难舍。“问君此去几时还，来时莫徘徊。”恰好写出了这种友情的珍贵。朋友还刚要离去，就急不可耐地问他归程的日子，并规劝他当归则归来，不要犹豫。词人通过时间的距离来衬写友情的亲密无间，进一步烘托出盼望再与朋友聚首重逢的痴情与眷恋。“一觚浊酒尽余欢，今宵别梦寒。”离别无可挽留，只好把酒倾情享受这余下的欢乐，酒醉中梦别，寒意中醒来，这无限的感伤就寄托在难以忘却的梦幻中；执酒留别，酒尽梦寒，融融情意就在这无言的梦境中荡漾。

此首歌词题名《送别》，尽写了送方的依恋和感伤，又道出了别方的无奈与凄婉，整体上营造了一种淡雅的忧伤和对温情的迷醉意境，每当唱起此词时总能勾起人无尽的相思和对人生、对往事的回忆与思考。难怪在根据林海音小说改编而成的电影《城南旧事》中插入此歌曲之后，使电影的审美效果得到进一步的强化。

呼唤启蒙　以身报国

—— 读鲁迅《自题小像》

灵台无计逃神矢，风雨如磐阇故园。
寄意寒星荃不察，我以我血荐轩辕。

这是鲁迅1903年在日本东京弘文书院留学时，受革命思潮的影响，毅然剪去头上辫子并照相以资纪念，在照片背面题写的诗作。此诗最早是写赠他的好友许寿裳的，故也由许寿裳在《怀旧》文里首次披露于世。

诗的首句借用古罗马神话中爱神丘比特持神箭射男女双方之心使其相爱的故事，叙写自己所经历的封建婚姻制度的压迫。1903年夏，鲁迅归国度假，母亲却执意要他答应早年已提起过的与朱家的婚事。鲁迅母亲年轻就守寡，生活艰难不易，鲁迅不忍伤害母亲的心意做拂逆孽子，只好顺从母亲，估计在鲁迅回日本后不久，母亲就与朱家办了订婚手续。在封建社会，男女婚姻得遵从父母之命，一旦订婚也就无从更改了，故鲁迅虽对此事极不满意，但也无可奈何。回到日本后鲁迅受革命思想的影响，剪去了辫子，表示了与封建制度的决裂，对违背他的意愿去与一位他并不相爱的人订婚一事也耿耿于怀，故借诗言志，表达他对封建婚姻制度的不满。灵台，也叫灵府，用以指心。“无计逃神矢”是说爱神丘比特虽持神箭射向男女双方的心，使他们结合，但他也有做坏的地方，明明双方不合适，也要将箭射出，使并不相爱的人也非得婚配不可，这势必造成无可逃避的婚姻悲剧。

“风雨如磐闇故园”，诗人从自己所遭受的封建婚姻制度的伤害一事出发，看到了当时的整个中国处于风雨飘摇的浓重黑暗之中。磐，是扁圆的巨石；风雨如磐即形容当时的政治压迫、制度黑暗如巨石般重压在中国人民的心头。此处的“风雨”就代指当时的政治风雨。清政府的黑暗统治和封建制度的压迫，不仅使故园祖国破败不堪，民不聊生，更造成民众精神上的落后与愚昧。鲁迅此诗句一方面表示了他对故园中国前途的担忧，另一方面也表达了他对中国长期处于风雨如晦的昏暗之中的沉痛悲伤。鲁迅对整个中国也如同他后来对他笔下的人物阿Q一样，怀有“哀其不幸，怒其不争”的同样心情。

“寄意寒星荃不察”，则表达诗人希望和失望俱在的含义。寒星是天空中唯一的闪亮者，常给人带来希望。古代忠良欲献良策而无门时，往往寄意于天上的星星。如《楚辞·九辩》中有“愿寄言夫流星兮，羌倏忽而难当；卒壅蔽此云兮，下暗漠而无光”。鲁迅此处的“寒星”即指国民大众，因为依靠政府和皇帝来改变社会的希望是极渺茫的，只有民众的觉醒才是中国唯一的出路。荃，本意是香草，古代用以指君王，鲁迅此处所用仍指民众，意思是说他将希望寄托在民众的觉醒上，但民众对他的寄意却不能理解，这让他感到失望。此句是承上句“风雨如磐闇故园”而来的，表达了诗人对精神麻木愚昧的民众的哀伤。有的人说“荃”是指鲁迅的母亲，这恐怕太狭窄了些，其实鲁迅此诗虽借婚姻之事引起，但在整体上却已超越个人之事，将个体的追求解放与民族的自由解放联系在一起了，故诗的结尾才有“我以我血荐轩辕”的说法，也才有鲁迅后来“心事浩茫连广宇，于无声处听惊雷”诗句，他对民众始终是抱着希望的。

鲁迅此诗是他与封建思想决裂走向民主思想的鲜明标志。毅然剪辫是一标志性事件，借诗明志则表达他欲将鲜血献给伟大的祖国，昭示了他热爱民族、献身祖国的壮烈志向。也正是从启发民智的动机出发，鲁迅后来弃医从文，走上政治启蒙的道路，以他的满腔热血实践了他的志向，成为了民族的灵魂与脊梁。

超迈拔群　英雄豪气

—— 读周恩来《大江歌罢掉头东》

大江歌罢掉头东，邃密群科济世穷。
面壁十年图破壁，难酬蹈海亦英雄。

1919年3月，十九岁的周恩来为了中国的反帝反封建大业，毅然决定中断在日本的学业，归国加入革命。此诗正是他回国前夕，书赠为他饯行的同窗好友张鸿诰等人的。

“大江歌罢掉头东”起句气势雄伟，表达了周恩来负笈东渡寻求真理的决心。“大江歌罢”指刚唱罢令人豪情四起的苏词《念奴娇·赤壁怀古》，其词开篇即有“大江东去，浪淘尽，千古风流人物”的句子。苏轼的词属宋词的豪放派，其词境界雄壮开阔，气象恢宏，古人曾评价他的词理应由关西大汉敲着铁板来唱。周恩来此处用此典，一是表明其志向的豪迈，二也是为了照应东渡日本横跨大洋江海的经历。“掉头东”则表明义无反顾的抉择。梁启超在1898年戊戌变法失败后流亡日本时，曾有诗句曰：“前路蓬山一万重，掉头不顾吾其东！”梁启超表达的是离别中国远赴日本寻求真理的决心，周恩来此诗句反映的也正是他1917年东渡时立志救国的抱负。

“邃密群科济世穷”，说的是他到日本求学的目标，即细密地研究多门科学以拯救濒临绝境的中国。周恩来自中学始就具有“为中华崛起而读书”的远大理想，他所处的时代也正是国内“实业救国”、“科学救国”呼声高涨的时期，留学潮中的中国青年大多抱有到国外寻求先进思想、先进技术以报效国家、拯救中国的愿望。从此句诗看，周恩来的出国求学不是为了做官，而是为了救国的大业，故他在国内革命需要时可以放弃在日本的留学，又可以为了革命的需要于1920年再次远渡重洋到欧洲勤工俭学。

“面壁十年图破壁”，是借达摩面壁修禅的故事反映出诗人刻苦钻研欲达到的境界和追求。西来的达摩禅师从长江之南一苇渡江到达嵩山少林寺，在山洞里面壁十年默默修禅，终于将印度佛教成功传入中国，成为禅宗初祖。周恩来表示东渡留学也要有达摩面壁的精神，而且学成之后要达到如巨龙破壁腾飞的境地。“破壁”之说源自《历代名画记》中所记载的传说，说南朝著名画家张僧繇在金陵安乐寺的墙壁上画了四条没有眼睛的龙，一经他点出龙的眼睛，巨龙则破壁而出腾空飞去。周恩来将“面壁”和“破壁”巧妙地结合起来，不仅在修辞手法上是一种艺术创造，更重要的是表达出一种不同凡响的人生追求。

“难酬蹈海亦英雄”，则表明他此次为了革命需要放弃留学的豪气，意即只要大家都有“济世穷”的抱负，有“图破壁”的志向，哪怕就是不出洋留学都可以是当今中国的英雄。这既是自我的表白，以便诸位好友对他行动的理解，同时又是对好友们的勉励，激励他们不要放弃理想，不能丧失精神，不能忘记拯救中国的追求。“难酬蹈海”即难酬蹈海之志的意思。“蹈海”可有两种理解，一是跳海殉身之意，如近人陈天华留学日本，为唤醒沉睡的中国民众，毅然投海自杀，以示警醒；二是到了晚清时，出洋寻求真理亦称“蹈海”。此处我取第二意，恐更符合周恩来此诗的背景。

近现代革命先驱为挽救陷于危世的中国，他们的志向都是非常高瞻而伟岸的，他们绝不因个人的利益而短视，也不因功利的目的而委琐，他们具有超迈拔群的豪气，具有敢作敢为、为国捐躯的勇气与胆识，这是永远令我们后人高山仰止的。

显大胸襟 生大智慧

—— 读毛泽东《贺新郎·读史》

人猿相揖别。只几个石头磨过，小儿时节。铜铁炉中翻火焰，为问何时猜得，不过几千寒热。人世难逢开口笑，上疆场彼此弯弓月。流遍了，郊原血。

一篇读罢头飞雪，但记得斑斑点点，几行陈迹。五帝三皇神圣事，骗了无涯过客。有多少风流人物？盗跖庄蹻流誉后，更陈王奋起挥黄钺。歌未竟，东方白。

毛泽东一生酷爱读书，尤其喜欢读史，他的救国智慧、军事方略和治国政策除了从马列主义著作中得到启发外，大多来自于他的读史。当然，这还有赖于他的理论联系实际的学风，能将马克思主义原理与中国革命实际相结合，能将历史经验化为他指导革命实践的智慧。这一篇《贺新郎·读史》的词既表现出他俯瞰历史、纵论古今的博大胸怀，又寓含了词人拷问历史、洞察历史的无穷智慧。

词的上阕纵览人类社会数千年历史，其中又主要是针对中国社会的历史而说，并对中国古代社会的历史规律作了最精辟的概括。词人对人类社会的起源以及所经历过的旧石器时代、新石器时代、青铜器时代和铁器时代以幽默机智而近似漫画的语言道出，数言而横跨数千年，用语颇富风趣而给人留下深刻的印象。此诗作于1964年，当时史学界正争论奴隶制和封建制的划界，各种说法不一。毛泽东针对此事而发出“为问何时猜得，不过几千寒热”，说你们猜历史的划界又有什么大不了的问题呢，这历史横竖不过几千个寒暑而已，关键在你如何去看历史。接下去，毛泽东纵论历史并对历史生发出感慨：其实历史不过就是一场彼此的争斗史，这里面既有阶级与阶级间的斗争史，也有民族与民族间的征战史，还有兄弟之间、君臣之间的宫廷反叛史，一句话，中国历史乃一部充满血与火的残酷斗争史，那才真正是一部“难逢开口笑”的历史。此处毛泽东虽是引用唐人杜牧的诗句“尘世难逢开口笑”，但语言的深处却包含着他多年征战、出生入死的亲身体验，同时也是他在熟读中国廿四史的基础上得出来的体悟和认识。

唯其如此，故下阕一开始即就廿四史发言。“一篇读罢头飞雪”，“一篇”就指廿四史，中国史书浩如烟海，要读遍三千二百多卷的廿四史那真要读到头发斑白不可。但读史读到老也不过只记得历史的几行陈迹、几点斑点罢了。过去的历史不过是帝王将相的神圣历史，是骗人的把戏。难道历史上就那些个皇帝是风流人物吗？而那些起于草莽的叛逆者如盗跖、庄蹻、陈胜、吴广类就不能创造历史吗？词至此，一种人民创造历史的唯物主义历史观已全盘托出。而“歌未竟，东方白”字面上似乎指此词所作的时间，但内涵上却喻指历史之歌并未终结，人民获得解放以后人民创造历史的新篇章才真正开始。

此词体现了毛泽东纵览历史、雄视古今的历史眼光、超凡智慧和过人胆识，他既能在举重若轻的谈笑间概括数千年历史，又能在举一反三的例证中将过去史书的荒诞历史观推翻掉。他看历史是大处着眼，不究细节，既有恢宏与从容不迫的气度，又有深刻犀利的哲人见解。同时，此词又是他以诗人的激越情怀去体悟历史的完美表现，展示出他高超的诗歌艺术，如用诙谐幽默的手法和形象的语言概括出数千年的历史，用“上疆场彼此弯弓月”来代指残酷的流血史，而“一篇读罢头飞雪”又代表了一种读史的豪放，等等。此词所透露出来的雄浑气象、哲人智慧和博大宏阔的胸襟代表了毛泽东诗、史、思结合的最高典范。

智性思考　隽永诗情

—— 读卞之琳《断章》

你站在桥上看风景，
看风景的人在楼上看你。

明月装饰了你的窗子，
你装饰了别人的梦。

卞之琳，中国现代文学史上的著名诗人，在诗歌艺术上追求“化古化欧”，即主张将古典诗词意境转化为现代寓义，又能将西方诗歌的创作方法融入中国现代诗。正是在这个意义上，卞之琳才是有开创性和实验性的现代诗人。此首《断章》正是将西方现代派诗歌意象重叠创作技巧与中国古典诗歌主客合一、主客互换的思维模式融为一体的大胆尝试。

此诗的意象是刹那性的，诗人在刹那的观赏中提炼出八个可相互交叉重叠的意象，即“站在桥上的你”、“楼上看风景的人”、“桥”、“楼”、“明月”、“窗子”、“别人”、“梦”。这虽然是一刹那的意境，却表现出复杂的关系，在短短的三十五字里蕴涵了深刻丰富的人生哲理。你看，正站在桥上看风景的人，不经意间成为了楼上看风景的人的观赏对象；天上的明月映入你的窗子成为了你观赏的风景，却不知你在欣赏明月的同时却又成为别人梦中的对象。此诗中的“你”并非专指，而可泛指所有的你我他，从而具有普泛性的意义。在此诗中，“看”与“被看”、“装饰”与“被装饰”之间是可随意互换的，这反映出世间的事物、人物乃至风景都是相互依存、互为主客体的。在世间，任何事物都会你中有我，我中有你，这正是中国式的智慧和禅境的表现。

记得中国大智慧的创始人老子早就有过事物都可以相互转化的说法：有无相生、福祸相依、难易相成、长短相形等，又记得禅宗有：“即心即佛”、“动静相宜”、“色空不二”的观念，都是在讲主客不二、相互圆通的思想。中国式的辩证法多强调万事万物之间的区别是相对的、暂时的，而相互依存、相互转化才是永恒的。《周易》的阴阳相互转化思想更体现出中国的一种理性智慧。

中国文学艺术中又何尝没有这种表达呢？自王羲之到苏东坡再至张岱，这种今古视角的相互转化、关于观与被观的相互交织表现得淋漓尽致。我们还是举张岱的《西湖七月半》为例吧，张岱将七月十五看月之人分为五类，“名为看月而实不见月”的达官贵人、“身在月下而实不看月”的名媛闺秀、“亦在月下，亦看月而欲人看其看月”的名妓闲僧、“月亦看，看月者亦看，不看月者亦看而实无一看”的市井之徒与“看月而不见其看月之态，亦不作意看月”的文人雅士都成为张岱眼中与笔下的风景，而这五类人又都成为相互被看的风景，人、月、风景、湖、荷都相互融合成一个整体的意境。而《断章》中人、桥、楼、风景、明月、窗子、梦的相互融合与张岱之文的写法是一脉相承的。《断章》之妙，就妙在它将古典传统与西方诗艺的化合，也妙在它对形而上哲理的追求和对画意诗情刻意求工的表达。

刹那显永恒　有限寓无限

——读洛夫《问》

在桥上
独自向流水撒着花瓣
一条游鱼跃了起来
在空中
只逗留三分之一秒
这时
你在哪里？

洛夫，湖南衡阳人，台湾淡江大学外文系毕业，1954年与张默、痖弦创办《创世纪》诗刊，任总编辑，先后出版诗集十余种，并多次获奖。其诗歌早期受超现实主义表现手法的影响，中晚年又在禅思维方式的启发下，向唐诗宋词中寻找意境与神韵，并融入超现实主义技巧，其探索与实验的意义对中国现代诗的走向甚有影响。

《问》一诗很典型地体现出了禅的意境和思维方式，表达了诗人对人生的瞬间感悟，在对世间现象的逼问中呈现出饶有深意的禅趣。

从表面来看，此诗表现出的是一种观景睹物思人，或可归于忆旧怀人性质的爱情诗类。诗人故地重游，在昔日与“你”相会的桥上观览风景，独自徘徊寂寞无聊之时而向桥下流水撒着花瓣。令人惊奇的是，飘洒的花瓣落向水面时竟引得一条游鱼跃出水面去抢食，虽然它只在空中逗留了三分之一秒，但这鱼跃啄花的情景真是难得一见，只可惜这美丽动人的瞬间我无缘与“你”共赏，惋惜之时不禁发问：“这时/你在哪里？”

但细细读来并深究下去，我们又会发现它超越了一般的忆旧思人的内容，而蕴藏了更深的哲理与禅趣。此诗的“流水落花”意象不正是美好事物终将消逝而不可挽留的象征吗？那停留在空中仅三分之一秒的游鱼啄花美景不也正是世事无常的象征吗？更妙的还在于这最后一问也并非确指，诗人问“你”，这“你”到底是在问人还是问鱼，是问作者亦或在问读者？这三分之一秒的刹那却逼出了一个问题，如何才是真正的“鱼”或“你”。如果说跃出水面的鱼在空中，那是错误的，因为生活在空中的不可能是鱼，鱼在水中才会被称为“鱼”。但是事实上鱼又在空中逗留了三分之一秒，说鱼不在空中又不合现象的真实，这时“你”（“鱼”或是读者）怎么办？这便有了禅宗参话头似的玄机。禅宗面对这种情况就有“不触机锋”之戒，禅的意境只把那一刹那、一段景留给读者去感悟，只问不答正是把结论留给读者去判断，这就是禅诗“不言而喻” 的艺术效果。若说诗人是在问“你”，而昔日之“你”早已消逝，就如这跃鱼啄花给我留下了一个美好的瞬间印象，此时的“你”已早非过去美好的“你”，“你”在何处因此而成为可游移、变化和值得怀疑的东西。这正如席慕蓉的《悲歌》所写：“今生将不再见你/只为再见的/已不是你/心中的你已永不再现/再现的　只是些沧桑的/日月和流年。”正是通过意象的暗示和禅理的设问，洛夫创造了一种具有超越性的空白之境，以刹那显永恒，以有限寓无限，给读者留下了丰富的可感悟可回味的空间。

云近人远　忧伤纯美

——读顾城《远和近》

你，
一会儿看我，
一会儿看云。

我觉得，
你看我时很远，
你看云时很近。

顾城，著名诗人顾工的儿子，20世纪80年代“新潮诗歌”的代表作家，其作品与舒婷、北岛等人齐名，在诗坛享有较高的声誉。

这是一首写空间感并由空间涉及人际关系的诗，用语看似简朴，却含有深刻哲理，其中的孤独感和不信任感甚至具有存在主义的意味。

此诗的中心点是围绕着“你”、“我”、“云”的空间距离来展开的。诗人通过“你”与“我”以及“你”、“我”与“云”之间距离的远近推拉，写出了人与人之间的距离：物理距离与心理距离。从诗的前三句看，可以见出“你”的视线是游移的，“你”虽然在看，但面对同类却是不亲近的、疏离的，没有一种可以相互沟通与交流的基础。前三句“你”、“我”、“云”之间似乎并无关系，但并置一起时又为诗后三句写“你”“我”“云”的关系埋下了伏笔。诗后三句则从“我”的感觉出发去揭示人与人、人与自然的关系。“你”看“我”时存在着戒备，缺乏理解，没有热情，虽近在咫尺，却远隔天涯，这正是对现代社会中物欲横流、人际关系淡漠，尤其是对“文革”当中人与人之间相互残酷斗争、无情陷害的现实揭露；“你”看“云”时很近，也只是“我”的一种主观感觉，是“我”觉得热爱自然乃是人的天性，由此也推断“你”也会亲近自然，虽然我们在现实中无法取得信任，但有幸的是我们会在大自然的面前找到情感的相通。只有在大自然面前，我们才会放松警惕，走得更近，有一种亲和感。

此诗的意境清纯而又充满淡淡的忧伤。轻飘于空中的云是自由与纯洁的象征，有着纯美的意味，而现实中的“你”“我”却承负着沉重的心理压力，相互隔绝而默然无情。诗人借人亲近自然而疏远同类的感觉抒写，揭示了人类自我封闭从而陷入隔膜与孤独的生存状态。诗人虽然是以他独特的生存体验来表达他内心的感受，但却道出了现代人对自由与理解的共同渴望与追求。在艺术表达上，诗人给中国古典诗歌常见的意象“云”赋予了现代意义，“云”不仅仅是悠闲、空旷、纯洁与孤独的象征，而是通过诗人游动视线和心理空间的刻画，使之成为了现代社会中荒诞人际关系的承载体。

当然，此诗也可以理解为一首情诗，在爱情的初始阶段，男女青年的感情是闪烁不定、难以揣摩的，虽心生情愫，但又可能羞于表达，还可能故作躲闪。双方远和近的距离也是随着各自的心理感受来决定的，一种朦胧而又生涩的感情通过眼睛和心灵的碰撞而生成诗意。

檐外闻鸟唤　虚空含深心

——读废名《飞尘》

不是想说着空山灵雨，
也不是想着虚空足音，
又是一番意中糟粕，
依然是宇宙的尘土，——
檐外一声麻雀叫唤，
是的，诗稿请纸灰飞扬了。
虚空是一点爱惜的深心。
宇宙是一颗不损坏的飞尘。

废名，原名冯文炳，中国现代文学史上的著名作家，其诗创作多推崇老庄禅宗的思想，又尝试着将中国古典意象诗和西方意象主义相融合，并加入禅宗式的顿悟思维，故诗颇有深玄难解的地方。

《飞尘》一诗是借写诗一事来言说虚空与宇宙的关系，也是表达人生的尴尬与矛盾以及人生追寻的内心痛苦的。

诗的一、二句以否定的方式表达自己的探寻。诗人面对着充实而丰富的现实世界，是有诗的创作冲动的，他无法割断与现实的关系，他想去关注现实人生并作了努力，创作时并非都去“说着空山灵雨”、“想着虚空足音”的。然而，等到诗创作出来时，却每每达不到自己追寻的境界。三、四句则借庄、佛的思想表达了他对言与意、诗的行为与尘土之间所存在的关系的看法。“意中糟粕”用的是《庄子·天道》篇桓公读书于堂上与轮扁对话的故事，轮扁直指桓公所读古书不过是古人之“糟粕”而已，庄子借此故事表达以文字形式存在的“书”只是古人的糟粕，而先哲的思想早已随着他形体的毁灭被带走了。废名此处将这一故事随手引来，也是说自己费了好大一番功夫，作成若干诗作，但却往往言不逮意，即使有点意但往后看它们也不过是“一番意中糟粕”，在无限的宇宙之中，也不过是一粒飞扬的尘土。他的言不能充分表达他的意，甚至还只是一个躯壳，一种糟粕，他的创作行为也就变得毫无价值，视同为尘土了。前四句连起来看，诗人运用的是否定之否定的表达法，从而将现实与虚空等同，将诗的创作行为与渺小的尘土等同。诗人虽不想步入虚空，但终难逃虚空之理的牢笼。

第四句之后，诗人用了一个破折号，又将他的思维荡开去，“檐外一声麻雀叫唤”有如天外一声洪钟，惊醒陶醉于诗作中的诗人。鸟叫之声在佛教那里亦是虚空的象征，正如《五灯会元》中记载僧人在锄地时碰击瓦缶发出响声而顿然开悟一样，鸟叫的声音也唤起了诗人的顿悟；诗稿不仅是糟粕，而且还是虚空，理应让它随纸灰飞扬而去。从诗的结构上看，此处又是诗人跳跃式思维造成的艺术效果，从而将麻雀的鸣叫声与灰飞烟灭的虚空联通起来。

诗的最后两句是言理，但仍然是以具体的意象去言说深奥的玄理，使理变成可感知的形象。诗人虽然陷入虚空之中，但对虚空并不做消极的呼应，而从人在现实与虚空的转换中间悟出了一个真理：无论是积极入世也好还是遁入空门也好，实际上都深藏着一颗深爱之心。这正如乔达摩·悉答多作为王子在阅尽人间苦难（佛教中所说的“四苦”或“八苦”）之后才离家出走，在菩提树下苦修终于悟出大慈悲的佛理成为释迦牟尼一样，也如李叔同在残酷现实面前苦无出路愤然削发为僧一样，故虚空并不是无爱，而是深爱与大爱。而从宇宙的宏阔视野上看，不仅诗稿是飞尘，人也是渺小的飞尘，并且连宇宙亦不过一粒飞尘——一粒相对于人将逝去成为尘土而它又不会损坏的飞尘。此时的诗人已然超越了虚空而进入了永恒，获得了一体之心的顿悟。

夕阳无语　鹭鸶并飞

—— 读白荻《夕阳无语》

夕阳无语地探进室内/看看我的书，暖暖我的床/又静静地退出去/像你　　爱是非言辞的/用猫的软蹄临近身边/不带一点要人注意的声响　　我走到窗边靠近你/无语地与世界的沉默交谈/有阴影从大地升上来/而天空仍是彩霞重重　　且看并飞的鹭鸶/在八月的凉风中逍遥

白荻，原名何锦荣，中国台湾当代诗人。曾从事过美术设计工作，在美术界颇有名气。著有诗集《蛾之死》、《风的蔷薇》、《天空象征》等，为台湾本土现代诗刊《笠》的创刊者之一。

此首写夕阳的诗显得十分温馨而深情。诗人看似在写夕阳，实际上是在写情人间的心灵默契和情感交流。无语的夕阳象征着深情的关爱，诗人正是用多个比喻将爱是无需言说的倾心渐渐地烘托出来。

第一节诗人写夕阳悄然入室而又静静退出，最后用“像你”二字表达出诗人的心声：“你”就像无语的夕阳，默默地关心着“我”，静静地为“我”做出一切。一个“探”字将“你”的那种不敢惊扰爱人而又想着爱人，试探着进入室内的神态表达得十分准确。第二节诗

人则在无语的夕阳之爱的基础上进一步伸发，并且用“猫的软蹄”来比喻爱的深切。“爱是非言辞的”虽是直接点题，但为了将此抽象的概念化为具体，诗人又用“猫的软蹄”走近人的身边让人毫无察觉作比使无语之爱变得更为生动而感性。在一、二节里诗人实际上借写夕阳来写爱人的无语之爱，“夕阳”只是引子，诗人要引出的是爱人的那种发自内心、出自本能的自然之爱、奉献之爱。

第三节诗人写“我”与“你”的无语交流。为回报“你”的深爱，“我走到窗边靠近你”，同样也是以无语的爱来与“你”相交流，并且共同与无语的世界对话。此处，“无语”与“交谈”是矛盾语，但正是“我”与“你”的心灵相通，面对世界无需说话一样会获得共识，比如前行的路上可能会有阴影挡道，但展望天空，那里仍然是彩霞重重。爱人间的深爱将会战胜一切艰难险阻。这里诗人未写夕阳而仍有夕阳的背景在，因为夕阳西下时阴影会越来越多，但天空仍彩霞满天，但我们也可以理解为这不是写夕阳，是写“我”“你”与世界交谈的内容。最后两句诗人突然将描写的视线推远，从窗前并立的爱人推至并飞的鹭鸶，并且用“在八月的凉风中逍遥”来写它们的自由和惬意，实际上也是在写获得真爱的人们的快乐与轻松。诗人用景语来结尾使整首诗的境界顿然变得更清朗起来。

此诗以夕阳来写爱情，继承的仍然是中国古典诗词的传统，但不同的是古典诗词写夕阳多带有伤感与惆怅的成分，但白荻此诗却洋溢着一种深情、自信与自在。诗人用“猫的软蹄”来形容爱的细心和并不要引起人特别注意的默默付出，是很现代的象征手法，但在凉风中“并飞的鹭鸶”却又颇具古典的韵味，使人想起小山词里的“落花人独立，微雨燕双飞”。

明月相思夜　雪地枯枝情

—— 读冰心《相思》

躲开相思，
披上裘儿
　走出灯明人静的屋子。

小径里明月相窥，
枯枝——
　在雪地上
　　又纵横的写遍了相思。

冰心，原名谢婉莹，1900年出生于福州一个具有维新思想的家庭，从小受过良好的教育，其诗集《繁星》、《春水》在现代诗坛中产生过极大影响。她的诗深受印度著名诗人泰戈尔的影响，往往在极小的短章中营造出典雅清丽的意境，或者寓含着哲理意蕴。此首《相思》就以含蓄的语言道出了相思的深切和借景抒怀、不说胜说的情韵。

诗的第一节直叙相思者的烦恼。相思最苦，害上相思的青年男女会因此寝食不安，相思如同一只不断噬咬人脑细胞的蚂蚁，心不欲想而难以不想，欲断其愁而又不能不愁。相思之愁，才下眉头，又上心头，使尽浑身解数去驱散都徒劳无功。此诗中的诗人正是为情所困又欲解困而不得不选择外逃的行为。“躲”是诗人的主观愿望，“走出”是受主观支配的身体行为。“灯明人静”说明诗人原是一个人待在屋子里，当她“躲”出屋子时，屋子里就只剩下灯光，整个屋子都寂静了。

第二节首句承接“走出”而来，诗人此时来到了屋外的小径，却感觉到明月是如此与她亲近，她的心思连明月都来窥视，想知道她究竟害了什么病，夜深人静时还一个人在屋外的小径徘徊。最后三句“枯枝——/在雪地上/又纵横的写遍了相思”，则承接“躲开”而来：诗人本想“躲开相思”，但出得屋外，雪地里的枯枝纵横交错，又仿佛心头的相思之念，错综复杂，像无数解不开的相思网结写遍了雪地。“写遍”极言其相思之厚之深；“枯枝”本是无生命的东西，但一旦它承载起诗人满怀的相思情之后，便顿时被赋予了活泼泼生命的意义。枯枝之色或是黄色或是褐色与黑色，在皎洁的雪地里显得十分醒目，两相映衬，象征相思情的枯枝就变得有重量起来，而且与诗人的生命感怀紧密地联系到了一起。枯枝因此而不再是枯枝，而成为了滋生爱情的生命之芽。

古典诗词中写相思的名句数不胜数，著名的有“只恐双溪舴艋舟，载不动 许多愁”（李清照），“蜡烛有心还惜别，替人垂泪到天明”（杜牧），或借梧桐雨点点滴滴点点都滴在诗人的相思心头来写相思，但用“枯枝”来“写遍了相思”却只在现代诗歌中才见到，这恐怕又与冰心接受西方诗歌和印度诗人泰戈尔诗歌的影响分不开。

冰心的诗往往以写母爱、童心而著称，但此诗直接写男女的相思之情，也体现出纯真纯美的心地。她所创造的

“繁星体”小诗正如她的笔名“冰心”一样，晶莹剔透闪亮在玉壶之中。她的诗有时只有一两句话，却充满意韵，读之有绕梁三日之感，如“墙角的花！/你孤芳自赏时，/天地便小了”。这种博大的胸怀和对人类的深情关爱让人读后得到深刻的警醒而难以忘怀。

永生的鸟　深沉的歌

—— 读艾青《我爱这土地》

假如我是一只鸟，/我也应该用嘶哑的喉咙歌唱：/这被暴风雨所击打着的土地，/这永远汹涌着我们的悲愤的河流，/这无止息地吹刮着的激怒的风，/和那来自林间的无比温柔的黎明……/——然后我死了，/连羽毛也腐烂在土地里面。/为什么我的眼里常含泪水？/因为我对这土地爱得深沉……

艾青，原名蒋海澄，浙江金华人，现代著名诗人。创作过著名的诗《大堰河——我的保姆》以及《北方》等，其诗风深沉忧郁，形象鲜明，多具象征的意义。

此诗写于1938年，当时中国正处于抗战初期，民族的苦难与危亡日益深重，战乱的风暴不断袭击着中国大地，民众反抗的呼声和向往和平的希望通过多种途径都有反映。诗人颠沛辗转于祖国各地，深深地体会到人民对家园、对土地的热爱之情，于是借对土地的讴歌倾诉了他的一腔热血。

诗人在《大堰河——我的保姆》中将故乡的河流和土地拟人化，其间灌注着他对劳苦大众和乡村土地的赤诚之爱。而《我爱这土地》仍然继续抒发着他的土地情结，进一步从个体生命与大地、祖国的融合之中奏响了一曲时代的弦歌。

诗人将自己假设为一只鸟，借鸟歌唱直至生命结束还要将身躯融进祖国的土地中来表达他对人民与土地的深沉之爱。诗人化鸟为人是一种虚拟，正是这种虚拟才更利于诗人的神奇想象：“用嘶哑的喉咙歌唱”、“连羽毛也腐烂在土地里面”。在中国古典诗词中，有人死后化为杜鹃啼血而歌的传说，李义山诗中就借“望帝春心托杜鹃”的典故表达了他对美好年华易逝、人生理想难圆的个体失意感。而艾青将自己想象为一只鸟并托鸟而歌，则突破个人的樊篱，将个体的命运与受苦受难的祖国命运联系在一起，显示出诗人博大的胸襟与热爱人民与祖国的深情。诗人为什么“用嘶哑的喉咙歌唱”呢？一是因为祖国陷入战乱，大地燃烧着战火，诗人要奋力歌唱；二是此处也无意间透露出诗人对西方文学因素的吸收。诗人曾留学法国，熟悉西方文学，鸟的啼血而歌，在西方同样有传说并被诗人借以抒情。如英国诗人济慈的《夜莺颂》里，就借民间传说来表达爱恋之情。传说夜莺在黑夜里飞到最高的玫瑰花枝上，用玫瑰花的刺刺破喉管，带着心血一直唱到天亮，倾吐它心中的妙乐，直至死去。济慈诗中写道：“而现在，/哦，/死是多么富丽：/在午夜里溘然魂离人间，/发出这般的狂喜！/我还将歌唱，/但我却不再听见……/你的葬歌只能唱给泥土一块”。“嘶哑的喉咙”和“——然后我死了，/连羽毛也腐烂在土地里面”正与夜莺的呕血而歌与魂归泥土相暗合。

诗人化人为鸟的歌唱内容是由“土地”、“河流”、“风”与“黎明”四大意象构成的，它们分别代表着祖国承受的苦难、饱含的悲愤、郁积着的反抗和人民大众对光明前途的希望。诗人愿意为此而歌，直至死去，这种奉献是神圣而伟大的，这只魂归泥土的“鸟”是永生之鸟，它的歌声将永远被人铭记，它的精神将激励着土地上生存的民众为光明而奋勇前行。

诗的前八句是诗人充分运用比兴的手法来展开想象，并创造了内涵丰富的意象，而最后两句则是诗人的直抒胸臆，“为什么我的眼里常含泪水？/因为我对这土地爱得深沉……”诗人的眼泪就源自受难的土地，也出自蕴藏深情的土地情结。这凝结着诗人泪水与热血的诗句深沉而凝重，催人泪下。当今的诗坛鲜有感人之作，有人问：“为什么夜莺停止了歌唱？”原因就在于感情稀薄而贫乏，诗意浅薄而轻浮。

追寻的失落 沉郁的忧伤

—— 读戴望舒《印象》

是飘落深谷去的/幽微的铃声吧，/是航到烟水去的/小小的渔船吧，/如果是青色的珍珠，/它已堕到古井的暗水里。　　林梢闪着的颓唐的残阳，/它轻轻地敛去了/跟着脸上浅浅的微笑。　　从一个寂寞的地方起来的，/迢遥的，寂寞的呜咽，/又徐徐回到寂寞的地方，寂寞地。

戴望舒，浙江杭州人，曾任《新诗》杂志主编，又参与创办过《璎珞》、《现代》、《新文艺》等刊物。其诗歌《雨巷》创造了一个“丁香一样的颜色、丁香一样的芬芳”又“结着愁怨的姑娘”走过长长的雨巷的诗境，轰动一时，被称为“雨巷诗人”。

《印象》一诗亦如同《雨巷》一样，具有强烈的象征意义，并充满着现代主义的色彩。《雨巷》之诗看似在写经过长长雨巷结着丁香一样愁怨的姑娘，其实在暗示着诗人在黑暗现实中找不到出路的精神恍惚和迷茫。雨巷的悠长、寂寥、朦胧，丁香的忧郁，都成为诗人情绪不展、怀抱难开的载体。《雨巷》早已突破爱情诗的意义而进入到执著探索人生意义的层面。《印象》也是通过对具体物象的描写，将诗人主体的情绪和内在心理藏匿其中，反映出诗人心理经历过的从希望的幽微到失望的愁怨，从有所期待有所奋起的微笑和欢乐坠入沉郁的孤独与寂寞。

诗人所采用的意象，无论是从色彩还是语气都显得轻柔、幽峭并充满一种淡淡哀怨，有如“四灵”诗派和晚明的小品，轻轻地敲打着读者的心灵，引导你慢慢地进入它所创造的意境之内，细细咀嚼它所包含的凄美苍楚画面，触摸它跳动的心颤脉线。

如同《雨巷》采用古典诗词中的传统意象“丁香”一样，《印象》也大量运用如“深谷”、“铃声”、“烟水”、“渔船”、“古井”、“林梢”、“残阳”等古典意象，但却通过现代主义的手法将其组合，表现出诗人心灵深处的“印象”。飘落到深谷里去的幽微的铃声，驶向烟水深处的渔船，都象征着诗人希望的渺茫。诗人继续推进一步说，这希望如果还是青色发亮的珍珠的话，它也如同坠入古井的暗水之中无法打捞且黯淡无光。这种从希望到失望的失落，有如古语说的“心如古井”，诗人彻底灰心了。回首所走过的奋斗历程，过去的抗争至如今也如同林梢颓唐的残阳，伴着脸上浅浅的微笑隐去了，这浅浅的微笑也是一种无可奈何的苦笑。夕阳无可挽，希望不再存，只有微笑而已。残阳西下，烟水升起，铃声远去，明珠暗投，理想和希望连同美好的世界一起消退，小小的渔船又如何能驾驭自己的命运？伴着一盏渔火，寂寞开始敲打诗人的无眠；呜咽着的寂寞，从遥远的地方向孤独的诗人袭来，在希望与理想消逝之后，寂寞终归是寂寞，寂寞如潮在击打过诗人虚空的心灵之后又寂寞地归向寂寞的地方去。希望如烟幽微去，潮打空心寂寞回，诗人连对现实不满的“呜咽”也随同孤独忧郁地远去了。

《印象》如同一幅欧洲印象主义的绘画一样，涂上了幽暗沉郁凄美的色彩，每一幅画面又融进了诗人浓郁的内心感受，化成一组组意象，从而熔铸成凝结着现代人精神追寻中孤独、寂寞的“印象”。

执着期待　当你不来

—— 读蔡其矫《等待》

我的心像风筝断线在天涯/眼睛里裹着忧思，当你不来/我数着阴雨和晴天/遇风起风落就猜/阳光、燕子、行人/都是我所期待，当你不来/我做梦：红叶，烟花，茶花/于幽暗的室内，都在/对你的缅怀呵/当你不来

蔡其矫，福建晋江人，幼年随家侨居印尼泗水，1936年在上海时于暨南大学附中读书，1938 年入延安鲁迅艺术学院学习。出版诗集《回声》、《祈求》、《双虹》等。

蔡其矫的诗抒情化色彩十分浓重，经常采用回环反复的句式对感情加以强调，比如他的《祈求》一诗，里面不断地出现着“我祈求”这样的字眼，诗的结构就随着情感的回旋起伏而逶迤前行，直至最后才将诗意完整地呈现出来。《等待》一诗就是在三个“当你不来”的不断强化中得以次第展开，并最终圆满表现出等待、希冀与挂念的诗境。

诗的主题是“等待”，着力表现相思者（我）对被思念者（你）的期盼。诗人写“我”的各种等待与企盼的心理活动，在一切等待都成为空幻之时，却仍然执著地相信你一定会来。这“当你不来”的意思延续着相思者的思念，并透露出坚韧的等待，因为每次的猜想、期待与缅怀之后相思人仍然挂念着被思念者，就权作“当你不来”。这与其说是一种等待，不如说是一种信念；这与其说只是一种爱的期待，不如说是一种人生的态度。“当你不来”中便没有一种中止与阻断，而是以一种宽容与信任将思念之线延伸着，并将希望寄托于未来。

“我的心像风筝断线在天涯/眼睛里裹着忧思，当你不来”，表现的是相思者的内心活动，“心像风筝断线在天涯”揭示了相思者内心挂念的无着落，“我”虽思念着“你”，但这思念之线却没有被“你”接受，线断了，风筝飘走了，远至天涯，这不能不使“我”眼睛里充满着忧思，但“我”仍然相信“你”会来。第二个“当你不来”的句组则以相思者的猜想来表现期盼，并以相思者将一切外在物都当作“你”的信使的寄寓烘托出相思者对信念的坚守。“数着阴雨和晴天/遇风起风落就猜”表明相思者是每时每刻都在计算着、猜想着你的到来。“阳光、燕子、行人/都是我所期待”揭示出相思者把阳光的温暖、燕子的双宿双飞、行人的足音都当做是“你”即将到来的预兆。这使人联想到晚唐词人温庭筠《望江南》中写思妇在江上楼阁期盼丈夫归来，用“过尽千帆皆不是，斜晖脉脉水悠悠，肠断白苹洲”来衬写思妇的期待与挂念，其中的“千帆”、“斜晖”、“水悠悠”也是寄托之物。《等待》一诗所用的“燕子”意象也是对古典传统的继承。第三个“当你不来”句组是写相思者的梦境，但揭示的依然是相思者的深切怀念与期待。“红叶”令人想到的是红叶题诗的传说，道出的是有情人终成眷属的美好结局，这也是日有所思夜有所梦的必然产物。“烟花”在幽暗的室内闪烁着，令人捉摸不定，但古典诗词中的“灯花”却常常是远行人即将归来的先兆。“何当共剪西窗烛，却话巴山夜雨时。”亦通过灯花作为寄托物来表达夫妻团圆的愿望。此处用“烟花”而不用“灯花”的意象，主要还是想表达一种无法把握的预测。“茶花”是一种高贵与冷艳的象征，出现于诗中也表示着相思者与被相思者的距离。这三个相互独立而又相互矛盾的意象出现在这句诗中，更表明了等待结果的无法估计和难以实现，而结尾“当你不来”则进一步显示出了思念者的坚定信念，他将永远期盼下去，等待下去，将缅怀之情延续下去。正是在这种坚韧的等待中，人生的奋斗显出了它闪光的价值，就像西绪弗斯终日推石上山一样，他的快乐与幸福就在过程之中。等待与期盼又何尝不是一种快乐呢？

灵动清爽 独特体验

—— 读徐志摩《偶然》

我是天空里的一片云，/偶尔投影在你的波心——/你不必讶异，/更无须欢喜——/在转瞬间消灭了踪影。　　你我相逢在黑夜的海上，/你有你的，我有我的，方向；/你记得也好，/最好你忘掉/在这交会时互放的光亮！

徐志摩，浙江海宁人，先后留学英、美，深受西方文学艺术的熏陶，是现代文学史著名文学社团“新月社”的创始人。其创作的诗歌《再别康桥》以清逸悠远的境界、如云似水的柔情、舒展轻盈的韵律而翘楚诗坛，并引发起后人对志摩诗的崇拜。《再别康桥》每每成为诗歌朗诵会上的保留选目。

《偶然》一诗表露的依然是诗人富有生命质感的柔情。我是天空里的一片云，/偶尔投影在你的波心——”诗一起首就照应了诗题，“云”与“波”都是流动不居的象征物，此处用以形容偶然相会的青年男女的心情再恰当不过，更何况还是天空上的“云”的偶然“投影”呢？其实云与波距离遥远，“投影”所引起的反应也会是平静的，甚至会在一掠而过的刹那间失去云的踪影。波心依然未动，没有“讶异”，也没有“欢喜”。禅宗语录中曾有“竹影扫阶尘不动，月穿井底水无痕”之说，云影的投射又何能在“你”的波心留下痕迹呢？诗人表面上是说“我”无法在你的波心里停留，但内心里却渴望着引起“你”波心的注意，故“你不必讶异，/更无须欢喜——”是一种矛盾语，它只是诗人的一种推测，也是诗人的一种希冀，希望“你不必讶异”、“无须欢喜”，实则是有所期待，有所追求的，否则诗人就不必专门去为这“偶然”的相遇大做文章了。

“你我相逢在黑夜的海上，/你有你的，我有我的，方向”，诗人依然诉说偶然相遇之人的交会与对立。虽然相逢了，这是偶然，但两相面对，就注定着各自有不同的方向，有不同的追寻，这又成为了必然。“相逢在黑夜的海上”象征着诗人心理上的茫然与迷惘，也象征着苍茫人生的无定与飘泊。“你记得也好，/最好你忘掉/在这交会时互放的光亮！”也是矛盾语，实是希望你记得，希望你不会忘掉，这正如当今的流行歌曲《长相忆》中的唱词“希望你呵希望你，希望你把我忘记”，这真是一种言不由衷的呼唤，但却更衬托出相思的热烈与绵长。更重要的是诗人提到了这偶然交会之时各自“互放的光亮”，这说明“云”的投影确是会引起“波心”震动的，你我在黑夜里相遇是会擦出心灵火花的，这“互放的光亮”是情感之间的摩擦，是灵魂之间的交流，哪怕它只是“转瞬间”的，但也会永远地烙在各自的心灵底片上再也无法消逝。这“互放的光亮”如流星般精彩，印入人生的长河，由偶然上升为必然，成为人生中永不磨灭的痕迹。

有人考证，志摩作此诗是事出有因的。他游学回国后于情场屡遭挫折，即与林徽因、陈衡哲以及陆小曼的交往都相继铩羽而归，他不得不再度出国。在巴黎的一间咖啡室里他偶遇一头戴面纱的女郎，两相交谈，那女郎向他诉说了她凄美的爱情经历。志摩结合自己的遭际，不免心生同情，感慨万千，两人默默握别之后，各奔东西，连对方的名字也未及知道。回到旅馆后志摩辗转不眠，借着灵感而创作了此诗。但细品此诗，觉得它究竟为谁而作已变得毫不重要，它甚至也不仅仅限于男女的偶然相遇擦出了火花与光亮这样的柔情与恋情的抒写，因为“你”与“我”、“云”与“波”、“黑夜的海上”与“互放的光亮”都可以成为人生经历的某种象征。人生途中，有许多偶然的交会，都会留下许多美好的东西和闪光的记忆。人世之间，虽有交会，也有交流，但要真到达彼此的心灵彼岸是很难做到的，尤其是偶然间的相遇，能擦出彼此心灵的闪光，已经是百载难逢的机会了。《偶然》一诗正是以灵动清爽的诗境、人生的独特体验和生命的感悟而为人们传诵。

行走的蛇 绯红的梦

—— 读冯至《蛇》

我的寂寞是一条蛇，/静静地没有言语。/你万一梦到它时，/千万啊，不要悚惧！　　它是我忠诚的伴侣，/心里害着热烈的相思：/它想那茂密的草原——/你头上的、浓郁的乌丝。　　它月影一般轻轻地/从你那儿轻轻走过：/它把你的梦境衔了来，/像一只绯红的花朵。

冯至，河北涿州人，著名诗人、翻译家、小说家、散文家，曾参与创办文学社团“沉钟社”，又与废名一道编辑出版《骆驼草》杂志。后赴德国留学，回国后先后任教于同济大学、西南联大、北京大学等。1964年任中国社科院外国文学研究所所长。代表性诗集有《昨日之歌》、《北游及其他》、《十四行集》等。

此诗以“蛇”作为隐喻来表达暗恋一方的单相思状况是以前爱情诗中从来没有过的。在中国的古典诗词中，相思之喻有红豆、双鱼、青鸟、飞燕、连理树等等，蛇的阴冷、潮湿总给人恐惧与丑的感觉，但冯至却以“蛇”的无声潜行来比喻寂寞的相思之念的穿行，化丑恶为艳美，恰切地表达了他那幽漠、孤寂、阴郁外表之下隐藏着的那一颗追求幸福、渴望美好纯真爱情的热烈之心。

此诗结构精巧，对比强烈。诗分三节，分别代表了诗人情感的流变过程。第一节为梦见相思之“蛇”时的“悚惧”，第二节则为相思之“蛇”进入茂密草原的“热烈”，第三节却是衔来梦境的“绯红”。在梦境、草原、乌丝和月影的衔接之中，诗人将寂寞之“蛇”进行了艺术的处理，使之成为了审美情感的对象物。在语言的运用上，诗人巧妙地使用了对比，如“寂寞”与“热烈”、“悚惧”与“绯红”，没有言语甚至会引起人悚惧的“寂寞”之“蛇”又成为“我忠诚的伴侣”，悄无声息的相思之“蛇”本来是令人感到恐怖而神秘的，却又可具有“月影”般的柔情，并且还会衔来“绯红的花朵”般的梦境。如此的强烈对比及其造成的分裂之感，只有在现代诗歌里才会出现。

此诗的另一特色就是它奇特而幽深的比喻了。诗人将暗恋之思说成是“寂寞”，并且将其比喻成“蛇”，其想象是奇绝的。更奇妙的是，这条相思之“蛇”不仅不使人恐怖，而且还是我“忠诚”的伴侣，还有着热烈的乡思（此处“乡思”实谐音“相思”），甚至还化为你头上浓郁的头发，还能如轻柔的月影盈盈潜行，这“蛇”也真是至情至性的通灵之蛇。奇绝的比喻还有将“你”头上“浓郁的乌丝”当成“茂密的草原”。作为“忠诚的伴侣”的相思之“蛇”，行走之径自然是茂密的草原，但这草原又艺术化地化为了你头上浓郁的秀发，这又是多么奇特的想象，又是多么具有审美趣味的喻象啊！蛇与秀发的关联，不仅又使我们联想起古希腊美妙的神话，有着姣人可爱面容的美杜莎，其秀发上却是无数吐着红信的毒蛇，见到她真实面容的人瞬间都会化为石头，这美与恶的合体之神是那么令人惊奇。或许冯至的蛇与秀发的想象也受到此神话的启示吧。

近来有学者对冯至的《蛇》诗不断地深究，竟然从文化人类学的角度挖掘到它的文化意象——性的喻象，说“蛇”象征着男根，而蛇的口中衔着的“绯红的花朵”则象征着男女的结合，这自然也有学究的道理。但我认为，还是以冯至的自述作为理解的基础较好。冯至说，他创作此诗曾受到德国唯美主义画家毕亚兹莱的一幅黑白线条画的启发，那“画上是一条蛇，尾部盘在地上，身躯直长，头部上仰，口中衔着一朵花”。诗人觉得这蛇“秀丽无邪，有如一个少女的梦境”，于是诗人将少年对爱情的热烈向往想象为一条蛇，将少女的梦境想象为一朵“绯红的花朵”，却也不失为一种唯美主义的尝试。这与其说是诗人的一种白日的性梦，倒不如说是诗人的一种唯美主义的诗意追求。那寂寞不言语的蛇、轻盈的月光、茂密的草原、绯红的花朵以及少女那浓郁的乌丝与粉红色的梦境，皆具有多么令人兴趣盎然的审美情味，我们又何必将其套入性幻想的框框中而使它丧失掉审美的情调呢？我宁愿相信它写的就是单纯的暗恋、热烈的相思以及月光下的草原和那飘逸的秀发以及娇艳欲滴的花朵。你看，那才是纯美！

敲心的跫音　美丽的错误

—— 读郑愁予《错误》

我打江南走过/那等在季节里的容颜如莲花的开落　东风不来，三月的柳絮不飞/你的心如小小的寂寞的城/恰如青石的街道向晚/跫音不响，三月的春帏不揭/你的心是小小的窗扉紧掩　我达达的马蹄是美丽的错误/我不是归人，是个过客……

郑愁予，本名郑文韬，原籍河北，1932年生于山东济南。早年去台，台北中兴大学法商学院毕业，为台湾现代诗社的主要成员，后任教于美国耶鲁大学东亚语文学系，现已荣休，在香港的高校担任讲座教授。出版诗集有《梦土上》、《燕人行》、《衣钵》等，其名作《错误》被诗人、评论家杨牧誉为“现代抒情诗的绝唱”。

展读《错误》，一个美丽动人的故事，一幅江南小城的春景就活灵活现地呈现于我们面前：春雨朦胧的江南三月，一个浪迹天下的旅人，背着行囊行走在斜阳照射着的青石街道上，沉重的脚步，长长的身影，唤起楼上急切盼望丈夫归来的少妇的关注。她对着斜阳望去，脸上绽放出如莲花开放般的笑容；当旅人渐渐步入视线之内，她确认他并非她所等待之人时，她的笑容僵住了，期冀的眼神变成了无神的幽怨，耳听着过客嗒嗒的脚步声渐行渐远，她的心也随着夕阳的落幕紧紧关闭了，恰如那楼上紧掩的窗扉和那座寂寞的小城。

这诗像一出戏剧，那戏剧性的结局虽然令人伤感，但却充满着无限的审美想象和审美情趣。诗人将戏剧的原因与结果首先摆给读者：“我打江南走过”是那引起“等在季节里”的少妇的容颜如莲花般开放与凋落的原因，等在季节里的少妇的容颜“如莲花般的开落”是“我打江南走过”的结果。此处诗人所用的“江南”并非一般的地理概念，而是充满丰富深刻文化与历史意蕴的文化符号。文化的江南是草长莺飞、送君南浦的伤别江南，是脂粉飘溢、纤腰曼舞的乐舞江南，是柳絮纷飞、春心荡漾、情侣牵手的浪漫江南。打江南走过，穿过的是江南的整部历史，行走着的是江南的文化长廊，更何况是春暖花开三月的江南、惊动的是如花的容颜！

此诗虽也可以归为写思妇闺怨诗之类，但诗人的诉说视角不放在思妇身上，而从“过客”的视角去探寻思妇的心理秘密，这是在继承古典诗词传统上的创新。三月本是东风拂面花绽柳飞的季节，朱熹曾有诗道：“等闲识得东风面，万紫千红总是春。”但诗人偏要说“东风不来”，是借此创造一种审美的阻隔，为后面的“达达的马蹄”敲开思妇的窗扉埋下伏笔。此诗中的“东风不来”与后面的“跫音不响”构成互文，说的都是远游归客的回家信息。思妇听不到“东风”带来的归人的信息，故“心如小小的寂寞的城”、“心是小小的窗扉紧掩”。是谁敲开这寂寞的城、推开这紧掩的窗？是“我达达的马蹄”。这些当然是“过客”的想象，但这想象却通过各种比喻编织成美丽的如梦似幻的诗境。“柳絮不飞”喻指思妇的心没有被春天的讯息唤醒；“春帏不揭”也喻指思妇的心扉未见亲人而不轻易地打开。“向晚”本是游子归家的时刻，但等候不来归人的脚步声，这青石的街道就更显得冷清落寞。

诗人写了“过客”对思妇心理的想象，并且将这想象的立足点放在“听”上，这与古典诗词专写思妇的“望”相比较又是创新。柳永的《八声甘州》写道“想佳人，妆楼望，误几回，天际识归舟”，而在郑愁予的诗中却转换成了“过客”达达的马蹄声被思妇误听为“归人”的足音。更妙的是诗人用“美丽的错误”来揭示了这一误听所造成的审美效果，从而锻造了一段江南小街的情色故事，使诗产生了一种意料不到的奇趣。这“错误”是谁造成的（“我”还是“你”）并不重要了，因为它已经铸成了“美丽”。

我见郑愁予的时候是在2006年香港举行的世界华文旅游文学国际学术研讨会上，他已步入了古稀之年，但仍在创作新诗，并且有了歌唱城市的诗歌，如《中环，我的书架》之类。见到他那具有沧桑之感的容颜，我的耳边就有《错误》（由郑愁予同名诗改编而成）的乐音久久地萦绕着脑际不肯散去。

对立的奇崛　欲望的反抗

—— 读穆旦的《春》

绿色的火焰在草上摇曳，/他渴求着拥抱你，花朵。/反抗着土地，花朵伸出来，/当暖风吹来烦恼，或者欢乐。/如果你是醒了，推开窗子，/看这满园的欲望多么美丽。　蓝天下，为永远的谜迷惑着的/是我们二十岁的禁闭的肉体，/一如那泥土做成的鸟的歌，/你们被点燃，却无处归依。/呵，光，影，声，色，都已经赤裸，/痛苦着，等待伸入新的组合。

穆旦，原名查良铮，1918年生于天津，曾就读清华大学与西南联大。大学期间开始系统接触英国现代诗歌及其理论，其创作才华得到大家公认，与郑敏、杜运燮、袁可嘉等青年诗人形成了西南联大著名的现代派诗歌团体，之后成为了“九叶诗派”的重要代表。代表性作品有《赞美》、《诗八首》等。后期主要从事外国文学翻译工作，翻译了普希金、拜伦、雪莱、济慈、布莱克、艾略特等著名诗人诗集共16 种，在翻译界颇负盛名。

《春》亦是穆旦诗歌的代表作之一。诗写于1942年，当时作者24岁，经历过抗战爆发随清华大学长途跋涉辗转数省抵达昆明组成西南联大的艰苦过程，一颗年轻躁动敏感而又充满热血的心在接触西方现代诗之后，有着强烈的创造欲望。此诗正是以春天的生命跃动感与二十来岁青年的生命冲动相叠合，写出了诗人青春时期焦虑与渴望交织、痛苦与幸福共生的思考。

全诗以相互冲突和对抗的意象深刻地揭示出了青年人身体成长过程中的精神痛苦，以春天欲望的美丽象征二十岁青年热情追求和痛苦等待，将理性的思辨化为感性的形象，用奇崛的语言和新奇的意象表达出了一种心灵的反抗。在草上摇曳的是草的绿色，是春的强烈气息，诗人却将其形容成“火焰”，这“火焰”还渴望着“拥抱”花朵，这虽然在语言上造成了对立，但实际上却有内在的融合；花朵从土地里“反抗着”伸出来，既强调了它的挣扎与顽强，也倾诉了它的幸福与烦恼。这里也有对立，“花朵”与“土地”相对立，“花朵”与“暖风”相对立，甚至还有“烦恼”与“欢乐”相对立。诗人用春的到来与花朵的诞生暗示着人生青春到来时期所伴随的各种错综复杂的心理和情绪：飞扬的热情（摇曳的火焰）、追求美的渴望（拥抱花朵）、反叛的意识（反抗着土地伸出花朵）以及幸福与痛苦相伴而来的感受（暖风既带来烦恼也带来欢乐）。“醒”与“迷惑”、“推开”与“禁闭”的对立，着力刻画了青春觉醒的美好；“泥土“与“鸟的歌”的对立以及“被点燃”与“无处归依”的对立，则着重在揭示青春梦想的启动却又难以明晰所追求的目标之间的焦虑；“光、影，声，色”本是无形的，但诗人却以“赤裸”来形容它们，在强调它们个体性的同时突出了它们与“组合”的对立，这一对立既照应了“满园的欲望”，又表达了对青春觉醒之后的第二次新生的期待。诗人正式在各组对立的刻画中突出了诗歌的内在张力，在早春、清晨、二十岁的青春的互相叠合中抒发了青春期的内在焦虑和丰富的痛苦。

穆旦是一个善于“用身体思想”的诗人，他的《诗八首》和《我歌颂肉体》等诗都通过对身体感受和生命形式的描写表达了他对人生、自我、爱情、肉体以及生命的哲理思考。在《我歌颂肉体》中他高呼“我歌颂肉体：因为光明要从黑暗站出来”，肉体虽是沉默的，但却是“丰富的刹那”与“美的真实”。《春》渴望打开“禁闭的肉体”，并努力去探索这大自然元素组合的谜，要为这已点燃的青春之火找到精神的指引，将赤裸的各种欲望通过再生的组合引领到美的领地，就像歌德笔下的浮士德博士一样，在经历精神磨难和抵制住各种诱惑之后而归依真善美的家园。“泥土做成的鸟的歌”是一种象征，按照神话传说人本是泥土抟成的，但呆滞的肉体一旦注入思想，却可以唱出飞扬的歌声、闪出智慧的火花。肉体是令人厌恶的吗？讨厌肉体也就是讨厌自我，关键在于如何使肉体变得更生动、更丰富、更有价值，这就需要精神——价值观、人生观、世界观的引领。穆旦的“用身体思想”并不同于时下的“用身体写作”，尤其是当身体写作只剩下“下半身”去写作的时候，人的完整性被割裂了，肉体也被撕裂了。当上半身的思想被抛弃之后，“下半身写作”就只能表达感官的生物运动，既不会有追求的痛苦，也不会在新的组合中获得重生的等待与希望。

雨后的旅心 轻盈的旋律

—— 读穆木天《雨后》

穿上你的轻飘的木屐穿上你的轻软的外衣/趁着细雨蒙蒙 我们到湿润的田里 我们要听翠绿的野草上水珠儿低语/我们要听鹅黄的稻波上微风的足迹 我们要听白茸茸的薄的云纱轻轻飞起/我们要听纤纤的水沟弯曲曲的歌曲 我们要听徐徐渡来的远寺的钟声/我们要听茅屋顶上吐着一缕一缕的烟丝 我们要瞅着神秘的扉开在灰绿的林隙/我们要等过来了跣足的牧儿披着蓑衣 我们要等河上凝着的淡雾慢慢的卷开/我们要等熏醉的树枝滴净了他的珠玉 我们直走到各各的幽径都遍了你的足迹/我们直走到你的桃红的青足软软的浸湿 我们直走到万有都映着我们的影子/我们直走到我们的心波寂蛰在朦胧的怀里 穿上你的轻飘的木屐披上你的轻软的外衣/趁着这细雨蒙蒙 我们到湿润的田里

穆木天（1900—1971），原名穆敬熙，吉林通伊县人。1921年加入创造社，1923—1926年在日本东京大学法国文学科学习，受到法国象征派诗歌的影响，从而在诗歌实践与理论上都向象征主义靠近。曾出版诗集《旅心》等，代表性作品有《雨后的井之头》、《伊东的川上》、

《苍白的钟声》等。

《雨后》一诗集中表达的是诗人在雨后的一种体验与感觉，它主要运用通感的手法，并通过对雨后物景的向往表达出了诗人的一种心境。从全诗的情调上看，诗人要表达的是对雨后景色向往的欢欣；从使用的人称上看，这雨后之行又仿佛是一对恋人之间的浪漫之旅，故用语上都尽量使用轻柔的字眼，如“轻飘”、“轻软”、“细雨”、“低语”、“纤纤”、“徐徐”等等。作为一种心境的创造，诗人采用一种逐步推进并循环反复的方式将物境慢慢地转换为心境，同时又通过充满诗意的画面组合完整地抒发出诗人对雨后的全部感觉。诗人从“听”、“瞅”转到“等”再转到“走”，最后落到“直走到我们的心波寂蛰在朦胧的怀里”，在外向的倾听和探视之后又归于内心的波动。可以说这是诗人全身心投入之后的收获。这种结构使我们联想起唐代王维的诗《山居秋暝》：“空山新雨后，天气晚来秋。明月松间照，清泉石上流。竹喧归浣女，莲动下渔舟。随意春芳歇，王孙自可留。”王维此诗大部分也是写雨后的物境，而结尾则转换成了一种心境的期待。穆木天的诗最后要“直走到万有都映着我们的影子”，“直走到我们的心波寂蛰在朦胧的怀里”，这一方面是写月景，同时也是写心景。佛教中有“一月印万川”之说，万川即万有，即万物，“万有都映着我们的影子”既是实写也为虚写，暗含有虚空之景与虚空之心的道理，此处的诗句也暗示着这雨后的景色是理想之景，而非实景，故诗中每每都提到“我们要”。

作为象征主义的一种创作尝试，此诗更多地在于运用通感来写对雨后景物的一种印象，并通过一种轻盈的旋律来表现这些幻景所能产生的心波振动，是要写出诗人理想中的大自然的“运动的律的幻影”与心的“交响乐”。蒙蒙的细雨飘洒到湿润的田里，也是飘洒到人们心里。正是在心的倾听中，诗人才会听到野草水珠的低语、稻波上微风吹过的足迹、白茸茸的薄的云纱飞起、水沟弯曲曲的歌声以及远寺的钟声、茅屋顶上的缕缕炊烟。这些物景的旋律运动与心的共振共同组成为雨后景色的“形”。而关于雨后景物“色”方面的印象，诗人则通过各种颜色的点染来构成，如翠绿的野草、鹅黄的稻波、白茸茸的云纱、青色茅屋顶上的白色的炊烟、灰绿的树丛、河上的淡雾、少女那桃红的青足等等。而在诗的整体象征上，诗人通过雨后各种幻景的想象，暗示出一种朦胧、湿软、宁静、神秘的理想之境，它仿佛是陶渊明笔下的桃花源，又仿佛是倪瓒笔下的江南乡村，其间又隐含着诗人那种驿动、轻柔而又美丽的情愫。当诗人最后再度咏唱起诗开头的句子时，我们禁不住会应和着诗的节奏欢快起舞，或者踏上赏心悦目的旅程了。

孤傲不屈　迎接挑战

—— 读纪弦《狼之独步》

我乃旷野里独来独往的一匹狼。/不是先知，没有半个字的叹息。/而恒以数声凄厉已极之长嗥/摇撼彼空无一物之天地，/使天地战栗如同发了疟疾，/并刮起凉风飒飒的，飒飒飒飒的；/这就是一种过瘾。

纪弦，本名路逾，上海人。1929年开始写诗，1948年去台湾，曾经是中学教师，主编过刊物《现代诗》，后成为台湾现代诗社和现代诗运动的发起人。他在倡导现代诗的运动之中，曾遭受到各种冷嘲热讽，但他面对各种压力，毫不妥协，坚持己见，被认为是“中国诗坛上具有极端个性的独来独往的诗人”。

诗人以狼自喻，并通过具有鲜明特征性的行动描写与环境衬写，创造了一个孤傲不屈、奋勇抗争并且喜欢挑战的英雄形象。

狼本是群居的动物，常常为了猎食而集体行动，但诗人恰恰将自己比喻成一匹孤狼。“旷野”是指周边的环境，一种恶劣的无助的生存环境，正因为“旷”才更好衬托出“独往独来”的英雄气势。诗人独步台湾诗坛提倡现代诗的生存状况也由此而反映出来。“不是先知”是冷眼对待各种嘲讽的坦然态度，敢为天下先者又有谁能说他有先知先觉的才能呢？唯有的只有勇气和胆量，当然也有智慧的判断和预感。“没有半个字的叹息”表明了诗人面对荆棘丛生的环境和层层压力无所畏惧的态度，他甚至还不屑于为那些施压的人去叹息，也不为自己的孤立和失败而沮丧而叹息，他就是要我行我素，孤寂前行。

叹息是无用的，但孤绝的“狼”却要奋起抗争，它要以它那凄厉的长嗥去撼动天地，并刮起凉风，要充分表示出它的勇气和力量。为了形容这“长嗥”的力量，诗人用了“凄厉已极”来描写它的至尖至利，它可以穿透人的骨头，直指人心的深层而引起震颤和共鸣。这力量还体现在它能摇撼天地，使天地如同发了疟疾般地发抖，并刮起可以充塞天地的凉风。这长嗥的“狼”是极具野性、崇尚自由的，它傲世独立，睥睨苍穹，目空一切（天地间的流言与俗辈在他眼中不过是“空无一物”）；他敢于漠视并超越一切压力和阻力，并用他那惊世骇俗的言论（“长嗥”）向平庸和世俗发起反抗。

更重要的是诗的结尾，诗人竟然视这种可以摇撼天地的“长嗥”为一种“过瘾”，戏谑的口气中透露出一种欣喜、顽皮和调侃，仿佛诗人特别喜欢这种旷野中的独步，萧索荒原间的长嗥。这种喜欢抗争、直面挑战的桀骜不驯的性格，以及这种直截了当式的写法，在我们读来也会感觉到是一种过瘾。

诗人自喻为独步长嗥的狼，并努力要表现出刚烈的狼性，这与他当时所处的生存状况和心境有关。此诗作于1964年，当时诗人的处境非常孤独，两年前，诗人筹备的现代派经不住压力解散了，他创办的《现代诗》杂志不能维持也在1964年初停刊了。在台湾诗坛中讨伐现代派的言论占了上风，过去响应现代派的诗人逃匿不出，诗人不得不借狼的形象来表现他的愤慨、孤傲与抗争的意向。时间过去了许多年，这“狼”的意象又在齐秦的歌声中得到回应，他演唱的《我是一匹来自北方的狼》，萧索，凄凉，孤寂之中透露出对家园的渴望，独行无垠旷野之中呈现出淡淡的伤感。歌词里唱道：“我是一匹来自北方的狼，走在无垠的旷野中，凄厉的北风吹过，漫漫的黄沙掠过。我只有咬着冷冷的牙，报以两声长啸，不为别的，只为那传说中美丽的草原。”与纪弦的诗相比较，《我是一匹来自北方的狼》吸收了纪弦诗中的孤绝感与苍凉感，但却缺少了刚烈的反抗和充分的自信，读来终不如纪弦诗过瘾。

静默的稻束　思想的雕像

—— 读郑敏《金黄的稻束》

金黄的稻束站在/割过的秋天的田里，/我想起无数个疲倦的母亲，/黄昏路上我看见那皱了的美丽的脸，/收获日的满月在/高耸的树巅上，/暮色里，远山/围着我们的心边，/没有一个雕像能比这更静默。/肩荷着那伟大的疲倦，你们/在这伸向远远的一片/秋天的田里低首沉思，/静默。静默。历史也不过是/脚下一条流去的小河，/而你们，站在那儿，/将成为人类的一个思想。

郑敏，1920年生，福建闽侯人。1939年考入西南联大外文系，后转入哲学系，1952年在美国布朗大学研究院获英国文学硕士学位，回国后曾在中国社科院文学研究所工作，后转到北京师范大学外语系讲授英美文学至今，为“九叶诗派”重要代表。她现已八十七岁高龄，依然诗心不老，除不断有诗歌创作外，还有若干有重要影响的诗论，真可谓一棵诗歌的常青树。

此诗以雕塑般的语言对田野里所见的金黄的稻束进行了合理而大胆的想象，通过意象的转换表达了诗人对大地、自然和生命充满激情的沉思。诗人将秋天田野里收割完毕留下的一捆捆稻束，转换成“疲倦的母亲”的意象，然后通过暮色、远山背景的烘托，使金黄的稻束成为了感人至深的“静默”的雕像。金黄的稻束的站立是静默的，但诗人却为这金黄的稻束说话，将它们变成人类的思想者。“稻束”使诗人想起“无数个疲倦的母亲”，是因为二者的共同点都是生命的成长、成熟与衰退。土地年年栽种，年年收割，正如人类的母亲长年累月为家庭为子女所做的贡献。稻子丰收了，留下的只是孤寂地站在秋风中的疲倦的稻束；子女们长大了，家庭丰裕起来了，疲倦的只是母亲。“那皱了的美丽的脸”也可以指收割后的干裂的土地，它在生命完成之后即使枯竭了也是美丽的。“收获日的满月在/高耸的树巅上”语气之中充满着丰收的喜悦，“暮色里，远山/围着我们的心边”则表达了人类对土地、稻束的感恩。正是从心的感激出发，稻束才在平野、树巅、满月、暮色、远山的衬托下显出它的高大与伟大。“雕像”一般是纪念性的，金黄的稻束能成为人类可纪念的东西是因为它有伟大的劳作、伟大的疲倦、伟大的奉献。没有一个雕像能比这更“静默”，语气中充满着敬畏，这金黄的稻束已然超越自然而成为神圣的物体。

诗人不仅从可值纪念和敬畏的角度将金黄的稻束转换成母亲与雕像的意象，而且还从时间的视角将这个伟大的雕像转换成永恒的思想者。诗人对稻束作了进一步的拟人化想象，它们“肩荷着那伟大的疲倦”在“秋天的田里低首沉思”，“历史也不过是/脚下一条流去的小河”，它们究竟在沉思什么？为什么又会跟历史相互联系起来？千年的土地上只要有人类就会有耕种有收割，春夏秋冬年复一年，土地在不断轮回衍生，生命在不断生长衰退，生命完成之后可能只留下一个空躯、一个背影，但它那“伟大的疲倦”总耸立在人们的心里而不会被忘却。劳作是充实的，疲倦是伟大的，完成了生命后的生命形式就如雕像镌刻在人类历史的进程中，镌刻在人们的内心深处。站立的稻束由此而升华为历史的思考者、未来的启悟者。

郑敏此诗是将诗的语言艺术与雕塑的时空艺术相互融通的典范，她十分艺术化地运用了空间的衬托和时间凝结的雕塑手法，融入到诗的结构当中，如用“高耸”、“远山”、“围着”、“远远的一片”、“流去的小河”、“站在”等语言造成一种空间感，最终将金黄的稻束雕塑成一尊伟大的值得敬畏的并且是充满智慧与启悟的雕像。

追寻的航程　思念的视线

—— 读舒婷《双桅船》

雾打湿了我的双翼/可风却不容我再迟疑/岸啊，心爱的岸/昨天刚刚和你告别/今天你又在这里/明天我们将在/另一个纬度相遇/是一场风暴、一盏灯/把我们联系在一起/是一场风暴、另一盏灯/使我们再分东西/不怕天涯海角/岂在朝朝夕夕/你在我的航程上/我在你的视线里

舒婷，1952年生，原名龚佩瑜。福建泉州石码镇人，后居厦门鼓浪屿，1969年初中未毕业即下乡当知青，1972年回城做临工。“文革”期间开始诗歌创作，当时的作品多表现出迷惘和不被社会接纳的失落与孤寂。1979年在《今天》杂志上发表《致橡树》而被《诗刊》转载，轰动诗坛，后成为“朦胧诗”的代表人物之一。代表作有《致橡树》、《四月的黄昏》等，出版诗集《双桅船》、《会唱歌的鸢尾花》等。如今的舒婷以写散文为主，著有散文集《心烟》等。

此诗作为朦胧诗的代表性作品，是因为它借对双桅船与雾、风、岸、风暴、灯的关系，在象征的层面上抒写了对爱情、对理想矢志追求的感情。诗的中心关系是“双桅船”与“岸”构成的“我们”的关系，“岸”成为“你”，

“双桅船”成为“我”。“岸”成为“心爱的岸”，可以理解成心中的恋人，但也可以理解成诗人所追求的彼岸目标；“告别”、“相遇”、“联系”、“再分东西”既是说艰难复杂的人生阅历与爱情经历，也可以说是追求理想的曲折艰辛。“你在我的航程上/我在你的视线里”，既指男女恋人间的相互关注、相互思念与相互依存的关系，也可以指目标与理想永远在青年人追求的航程中，青年人也永远在理想的指引下。“双桅船”与“岸”（即“我”与“你”）因此而成为一种泛指，诗的意义空间也由此而扩展，成为一种普遍的人生象征。

诗的感情沉郁而凝重，但忧伤之中并不悲观绝望。“雾打湿了我的双翼/可风却不容我再迟疑”，象征着“文革”的政治气候残酷地摧残着一代青年人的人生理想，但动乱结束后时代之风吹醒了青年人，让青年人振奋起精神，不再犹豫，奋勇启航。“风暴”与“灯”既是实指双桅船在航程上与岸相依存又不断分离的经历，也包含着丰富深刻的象征内涵。前“一场风暴”指“文革”十年浩劫的风暴，后“一场风暴”则指十年社会动乱之后思想解放和改革开放的疾风骤雨。“一盏灯”可指男女间的爱情和理想，而“另一盏灯”则又可喻指思想之灯，当青年人人格意识觉醒自尊与独立之后，各自有了事业的追求，而不只为男女间的卿卿我我所牵绊，故诗人化用秦观的词句“两情若是久长时/又岂在朝朝暮暮”来表达青年人的现代价值追求。

全诗写“双桅船”与“岸”的关系是围绕着“距离”和“思念”来展开的。“昨天和你告别”是远离，“今天你又在这里”是零距离的接触，“明天我们将在/另一个纬度相遇”又是对未来不再分离的期冀。“联系在一起”和“使我们再分东西”，仍然是写距离。而不管分分合合，船总走不出对岸的思念，“我”总走不出“你”的爱的港湾。天涯海角的各自分别，却贯穿着深情的思念，岸总伴着船在朝着目标前行的航线上，船也总在岸的深情眺望中。诗人通过“船”与“岸”的具体形象，表达出了青年男女之间真挚的爱情，也抒发了“文革”后一代青年对生命价值、人生理想精神探索的心路历程。

寻找的渴望　深刻的自省

—— 读北岛《迷途》

沿着鸽子的哨音/我寻找着你/高高的森林挡住了天空/小路上/一棵迷途的蒲公英/把我引向蓝灰色的湖泊/在微微摇晃的倒影中/我找到了你/那深不可测的眼睛

北岛，1949年出生于北京，原名赵振开，中国当代"朦胧诗"的主要代表。做过工人，当过编辑，创办过民间诗歌刊物《今天》。1990年旅居美国。著有诗集《在天涯》、《陌生的海滩》、《北岛诗选》等。

《迷途》的主题是"寻找"，反映出经历过"文革"十年动乱之后的青年一代希望从现实的迷茫中寻找出路的内心渴望。诗的整体氛围和所有的意象表达都是朦胧的，所造成的诗境甚至是非现实的，有如纯真的童话，但正是在这种由现实向虚幻的"湖泊"和"倒影"转化的过程中，诗人恰如其分地传达出了一种深情的渴望、对现实的怀疑和对自我的反省。

我"沿着鸽子的哨音"去寻找出路（希望与理想），但却有"高高的森林"挡住了天空。鸽子的哨音一般是响亮的，引向天空的，此处"鸽子的哨音"正象征着光明的召唤和指引。"我"的寻找也是向上的，但却被"高高的森林”挡住了天空，只好折回到林中的小路。“高高的森林”则象征着保守的思想壁垒，在思想解放尚未到来的时代，保守的思想障碍就如黑黝黝的森林会阻挡住一切并吞噬一切。陷入迷途小路上的“我”又被一棵也“迷途”了的蒲公英引领着，走向了“蓝灰色的湖泊”。这不仅是出现了童话般的虚幻，更近似于荒诞。迷途的“我”又被“迷途”的蒲公英引领，暗示着这不可能有寻找的结果，只能更进一步陷入迷茫。于是，出现不明亮颜色的“蓝灰色的湖泊”和“微微摇晃的倒影”就成为不可避免的结局。“蓝灰色的湖泊”和“微微摇晃的倒影”都象征着光线暗淡、闪烁不定的前程，表达出诗人对未来与希望难以把握的内心感受。“我”最后寻找到的是“湖中倒影”中那双“深不可测的眼睛”，这就更陷入了迷茫，但在迷茫中又反映出诗人对自我的自省和自信。“倒影”是“我”的，那“深不可测的眼睛”也就只能是“我”的，诗人最后寻找到的“你”和“我”终于并合成一体，诗人相信的还是他自己那双眼睛。这正如诗人顾城所写过的诗句：“黑夜给了我黑色的眼睛，我却用它寻找光明。”（《一代人》）这正是当时一代青年人怀疑一切的精神特征，也是他们放出自己的眼光分辨一切、识别一切并勇于探索的精神特征。自然，诗人也对自己的这双眼睛表示着怀疑，因为它毕竟是“深不可测”的，这寓意无穷的眼睛也表达出诗人对现实质疑以及对自我也质疑的询问。诗人仿佛又回到了诗的起首，寻找到的终点又变成了寻找的起点，“寻找”于是成为了永恒的话题。

其实，在人生跋涉的征途上，短暂的迷途总是会出现的，人生就是在不断地寻找中去解决人生的迷惑与矛盾。

或许我们的寻找并没有明确的目标，唯一可依靠的还是我们的智慧和眼睛。我们用眼睛观察一切，阅读一切，用智慧去反省一切，辨识一切，然后作出选择，走出迷途。或许前进的道路上会有智者指点你，会有导师引领你，但经验由你去积累，判断由你去作出，错误由你去纠正，放出你的眼光来才是解决人生迷惑的不二法门。

静心倾听　再度创造

—— 读周所同《梅花三弄》

最初的气息自霜枝而来/梅朵若洁雪/有田野幽幽梦歌/古筝冷月或低回悱恻的箫声/长短细碎处　　卷帘人/谁打马走过古道风尘/接下来我们必须安静　　必须/以旷世的爱心抵抗世俗的侵扰/冰清玉洁是一种品格/在你恪守的枝头　　隔夜风雨/漂远又漂近我怀想的江河/指尖的花朵荷叶的暗香/拾阶而上的高度和水边的歌谣/推开竹篱遥念千里归人/今夜江南/走在一条幽幽的弦上……

周所同，1950年生，曾任山西《五台山》杂志副主编、副编审，现任中国作家协会《诗刊》编辑部编辑，著有诗集《北方的河流》、《拾穗人》等，曾获山西首届赵树理文学奖。其诗朴实、清新、自然，含蓄而有味，尤以乡土诗著名。

《梅花三弄》是诗人听古曲《梅花三弄》之后并发挥诗人的想象去描写音乐的诗，它显得十分独特，又十分具有美的感染力。听乐之诗，古已有之，如韩愈的《听颖师弹琴》和李贺的《李凭箜篌引》等，都是唐诗中著名的听乐诗。白居易的《琵琶行》中也有描摹琵琶之声的名句，“大弦嘈嘈如急雨，小弦切切如私语。嘈嘈切切错杂弹，大珠小珠落玉盘。间关莺语花底滑，幽咽流泉冰下难。冰泉冷涩弦凝绝，凝绝不通声渐歇。”周所同此诗既继承了古代听乐诗以形显声的传统因素，但更多的则是融进了现代人的心理感受。它的着重点不在听声类形、以形显声、借声拟声去描摹古曲的声音之妙和技巧之高，而重要的在于写诗人自己的艺术感受和审美联想，将读者带入古曲《梅花三弄》的艺术境界内，通过跨艺术门类之间的沟通交融实现了对古曲《梅花三弄》的再度艺术创造。

《梅花三弄》最早是一首古老的笛曲，后因年代久远而失传。现在的古琴曲载于琴谱《神奇秘谱》中。乐曲通过三段不同力度、不同音域、不同速度的音乐处理来表现梅花品格高洁、傲风斗雪、迎春绽放的精神风貌。梅花一弄展风姿，梅花二弄见情趣，梅花三弄显精神，听如此三弄，听者会产生诸多的联想。周所同此诗之妙就妙在它既扣紧乐曲与梅花的主题，又不限于古琴曲原来表现的主题，而是根据听乐的感受而展开了极富诗意的想象，当中既具古典情趣，又富有现代人抵抗世俗的精神追求。

此诗是沿着音乐这门纯粹的时间艺术而展开想象的。古曲《梅花三弄》起初音色透明，洁白的梅朵，傲霜的虬枝，筝声曼起，如清晨田野里吹来的清风，带着清梦的气息，轻盈地飘入人的心间，令人怦然心动。而梅花的风雅神态就随着这清幽的旋律而舒展地呈现在我们面前。当箫声低回，乐声跌宕，诗人又联想到古道上马声噔噔的旅人，半天上悬挂的冷月，还有那楼上卷帘的侍童。在乐曲的三弄，则是梅花经过风雪的洗礼而显得更加香浓，故诗人用“隔夜风雨”、漂远又漂近的河流、荷叶的暗香来类附。乐曲的结尾是创造一种暗香浮动、延续和余音绕梁的感觉，诗人则联想到“水边的歌谣”和“推开竹篱遥念千里归人”。诗人确实是被乐曲打动了，他仿佛随着旋律步入梦中的江南，为一夜吹落的梅白而陶醉，为散发清香迎风绽放的梅花而陶醉。

肯花时间去听音乐的人是会享福的，听音乐而能体味其中的美妙而且还能形诸文字的人，不仅是会享福，而且是有天赋和才能的。以诗写乐，并以优美的画面道出听乐的感受，周所同此诗在当代诗歌中也算是翘楚之作。

生存境遇的反抗　强劲生命的呐喊

—— 读崔健《一无所有》

我曾经问个不休/你何时跟我走/可你却总是笑我/一无所有/我要给你我的追求/还有我的自由/可你却总是笑我/一无所有/噢，你何时跟我走　　脚下这地在走/身边那水在流/可你却总是笑我/一无所有　　为何你总笑个没够/为何我总要追求/难道在你面前我永远/是一无所有/噢，你何时跟我走　　告诉你我等了很久/告诉你我最后的要求/我要抓起你的双手/你这就跟我走/这时你的手在颤抖/这时你的泪在流/莫非你是正在告诉我/你爱我一无所有/噢，你这就跟我走

1986年5月9日，北京工人体育馆，一位身穿军装挽着裤腿斜背着一把吉他的名不见经传的歌手出现在国际和平年演唱会的舞台上，他扯开嗓子，用石破天惊的摇滚吼出了一首自己创作的歌曲《一无所有》。这首歌新奇、粗粝，充满着强劲的感染力，顿时像风一样吹遍全国，在年轻人中传唱，许多青年甚至开始模仿他的装扮，他就是后来被誉为“中国摇滚乐之父”的崔健。

《一无所有》借一对青年男女之间对话与呼应的平凡事件表达了一种最不平凡的信念和欲望——对现实生存

境况的反抗和对开创新生活的大胆追求，同时也反映出了一代年轻人在经历过“文革”十年动乱之后的精神迷茫和虚空，以及对这种迷茫与虚空的反叛。在这种对话里，实际上是男青年的单向呼喊和倾诉，直至歌的结尾才有女青年的呼应，而且这也是通过男青年的感受写出来的呼应（“手在颤抖”、“泪在流”）。但是从这种自白的倾诉与表达之中，我们却真切地感受到，这不仅仅是崔健一人的心声，而是代表着整整一代年轻人在特定的文化语境中的生命冲动和要开拓未来生活的强劲呐喊。

歌中男主人公“我”不断地追问，不断地追求，他甚至可以将自己的追求和自由都与女主人公“你”捆绑在一起，共同去开辟新的希望，而“你”却总是说“我”“一无所有”。他相信大地，相信世界，相信自己，他要无所畏惧，勇往直前。“脚下这地在走/身边那水在流”就是世界在变化、社会在进步的明证，就是新生活的呼唤与希望。他已等待得太久，不能再等待了，他终于行动，果敢地抓起了“你”的双手，共同行走。在这首歌里，“一无所有”是男女对话的关键，也是当时年轻一代生存状况的真实反映。他们无论是在物质上还是精神上都陷入了一种贫困的境地，尤其是“文革”之后，旧的价值体系被打碎，而新的价值体系还未来得及建设，年轻人的精神领域只能是一片空白。所以，歌中不断出现的“噢，你何时跟我走”也就成为了一种无力且无助的呼唤。但崔健相信，旧的已去，新的必将到来，这种“一无所有”正是青年人追求自由、树立独立人格的基础，对自我的执著使他们获得了自信，他们决绝地选择了行动——“你这就跟我走”，这就是他们的文化反抗。

崔健创作这首歌的时候，正是诗人北岛出版《北岛诗选》的时候，他们二者都以朦胧的形式表达了年轻一代对自由、理想的渴望与追求，对现实的反叛和反思，他们都成为了那个时代的“文化英雄”。尤其是崔健所掀起的摇滚风暴，它代表着一种亚文化的兴起，从而标志了中国社会走向文化多元的开端。崔健用摇滚说话去表达思想，他后来的作品《红旗下的蛋》依然在传达着深刻的时代拷问，“红旗还在飘扬/没有固定的方向/革命还在继续/老头儿更有力量/钱在空中飘扬/我们没有理想/虽然空气新鲜/可看不见更远地方。”崔健也标志了一个用流行音乐反映时代心声的开端。从崔健的《一无所有》开始，我们又分明从流行音乐的传唱中触摸到社会的脉搏，这就是：“一无所有”——“跟着感觉走”——“妹妹你大胆地往前走”——“走呵走，走到九月九”，走回自己的家门口。直到21世纪的开始，我们才从《走进新时代》的旋律中感觉到一种全新的表白与倾诉，一种情绪的饱满与豪迈，这全都来自于物质与精神文明的巨大进步。

沉默的美　沉思的美

—— 读骆一禾《为美而想》

在五月里一块大岩石旁边/我想到美/河流不远　　靠在一块紫色的大岩石旁边/我想到美　　雷电闪在这离寂静/不远的地方/有一片晒烫的地衣/闪耀着翅膀/在暴力中吸上岩层/那只在深红色五月的青苔上/孜孜不倦的工蜂/是背着美的呀　　在五月里一块大岩石的旁边/我感到岩石下的目的/有一层沉思在为美而冥想

骆一禾，中国20世纪末一位极富思想才华但却英年早逝的诗人，他和诗人海子共同创造的“麦地”系列的诗歌曾经震撼过1985—1988年之间的诗坛。骆一禾1961年出生，北京人，小时就随父母下放到河南农村的淮河平原，在那里他接受了乡村的启蒙教育，包括大自然美的教育和乡村知识的教育。1979年考入北京大学中文系，1984年毕业到北京出版社《十月》编辑部工作。所创作的诗歌多次获奖，1989年死于脑血管突发性大面积出血，年仅28岁。整理出版过《海子·骆一禾作品集》，死后第二年其长诗《世界的血》由春风文艺出版社出版。

《为美而想》中或许还带有骆一禾乡村经验的回忆，但它已不是一般生命事物现象的直观再现，而是将读者带入了对自然、对历史、对生命抗争，对劳动、对坚韧的形而上的思考。五月，是一个鲜花盛开且一切都生机勃勃的世界，它同时也是一个美的事物会遭遇雷电风雨的摧残而凋伤陨落的世界。昔日的诗人词人会因为雨疏风骤对花朵的摧落而伤感，为绿肥红瘦而怜惜，但骆一禾却为一只具有漂亮翅膀的工蜂在雷电风雨的暴力中被“吸上岩层”而思考着生命与美的存在意义，思考着大地与历史的存在意义。

诗从“我”靠在一块紫色的大岩石旁边的所见而展开联想。紫色的大岩石是沉默的、寂静的，它默默地注视着不远处的河流年复一年地流过。它就是历史。它以大自然岩层的紫色美呈现着地表运动的历史，它又以一只在雷电中被雨打折翅膀贴附在它的表面而呈现着令人遐想的历史，也呈现着令人肃然起敬的美。不仅如此，诗人还想到这岩石的下面，或许还掩盖着自然的美和尚未揭秘的历史。历史是什么？是这块岩石以及岩石上的美的呈现。美是什么？是这块岩石上的各种颜色（紫红色及其工蜂漂亮的翅膀）以及岩石表面依附的生命故事。诗人海子说过，“诗，就是把自由和沉默还给人类的东西”，骆一禾正是通过岩石的沉默还给人类以历史与美的沉思。

骆一禾与海子一样，都是一个坚持朴素的民间立场但又怀有浪漫的心灵向往的诗人。他的《麦地——致乡土中国》对麦地以及在麦地上面劳作的人民给予了崇高的礼赞，“麦地有神/麦地有神/就像我们盛开花朵”，“大海边人民的衣服/也就是风吹天堂的/麦地的衣服/麦地的滚动/是我们相识的波动/怀孕的颤抖/也就是火苗穿过麦地的颤抖”。他通过麦地不仅找到了诗人与大地的生命感应，而且也找到民族的灵魂和深厚的精神根基。《为美而想》之所以能从一块不为人注意的大岩石上联想到美，正是诗人既关注民间沉默的事物，又怀有浪漫主义情怀的结果。他从寂静的几乎被人遗忘的大岩石身上，从晒烫的地衣那里，从深红色五月的青苔那里，甚至还从岩石下重压的土地那里，联想到了美的存在。这种在“民间”和“浪漫”之间寻找连接的审美价值取向及其表达方式是十分独特的，诗人倚靠在五月天气里的大岩石旁边，凭借着独有的审美发现和艺术视角，平静但却充满生命投入地抒发了他唱给美的赞歌和给人美好遐想的诗意体验。

智慧的痛苦　温暖的祝福

—— 读海子《面朝大海，春暖花开》

从明天起，做一个幸福的人/喂马、劈柴，周游世界/从明天起，关心粮食和蔬菜/我有一所房子，面朝大海，春暖花开　　从明天起，和每一个亲人通信/告诉他们我的幸福/那幸福的闪电告诉我的/我将告诉每一个人　　给每一条河每一座山取一个温暖的名字/陌生人，我也为你祝福/愿你有一个灿烂的前程/愿你有情人终成眷属/愿你在尘世获得幸福/我只愿面朝大海，春暖花开

海子是中国当代诗坛中最为年轻而显成就、最具天才而又英年早逝的杰出诗人。他1964年出生，1989年卧轨自杀离开人世，但在他短暂的一生中，却为我们留下了500首抒情诗、7部长诗，共计200余万字的诗文作品。他与骆一禾一样，同样对乡村、对麦地充满着崇敬的爱意，他对村庄、麦地的拥抱和歌颂显露出他那农家子弟敦厚纯朴的本色，而他对春天、大海的向往又寄托了他对理想、对家园的精神追求。

《面朝大海，春暖花开》正是诗人向世人毫无保留地袒露出他的心灵世界，同时又寄寓着他对人类、对社会、对生活充满着热爱和深情的一首经典名作。

诗人萌发出“从明天起，做一个幸福的人”的想法或许来自某一闪念，正如诗中所说到的那是“幸福的闪电”对他的一种提示和惊醒，这正如我们过惯了日常的生活已经意识不到什么是幸福，或者因为生活艰难只能勉强维持生计而从来不敢去想象什么是幸福一样，它需要“闪电”的启示。其实，幸福就来自于对生命的重视，以及对尘世生活的热爱与珍惜。“喂马、劈柴”这是宁静的劳作生活，“周游世界”又是快乐的休闲生活，这二者并列一起构成劳动与享受的人生。劳动着是幸福的、愉快的，正如享受着同样是幸福与愉快一样。没有劳动又何来享受呢？即使是为生存而艰辛的劳作也同样会使人感到幸福，幸福指数来自于我们内心的感受。幸福不是天堂中的幻影，也不是飘浮在云雾中的海市蜃楼，它就来自于再简单不过的“粮食和蔬菜”，一切想躲避尘世生活的所谓幸福追求无疑是拔着自己的头发想要离开地球一样，那正是陷入痛苦而抛弃幸福的起始。但海子却要选择他个人的超越，而不得不陷入智慧的痛苦。他就如代人类受难而来临人间的基督一样，宁愿选择抛弃尘世的享受而给人警醒，这就是他最后陷入不幸的起因。

海子是痛苦的，矛盾的，他知道尘世的生活于人是必需的，但作为一位特立独行的艺术家，他又渴望着超尘脱俗，他的诗人气质又使他在心灵深处向往着浪漫，一所面朝大海的房子静伫在春暖花开的季节和优美的环境里，那正是他独自的幸福想象和终极理想。“愿你在尘世获得幸福/我只愿面朝大海，春暖花开”，这就是他的选择。诗人以一种诗意的生存方式让读者与他分享幸福的理想，并给世人留下一个绝对美好的精神世界。

这“房子”是海子的精神家园，“大海”是海子无私、单纯、清澈、宽阔的胸怀，“春暖花开”是海子温和、善良、奉献的性格象征。正是在这样的基础上，诗人要“和每一个亲人通信/告诉他们我的幸福”，也要给每个陌生人祝福，甚至还要“给每一条河每一座山取一个温暖的名字”。他不仅对亲人、陌生人充满温情，而且还将这种温情推及到大自然，这是一种何等伟大的胸怀和慈善的心肠！

海子离去了，却给我们留下了对幸福的理解与向往，对生存意义与生命价值的沉重思考。海子为我们每一个人的祝愿就像春天里盛开的花朵一样永远在向我们微笑着，温暖着我们的心田，也如那滔滔大海的呼吸，始终环绕在我们每一个人的身边，给我们提示着—— 从明天起，做一个幸福的人。

(京)新登字 083 号

图书在版编目(CIP)数据

诗词小札/蒋述卓著. —北京:中国青年出版社,2008
ISBN 978-7-5006-8026-0

Ⅰ. 诗... Ⅱ. 蒋... Ⅲ. 诗词－文学欣赏－中国 Ⅳ. I207.2

中国版本图书馆 CIP 数据核字(2007)第 194036 号

责任编辑:骆 军

*

中国青年出版社出版 发行
社址:北京东四 12 条 21 号 邮政编码:100708
网址:www.cyp.com.cn
编辑部电话:(010) 84015592 营销中心电话:(010) 64010813
三河市君旺印装厂印刷 新华书店经销

*

700×1000 1/16 23 印张 4 插页 230 千字
2008 年 3 月北京第 1 版 2008 年 3 月河北第 1 次印刷
印数:1—10000 册 定价:31.00 元
本图书如有印装质量问题,请凭购书发票与质检部联系调换
联系电话:(010)84047104